현대 항공수송 입문

이 태 원 저

기문사
www.kimoonsa.co.kr

들어가는 말

21세기는 고도정보화와 글로벌 네트워크화의 세기로 사람, 재화, 정보의 국제 간의 교류가 더욱더 활발해지면서 이를 뒷받침하는 정보통신과 함께 국제교통인 항공수송의 역할이 매우 중요해지고 있다. 항공수송산업은 그 역사가 약 100년밖에 안 되지만, 항공기의 진보와 함께 눈부신 발전을 해왔다. 현재 전 세계의 항공수송산업은 1,200여 개의 항공회사가 11,200대의 항공기로 연간 약 23억 명의 여객을 수송하고 연간 매출규모가 3천 500억 불에 이르는 거대한 산업으로 발전했다.

그러한 가운데 우리나라의 항공수송산업도 크게 발전하여 현재 우리나라는 항공수송산업이 세계 랭킹 9위의 항공선진국이며 인천국제공항은 아시아의 관문으로서 세계 항공수송산업에 큰 역할을 담당하고 있다. 최근에는 항공규제의 완화로 우리나라도 선진국처럼 많은 항공사들이 생겨나고 있다. 항공수송분야에 종사들이나 항공수송을 전공하는 대학생들도 늘어나면서 현대 항공수송이나 항공수송사업에 대한 전문서적의 필요성이 늘어나고 있다.

1991년에 발간된 「현대항공수송론」(900 페이지)은 항공수송의 모든 분야를 해설한 우리나라 유일한 전문서적으로 평가를 받아왔다. 방대한 이 책을 일반 보급용으로 줄이고 최신 항공에 관한 자료를 추가하여 재편집한 것이 이번에 발간되는 「현대 항공수송 입문」이다. 항공수송에 관한 기본지식이 필요한 일반 독자들을 비롯하여 대학에서 항공관계 학과를 전공하고 있는 학생들과 금후 항공회사나 여행업계에 종사하고 있는 분들을 위한 항공수송의 입문서이다.

항공수송의 특성, 항공수송시스템의 기본구성요소인 항공기 · 공항 · 항공로, 지원시스템인 항공교통관제, 항공기상, 항공기의 운항정비, 항공수송사업, 국제항공수송체제, 항공기사고와 배상책임, 항공보험, 항공기 공해 그리고 항공수송에 있어서 컴퓨터의 역할 등 항공수송에 관련된 전분야를 포함하고 있다. 항공 초보자들이 쉽게 이해할 수 있도록 전문적이면서 알기 쉽게 집필했다.

이 책을 집필하는 계기를 만들어준 재능대학의 김혜선 교수와 출판을 담당해준 도서출판 기문사에 깊이 감사한다.

2010년 6월

저자 이 태 원

차 례

제1장

항공수송 서론

항공수송 서론

제 01장 항공수송 서론

제1절 | 항공수송의 개념과 특성

1. 항공수송이란

교통(transportation)[1]은 기차, 자동차, 선박, 항공기 등 교통수단을 이용하여 사람이나 재화를 물리적으로 이동시켜 새로운 가치를 창조하는 생산 활동이다. 이동수단으로 어떤 교통기관을 사용하느냐에 따라 육상수송, 해상수송, 항공수송으로 분류된다.

항공기를 이용하여 여객이나 재화를 특정지점에서 다른 지점으로 이동시키는 수송서비스를 제공하는 생산 활동이 항공수송(commercial common carriage)이다. 교통 중에서 가장 늦게 발달했으나, 제2차 대전이 끝난 이후 항공기의 눈부신 신보와 세계 주요도시를 잇는 항공노선 망의 구축, 그리고 신속한 이동을 원하는 이용자(항공수요)의 증가로 고도성장을 지속하고 있다. 특히 국제교통에서 주요한 역할을 담당하고 있다.

1) 넓은 의미에서의 교통은 사람이나 재화의 이동 외에 정보의 이동을 포함하며, 전자를 좁은 의미로서의 교통 혹은 수송이라 하며, 후자를 통신이라 한다.

육상이나 해상수송에 비해 항공수송은 더 빨리 사람이나 재화를 수송할 수 있는 반면에 수송비용의 부담이 큰 것이 특징이다. 즉 항공수송은 육상이나 해상수송보다 수송능률이 높으나 경제능률이 낮으며 소득탄력성이 높다. 따라서 소득이 높아질수록, 운임이 낮아질수록 그리고 속도가 빠를수록 항공수요는 늘어난다.

항공수송은 수송이 이루어지는 장소가 국내만이냐 아니면 다른 국가까지 포함하느냐에 따라 국내항공수송(domestic air transportation)과 국제항공수송(international air transportation)으로 분류된다. 국내항공수송은 항공기의 출발지와 도착지가 자국 내에 있는 두 지점 간의 수송이다. 따라서 미국의 뉴욕-앵커레지 노선처럼 항공기가 중간에 다른 국가인 캐나다의 영공을 통과하더라도 출발지와 도착지가 미국 내에 있기 때문에 국내항공수송이다. 국제항공수송은 출발지와 도착지가 2개국 이상에 있는 두 지점 간의 수송이다. 국내항공수송과 국제항공수송은 적용되는 법률, 운송약관, 규제방법이 각각 다르다.

표 1-1 항공수송의 객체별 점유비

부문별	톤 · 킬로미터		
	국제(%)	국내(%)	합계(%)
여객	61	81	66
화물	38	18	33
우편물	1	1	1
합계	100	100	100

항공수송은 수송이 정기적으로 이루어지느냐 수시로 이루어지느냐에 따라 정기항공수송(schedule air transportation)과 부정기항공수송(non-schedule air transportation)으로 분류된다. 정기항공수송은 사전에 공표된 수송구간을 정해진 운항요일, 운항시간에 항공기를 운항하여 여객이나 화물을 정기적으로 수송하는 항공수송이다. 부정기항공수송은 이용자의 요청에 따라 항공기를 운항하여 여객이나 화물을 부정기적으로 수송하는 항공수송이다. 따라서 정기항공수송은 수송구간과 운항스케줄이 사전에 공표되지만, 부정기항공수송은 수송구간과 운항스케줄이 사전에 공표되지 않고 항공회사와 이용자와의 계약에 따라 수시로 이루어진다. 항공수송이 정기항공수송이이냐 부정기항공수송이냐에 따라 적용되는 법률이나 규제방법이 다르다.

항공수송은 수송하는 대상에 따라 항공여객수송, 항공화물수송, 항공우편물수송으로 분류된다. 여객기를 이용하여 항공수송을 할 경우에는 여객뿐만 아니라 화물 및 우편물도 동시에 수송하지만, 화물전용기를 이용하여 항공수송을 할 경우에는 화물과 우편물만 수송한다. 항공수송은 여객수송이 주류를 이루고 있으며 화물과 우편물 수송은 수송량이나 수입에 있어서 차지하는 비율이 여객의 3분의 1 수준밖에 안 된다.

2. 항공수송의 특성

항공수송은 육상이나 해상수송에 비해 아래와 같은 고유의 특성이 있다.

그림 1-1 항공수송의 객체별 점유비

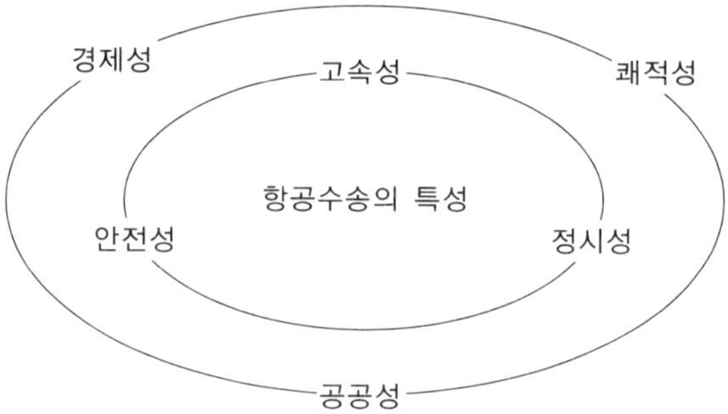

(1) 고속성

항공수송의 가장 큰 특성은 고속성이다. 항공수송은 육상이나 해상수송에 비해 수송속도가 빠르다. 특히 제트 항공기의 출현으로 항공수송의 고속성이 더욱 향상되었다.

고속철도의 평균시속이 250km인데 비해 프로펠러 항공기는 시속 500km로 거의 2배가 빠르며 제트 항공기는 시속 900km로 약 3.5배가 빠르다. 더욱이 초음속기인 콩코드는 그 속도가 음속의 2배인 시속 2,179km(마하 2.05)가 넘는다. 공항까지의 지상교통시간이나 공항에서의 탑승수속 시간을 고려하면, 근거리에서는 수송에 소요되는 시간이 고속철도와 비슷하지만, 중 · 장거리에 있어서는 시간단축의 효과가 비교가 되지 않을 정도로 매우 높다.

(2) 안전성

항공초기에는 육상이나 해상수송에 비해 항공수송은 안전성이 낮았다. 지금은 항공기술의 혁신적인 진보와 정비기술, 항행원조시설 등의 발달로 항공기의 안전성이 크게 향상되어 사고율이 승용차의 10분의 1이하 수준으로 낮아졌다. 1960년의 항공 수송의 사망자 수가 1억 여객킬로미터2)에 0.8명이었던 것이 2000년에는 0.08명으로 감소되었다.

교통기관별 속도 비교 특성 **표 1-2**

	제트기	프로펠러기	헬리콥터	자동차	고속열차	보통열차	연안선
최고속도 km/h	930	570	161~266	75~100	250~300	75~100	24~25

다만 육상이나 해상수송뿐만 아니라 항공수송도 절대적 안전을 기대할 수는 없다. 항공회사는 안전성의 확보를 항공기 운항의 절대조건, 경영의 최대 명제로 삼고 있다. 더욱이 최신 여객기에는 자동착륙장치와 공중충돌방지장치가 설치돼 있고 항공기를 계기비행방식으로 운항하고 주요 공항에는 기상이 나쁘더라도 항공기가 착륙할 수 있는 계기착륙장치(ILS)가 설치돼 있어 안전성이 크게 향상되었다. 최근에는 항공기 내의 각종 시스템의 전산화로 안전성이 더욱 향상되고 있다.

2) 여객 킬로미터(passenger km)는 수송량을 나타내는 단위, 1여객 킬로미터는 여객 1킬로미터 수송했음을 나타냄.

(3) 쾌적성

항공수송은 교통수단 중에서 진동이 가장 낮고 객실 내의 소음이 작아 쾌적성이 상대적으로 높다. 항공초기에 프로펠러 항공기로 수송할 때는 비행고도가 낮아 기류가 조금만 나빠도 진동이 심하고 불안정안 경우가 많았다. 제트 항공기는 기류가 안정된 1만m 이상의 고도로 비행하기 때문에 쾌적성이 크게 향상되었다. 항공기가 대형화되면서 객실이 넓어지고 매우 편안해졌다. 다른 교통기관에서 볼 수 없는 기내식의 제공이나 음악 · 영화 등 객실 내에서의 승객을 위한 여러 가지 서비스가 항공수송의 쾌적성을 더욱 향상시켜주고 있다.

(4) 정시성

항공수송의 특성인 고속성에 못지않게 정시성도 중요한 특성 중의 하나이다. 그러나 항공수송은 안전성을 가장 중요시하기 때문에 항공기가 고장이 나거나 기상악화로 정시성이 희생되는 것은 불가피하다. 다만 항공기술의 진보가 항공수송의 정시성을 향상시키고 있으며 특히 제트 항공기의 취항 이후 정시성이 매우 높아졌다.

(5) 경제성

항공수송은 다른 교통에 비해 운임이 높다. 그러나 제트 항공기의 취항으로 더욱 고속화 되고 대형화되면서 항공수송의 생산성이 높아지고 단위원가와 함께 운임도 낮아졌다. 따라서 항공수송도 매우 경제적인 교통수단으로서 누구나 이용할 수 있는 대중교통이 됐다.

교통의 기본구성요소 **표 1-3**

수송분야	수송수단	노선	터미널
육상수송	자동차 철도차량	도로 철도	역 정유소
해상수송	선박	해로	항만
항공수송	항공기	항공로	공항

(6) 공공성

공공성은 모든 교통에 요구되는 기본요건이다. 교통의 공공성은 운임을 지불하면 누구나 차별 받지 않고 이용할 수 있다는 공개성을 뜻한다. 따라서 철도나 버스와 마찬가지로 항공수송은 공공교통기관으로서 운임의 공개, 이용자의 차별 금지, 공시한 시간대로 항공기의 운항, 안전성의 확보 영업계속의 의무가 있다. 공공성 때문에 항공수송은 노선개설을 비롯하여 항공운임에 이르기까지 정부의 규제를 받는다.

3. 항공수송시스템의 구성

교통시스템은 수송수단(vehicle), 노선(routc), 터미널(terminal)의 세 가지 기본요소로 구성된다. 이 중 노선과 터미널은 합쳐서 교통시설이라고 한다. 교통의 일부인 항공수송도 수송수단인 항공기(air transport), 노선인 항공로(airway), 터미널인 공항(airport)으로 구성된다. 다만 수송이 이루어지는 장소가 공중이라는 점이 지상이나 해상에서 이루어지는 육상수송이나 해상수송과 다를 뿐이다.

그림 1-2 항공수송시스템의 구성

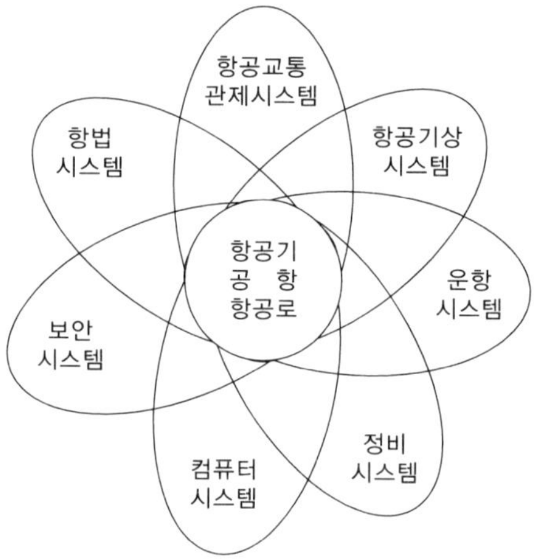

항공수송시스템은 항공기, 공항, 항공로로 이루어지는 항공기본시스템 외에 항공기가 안전하게 효율적으로 운항할 수 있도록 도와주는 항공수송지원시스템으로 구성된다. 항공수송지원시스템에는 항공교통관제, 항공보안, 항공기상정보, 항공기 운항, 항공기 정비, 객실서비스 등이 있다. 항공수송이 안전하고 효율적인 교통시스템으로 그 기능을 다하기 위해서는 항공수송의 기본시스템과 함께 항공수송지원시스템도 발달하지 않으면 안 된다.

제2절 | 항공수송의 역사

항공수송의 역사는 매우 짧다. 20세기 초, 라이트 형제가 인류역사상 최초로 동력비행에 성공한 이후 발달한 항공기는 제1차 세계대전을 통해 비로소 실용화되었다. 그 이후 항공기는 1920년대에 금속화, 1930년대에 근대화, 1940년대에 장거리화, 1950년대에 제트화, 1960년대에 대형화, 1970년대에 초음속화, 1980년대에 디지털화, 1990년대 초장거리화, 2000년대에 초대형화되어 비약적인 진보를 계속하고 있다.

제1차 대전이 끝난 후 군용기를 민간항공기로 개조하여 시작한 항공수송은 제2차 대전을 거치면서 항공기의 진보와 함께 활성화되었다. 대전 후 제트기의 개발로 본격화된 항공수송은 그 이후 지금까지 반세기 동안에 고도성장을 지속하고 있다.

1. 항공수송의 요람기(1900년대~1910년대)

라이트 형제가 동력비행에 성공한 1903년부터 제1차 세계대전이 끝난 직후인 1919년까지가 항공수송의 요람기였다. 1914년, 최초의 정기항공수송이 미국 플로리다 주의 탬파-센트 피터스버그 간을 2인승의 베노이스트(Benoist) 14 수상기로 시작되었다. 이렇게 시작된 항공수송은 제1차 대전으로 잠시 중단 되었다가 대전 말기인 1917년에 로마-토리노 간에 국내항공우편수송, 1918년에 오스트리아의 수도 빈과 우크라이나 공화국의 수도 키에프 간에 국제항공우편수송이 시작되었다.

제1차 대전이 끝난 다음 해인 1919년에 전쟁 중에 사용하다 남은 군용기를 민간항공기로 개조하여 유럽 각국에서 여객과 우편물의 항공수송이 시작되었다.

그림 1-3 최초의 전금속제 여객기 융커스 F-13

1919년 2월에 패전국인 독일의 DLR사가 2인승의 정찰기를 개조한 AEG 단발 복엽기로 베를린-바이마르 간에 국내항공수송을 시작했다. 같은 해 3월에 프랑스의 파르망사는 파르망 고리아드 폭격기를 11인승 여객기로 개조하여 국내선에 이어서 파리-브뤼셀, 그리고 8월에는 영국의 ATT사가 4인용의 단발 복엽기 DH-4A로 파리-런던 간에 국제정기 항공수송을 시작했다. 1919년, 민간항공수송을 위한 최초의 국제법인 '파리 국제항공조약(Paris Convention)'[3]이 체결되어 영공주권이 확립되었다.

같은 해 헤이그에서 현 국제항공운송협회(IATA : international air transport association)의 전신인 국제항공수송협회(international air traffic association)가 설립되었다.

3) Paris Convention of 13 october 1919, 1919년 10월 13일 체결, 1922년 7월 11일 발효한 항공에 관한 최초의 국제법, 33개국이 가맹.

2. 항공수송의 육성기(1920~1950년대)

1920년부터 제2차 대전이 끝난 직후까지 약 30년 동안은 항공수송의 육성기였다. 성능이 우수한 근대항공기의 개발로 항공수송이 크게 활성화되었다. 국내항공수송은 미국이나 호주처럼 국토가 넓은 국가들 중심으로 발달했고 국제항공수송은 식민지가 많았던 유럽 국가들 중심으로 발달했다. 항공기는 독일 융커스(Junkers)사의 최초의 전금속제 여객기 F-13의 개발을 비롯하여 1920년대에 성능이 우수한 각종 여객기가 개발되었고 항공수송도 크게 확장되었다.

1930년대 전반에는 미국 보잉사의 B-237, 더글러스사의 DC-2, 독일 융커스사의 Ju-52/3m 3발 등 시속 280 km 수준의 여객기가 개발되었다. 1930년대 후반에는 더글러스사의 DC-3 쌍발 여객기(1936년), 최초로 여압 객실을 갖춘 보잉사의 B-307 및 더글러스사의 DC-4의 4발 여객기(1938년), 보잉사의 B-314 및 마틴사의 M-130 4발 비행정(1939년) 등 시속 300~350km 수준의 성능을 갖춘 근대여객기가 개발되었다.

근대수송기의 원조 더글러스의 DC-3 **그림 1-4**

주요 항공회사로는 팬 아메리칸항공(PA : 1926), 브라질항공(RG : 1926), 트랜스월드항공(TW : 1930), 스위스항공(SR : 1931), 프랑스항공(AF : 1933), 아메리칸항공(AA : 1934), 유나이티드항공(UA : 1934), 영국국제항공(BA : 1939), 캐나다 태평양항공(CP : 1942) 등이 설립되었다. 항공노선은 근거리 국제노선에 이어 미국대륙횡단노선을 비롯하여 미국과 유럽을 연결한 북대서양 노선, 유럽-호주 노선, 미국과 아시아를 연결한 태평양노선 등 장거리 국제노선으로 확장되어 갔다.

항공관계 조약으로 1929년에 항공운송인의 책임에 관한 '바르샤바 조약(Warsaw Convention)'[4], 1933년에 항공기가 지상 제3자에 입힌 손해에 대한 '로마조약'[5], 1944년에 제2차 대전 후의 국제항공의 질서를 확립한 '국제민간항공조약'[6]이 체결되었고 1945년에 국제항공운송협회(IATA), 1949년에 국제민간항공기구(ICAO)가 설립되었다.

3. 항공수송의 성장기(1950~1970년대)

제2차 대전이 끝난 직후인 1950년대에 대전 중에 혁신적으로 진보한 항공기술을 이용하여 더글러스사의 DC-6B와 DC-7, 록히드사의 컨스텔레이션 등 비행성능이 우수한 4발 장거리 대형 프로펠러 항공기가 개발되어 프로펠러기의 전성시대를 이루었다.

4) 1929년에 체결된 '국제항공수송에 관한 규칙의 통일에 관한 조약', 1933년 발효
5) Roma Convention on Surface Damage, 1933 체결, 1944년 발효
6) Convention on International Civil Adviation, 1944년 체결

최초의 제트 여객기 DH-106 **그림 1-5**

이어서 1952년에 영국의 드 하빌랜드사가 개발한 최초의 제트 항공기 코멧 (Comet)의 첫 취항에 이어 1958년에 미국 보잉사의 B-707, 1959년에 더글러스사의 DC-8 등 제트 항공기가 취항하여 제트 항공기시대가 열렸다. 제트 항공기의 취항으로 속도가 2배로 향상되었고 탑재력이 2배로 증대되어 항공기의 생산성과 경제성이 크게 개선되었다. 제트 항공기의 출현으로 새로운 고속수송시대가 개막되었고 세계경제의 호황까지 겹쳐 항공수송은 고도성장을 계속했다.

4. 항공수송의 성숙기(1980년대 이후)

1970년대 초, 보잉사의 B-747, 록히드사의 L-1011, 더글러스사의 DC-10, 유럽 에어버스사의 A-300 등의 장거리 대형 제트 항공기가 등장하면서 항공의 대량수송시대가 열렸고 장거리 국제교통에 일대 혁명을 가져왔다. 항공수송의 대중화와 함께 급성장했다.

1970년대 후반에는 초음속 여객기 콩코드의 개발로 초음속수송시대가 열렸고 항공수송은 성숙단계로 들어섰다.

그림 1-6 B-747-400

그런 가운데 2차에 걸쳐 발생한 석유파동으로 항공수요의 성장둔화, 항공수송원가의 급등, 항공규제 완화에 따른 공급과잉과 과당경쟁의 심화, 유가 · 환율 · 금리의 심한 변동 등으로 항공수송사업 자체가 구조적인 위기에 직면하게 되었다. 그러나 항공회사들의 적극적인 경영합리화 노력과 항공기 제조사의 연료절감형의 새로운 항공기의 개발로 그 위기를 극복하고 1980년대 이후에도 항공수송은 안정적 성장을 지속하면서 오늘에 이르고 있다.

그림 1-6 초음속 여객기 콩코드

전 세계에 거미줄 같은 항공노선 망을 구축하여 매일 1만 대 가까운 제트 항공기가 밤낮을 가리지 않고 항공수송 서비스를 제공하는 항공수송산업은 거대한 글로벌 네트워크 산업으로 성장했다. 최근의 세계항공계는 규모의 경쟁시대에 돌입하고 있어 항공회사의 초대형화, 국경을 초월한 항공회사 간의 전략적 제휴가 활발히 전개되고 있다.

5. 항공수송산업의 현황

항공수송산업은 제2차 대전 이후 지금까지 연평균 성장률이 12%로 세계경제 성장보다 2배에 가까운 급성장을 계속해왔다. 1960년대와 1970년대에 연평균 14.4%, 1980년대 이후에는 6~8%의 성장을 계속하고 있다. ICAO에 의하면 2015년까지 연 평균 5.1%의 성장, 특히 아시아 태평양지역은 연평균 7.8%의 높은 성장이 예상되고 있다.

항공수요 예측 그림 1-7

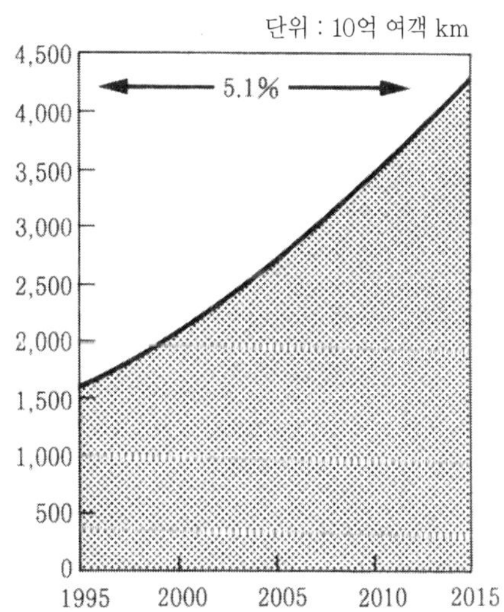

그러나 항공수송산업은 성장성은 좋으나 수익성이 좋은 산업은 아니다. 다른 산업에 비해 이익률이 낮다. 환율 · 금리의 심한 변동, 인건비의 상승, 항공기 가격의 상승으로 인한 감가상각비의 증가, 2차에 걸친 석유파동으로 인한 연료비의 대폭 상승, 각국의 공항시설의 확장에 따른 착륙료 등 각종 공항사용료의 인상, 공해대책 비용의 부담 증가 등이 항공회사의 원가상승의 주요한 요인이 되고 있다.

이러한 원가상승 외에도 항공기 구입에 필요한 막대한 자금부담 외에 최근에는 컴퓨터 예약시스템의 확장으로 인한 투자부담이 증대하고 있다. 더욱이 항공자유화의 움직임에 따라 종래의 규제시장이 경쟁시장으로 바뀌면서 만성적인 공급과잉과 항공회사간의 과당경쟁으로 저운임이 확대되어 수지면에서 전혀 낙관할 수 없는 상황에 직면하고 있다.

1976년, 미국의 항공자유화정책(open sky policy)의 파급으로 항공시장에의 진입장벽이 완화되었고 경쟁이 치열해졌다. 유럽연합의 단일시장으로의 통합과 역내 항공자유화의 실현으로 제2차 대전이후 유지되어온 국제항공수송체제의 변화가 예상되고 있으며 세계항공계는 새로운 조류 속에서 급속한 재편이 불가피한 상황에 놓여 있다. 규제시장이 경쟁시장으로 변화함에 따라 항공기업의 대규모화, 국경을 초월한 항공회사 간의 전략적 제휴를 통한 항공수송의 글로벌 네트워크화가 활발히 전개되고 있다.

현재 전 세계에 1,200여 개의 항공회사가 있으며 그중 약 300개 항공회사가 국제노선에 취항하고 있다. 그 규모도 700대 이상의 항공기를 보유하고 있는 대규모 항공회사가 있는가 하면 항공기가 2대 밖에 없는 국제정기항공회사도 있다. 1980년대 이후 선진국의 많은 항공회사들이 민영화되었다. 그러나 세계 랭킹 50위까지의 정기항공회사 중에서 50% 가까이가 아직도 정부 소유의 항공회사로 남아있다.

항공수송이 시작되고 100년이 조금 지난 짧은 기간에 항공기의 진보와 함께 항공수송산업은 눈부신 발전을 해왔다. ICAO에 의하면 2008년도의 세계정기항공수송의 실적은 11,200대(제트 항공기 10,600대)의 항공기가 연간 345억km의 거리를 비행하면서 22억 7천만 명의 여객을 수송했으며 화물까지 포함한 총 수송량이 5,497억 톤킬로미터에 이르렀다. 이는 20년 전인 1989년의 2,230억 톤 · 킬로미터에 비해 2.5배가 증가했다. 2008년의 매출규모가 연간 약 3천 500억 불에 이르는 거대한 산업으로 발전했다.

제2장

항공기

항공기

YL-SBY

제 2장 항공기

제1절 | 항공기의 정의와 분류

1. 항공기란

기구, 비행선, 글라이더, 비행기, 헬리콥터 등 공기의 반동을 이용하여 대기 중에 떠서 비행하는 비행장치를 통틀어서 항공기(aircraft)라고 한다. 대기권 밖을 비행하는 로켓(rocket) 같은 우주비행체나 해면에 대한 공기의 반동으로 부상하여 주행하는 호버크라프트(hovercraft)는 대기 중에서 비행하더라도 항공기에 포함되지 않는다.

2. 항공기의 분류

항공기는 공기보다 가벼운 비행장치인 경항공기(LTA : lighter than-air aircraft)와 공기보다 무거운 비행장치인 중항공기(HTA : heavier-than-air aircraft)로 분류된다. 경항공기는 기구(balloon)나 비행선(airship)처럼 수소나 헬륨과 같은 공기보다 비중이 가벼운 가스의 부력을 이용하여 비행하는 비행장치이다. 경항공기는 한때 수송용으로 사용한 적도 있으나 지금은 주로 선전용, 관측용, 스포츠용으로 사용한다. 중항공기는 동력과 주날개를 이용하여 비행하는 비행장치이다. 주날개가 고정된 고정익 항공기(fixed wing aircraft)와 주날개가 회전하는 회전익 항공기(rotorcraft)로 분류된다. 고정익 항공기는 비행기(airplane)처럼 프로펠러나 제트엔진에서 얻는 추력(thrust)과 고정된 주날개에서 얻는 양력(lift)을 이용하여 비행하는 비행장치이다. 회전익 항공기는 헬리콥터처럼 주날개를 회전하여 양력과 추력을 동시에 얻어 비행하는 비행장치이다. 현재 고정익 항공기가 여객이나 화물의 수송용으로 사용되고 회전익 항공기는 주로 농약살포나 공중 촬영 등 항공기 사용사업에 사용하지만, 부분적으로 수송용으로도 사용된다.

표 2-1 항공기의 분류

- 항공기
  - 경항공기
    - 기구
      - 가스 기구
      - 열공기 기구
    - 비행선
      - 연식비행선
      - 경식비행선
  - 중항공기
    - 고정익기
      - 비행기
      - 글라이더
    - 회전익기
      - 헬리콥터
      - 자이로 플레인

항공기는 용도에 따라 군용기(military aircraft)와 민간기(civil aircraft)로 분류된다. 군용기는 전투기, 폭격기, 공격기, 초계기, 정찰기, 항공기, 연락기, 연습기 등 종류가 많다. 민간기는 공공교통기관으로서 여객이나 화물의 수송을 목적으로 하는 민간수송기(civil air transport)와 비즈니스기, 스포츠기, 연습기, 농약살포기, 측량기, 자가용기 등 항공수송 이외의 목적으로 사용하는 일반항공기(general aviation)로 재분류된다.

항공기는 엔진을 기준으로 프로펠러 항공기(propeller aircraft)와 제트 항공기(jet aircraft)로 분류된다. 프로펠러 항공기는 실린더 내에서 혼합가스를 연속적으로 폭발시켜 얻은 힘으로 피스톤을 움직이는 피스톤엔진과 프로펠러를 이용하여 비행하는 항공기이다. 제트 항공기는 압축기에서 압축한 공기를 연소실에서 태워 발생한 고압고속 가스로 터빈을 회전시켜 분출되는 배기가스(제트 에너지)를 이용하여 그 반동으로 비행하는 항공기이다. 현재 항공수송용으로는 주로 제트 항공기를 사용하고 일부 근거리 항공노선에 프로펠러 항공기를 사용한다.

항공기는 이착륙 장소에 따라 육상기(landplane), 수상기(seaplane), 수륙양용기(amphibian)로 분류되며 엔진의 수에 따라 단발, 쌍발, 3발, 4발 항공기로 분류된다. 다만 안전성을 중요시하는 항공수송에서는 엔진이 하나뿐인 단발기는 수송용으로 사용하지 못하도록 규제되고 있다.

쌍발기는 비행 중에 한 엔진이 고장이 날 경우에 나머지 엔진만으로 60분 이내에 긴급 착륙할 수 있는 대체공항이 있는 노선에만 운항하도록 규제되어 왔다. 따라서 대서양이나 태평양과 같은 장거리 해양노선에는 쌍발기는 항공수송용으로 사용할 수 없었다. 이러한 규제를 '이톱스(ETOPS)'[1]라고 부른다. 그러나 항공용 엔진의 신뢰성이 크게 향상되면서 최근에는 210분 이내로 기준이 완화되어 쌍발기도 1980년대 후반부터는 대서양이나 태평양을 횡단 운항하고 있다.

1) 쌍발기 운항거리 제한규정(extended twin-engine operation)

항공기는 속도를 기준으로 아음속 항공기(subsonic transport), 천음속 항공기(transonic transport), 음속 항공기(sonic transport), 초음속 항공기(SST : supersonic transport), 극초음속 항공기(HST : hypersonic transport)로 분류된다. 아음속(亞音速) 항공기는 항공기의 주변 공기의 속도(대기속도)가 마하 0.75 이하로 비행하는 항공기로 프로펠러 항공기가 해당된다.

그림 2-1 항공기의 구조

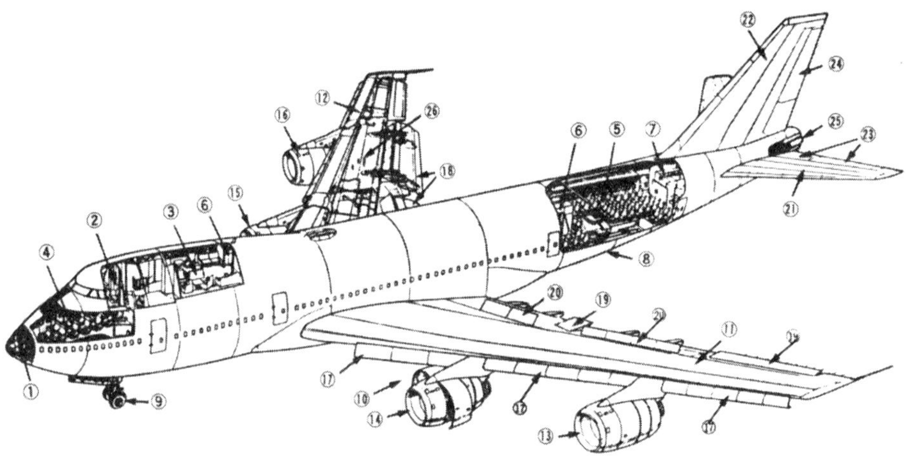

① 기수레이더	② 조종실	③ 특별실	④ 좌석(1등석)
⑤ 좌석(2등석)	⑥ 조리실	⑦ 화장실	⑧ 동체
⑨ 전각(前脚)	⑩ 주각(主脚)	⑪ 좌주익(左主翼)	⑫ 우주익(右主翼)
⑬ No. 1 엔진	⑭ No. 2 엔진	⑮ No. 3 엔진	⑯ No. 4 엔진
⑰ 전연 프랩	⑱ 후연 프랩	⑲ 보조익	⑳ 스포일러
㉑ 수평미익 안정판		㉒ 수직미익 안정판	
㉓ 승강타		㉔ 방향타	
㉕ 보조동력장치(APU)		㉖ 연료탱크	

천음속(遷音速) 항공기는 마하 0.75 이상 1.0 미만인 음속에 가까운 속도로 비행하는 항공기로 현재 마하 0.80~0.86으로 비행하는 제트 항공기가 해당된다[2].

음속(音速) 항공기는 음속과 같은 마하 1.0의 속도로 비행하는 항공기이다. 초음속(超音速) 항공기는 음속보다 빠른 마하 1.0 이상의 속도로 비행하는 항공기이다. 마하 2.05의 속도로 비행한 콩코드(Concord)가 해당한다. 극초음속(極超音速) 항공기는 21세기에 개발이 예상되고 있는 마하 5.0~6.0 이상으로 비행하는 항공기이다. 그밖에 제트 항공기는 동체의 규모에 따라 A-340, B-747, A-380과 같이 동체가 넓은 광동형 항공기(wide-body jet airplane)와 DC-9, B-737, A-320과 같이 동체가 좁은 협동형 항공기(narrow-body jet airplane)로 분류된다.

2) 마하(mach) : 음속을 기준으로 속도는 나타내는 단위. 마하1은 공기 중에서의 음속인 시속 약 1,200km에 해당함. 마하 1보다 빠른 속도를 초음속(超音速), 1보다 작지만 부분적으로 1을 초과하는 속도를 천음속(遷音涑), 1보다 작은 속도를 아음속(亞音涑)이라고 함.

제2절 | 항공기의 구조와 각 부분의 역할

항공기는 동체, 주날개(주익), 꼬리날개(미익), 착륙장치, 동력장치(엔진), 항법장치, 통신장치로 구성된다. 항공수송은 항공기를 이용하여 여객이나 화물을 목적지까지 신속하고 안전하게 그리고 정시에 수송하는 데 목적이 있다. 항공기가 출발지와 목적지의 두 지점 간을 얼마나 빨리 효율적으로 수송하느냐에 따라 항공수송의 가치가 결정된다. 항공수송이 효율적으로 이루어지도록 하기 위해서는 항공기의 각 부분이 어떤 역할을 하는지 이해할 필요가 있다.

그림 2-2 세미 모노코크 구조의 동체

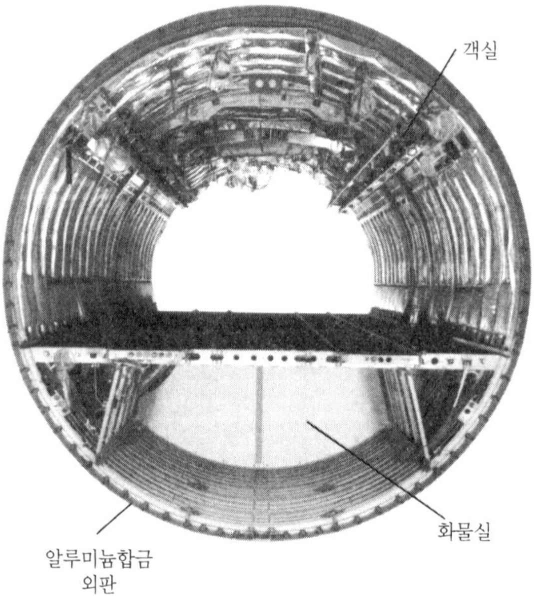

1. 동체의 역할

항공기의 동체(fuselage)는 항공기의 몸통으로 여객과 화물을 싣는 공간이다. 일반적으로 상하 2계층으로 구성되어 있으며 위층에 조종실과 객실, 아래층에 바퀴나 장비품을 넣는 공간과 화물실이 있다[3]. 동체의 구조는 달걀껍질 모양으로 동체 내에 골조가 없고 알루미늄 합금의 얇은 판으로 된 외형에 그 내면을 보강재로 보강한 세미 모노코크구조(semi-monoco que construction)[4]로 되어 있다.

여객이나 화물을 효율적으로 수송하기 위해서 동체의 부피와 무게는 클수록, 동체에서 발생되는 항력은 작을수록 좋다. 그러기 위해서 동체의 모양은 유선형에 동체의 단면은 둥근 원통형이나 타원형을 이루고 있다.

B-747의 동체 **그림 2-3**

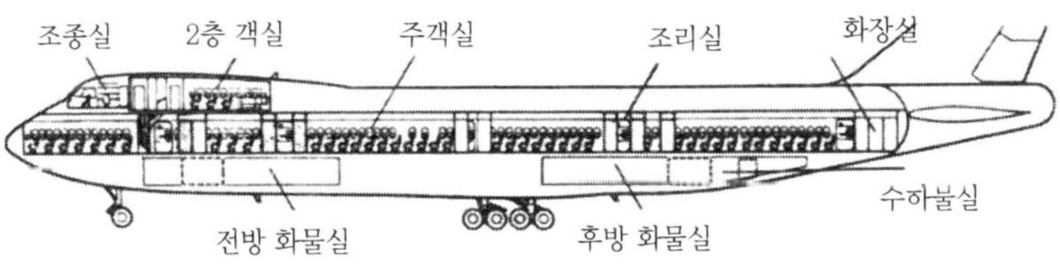

3) 대형기인 B-747은 3계층으로 구성되어 있음. 맨 위층에 조종실과 객실, 중간에 객실, 아래층에 화물실이 있음.
4) 항공기의 구조에서 사용하는 응력 표피 구조의 형태.

동체의 내부는 조종실(cockpit)과 객실(cabin)로 구성된다. 조종실은 안전성을 유지하면서 항공기를 운항하는 센터로 객실과 분리되어 있으며 항공기를 조종하기 좋은 위치에 있다. 조종실 내부의 각종 장치나 계기는 운항승무원이 항공기를 운항하는데 주의를 집중할 수 있도록 합리적으로 배치되어 있다.

그림 2-4 최신 항공기의 조종실 (B-747-400 글라스 칵핏)

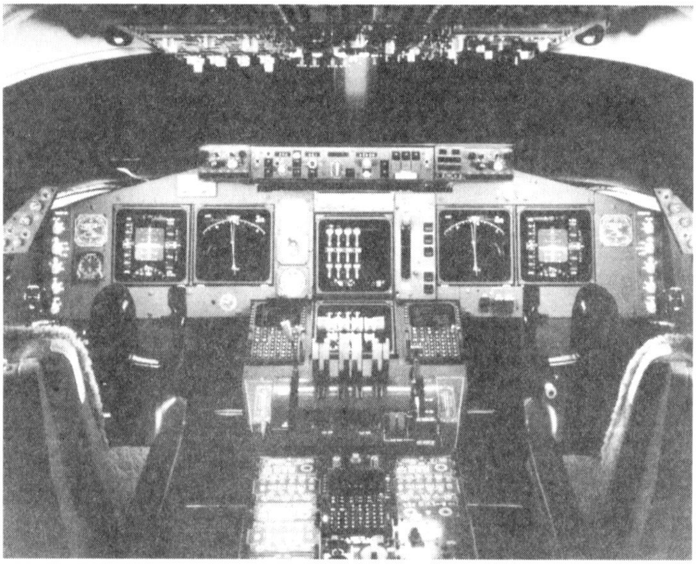

최신 항공기의 조종실은 획기적인 하이테크 기술이 도입되어 있고 심플하게 디자인되어 있어 「글라스 칵핏(glass cockpit)」이라고 불린다. 종래의 아날로그 표시의 바늘이나 문자판으로 된 계기나 스위치 대신에 디지털화된 계기를 브라운관 디스플레이(CRT)나 액정 디스플레이(LCD)로 집약해서 표시하며 6개의 디스플레이가 각 시스템을 총괄하고 있어 조종사는 한눈에 비행에 필요한 모든 정보와 비행 상태를 알 수 있다.

객실은 크게 객석(seat), 갤리(galley) 및 화장실(lavatory)로 구분된다. 객석은 퍼스트 클래스, 비즈니스 클래스, 이코노미 클래스로 나뉘어 있다. 각 클래스별로 객석 수가 다르며 객석 간의 간격과 의좌의 크기에 차이가 있다. 갤리는 기내식을 준비하기 위해 기내에 설치된 간이 조리실로 전력으로 물이나 커피를 끓이는 장치를 비롯하여 하이 템프 오븐, 전자레인지, 커피 메이커, 냉장고, 보온용 컨테이너 등이 비치되어 있다. 기종에 따라 그 수가 다르며 B-747의 경우 7개가 있다. 화장실은 기종에 따라 그 수가 다르며 B-747의 경우 13개가 있다. 화장실시스템은 종래에는 순환식이었으나 최근 항공기는 대부분이 진공 플래시식이다.

이코노미 클래스 좌석 **그림 2-5**

2. 주날개의 역할

항공기의 주날개(main wing)는 공기보다 무거운 기체를 공중에 뜨게 하는 힘 즉 양력을 발생시키는 역할을 한다. 양력에 영향을 주는 것은 주날개의 모양, 크기, 두께 및 길이, 그밖에 주날개에 장비된 고양력장치(flap)와 고항력장치(spoiler)이다. 항공기의 성능을 향상하기 위해서는 주날개의 단면이 작은 저항으로 큰 양력을 얻을 수 있어야 한다. 항력은 주날개가 작을수록 줄어든다. 다만 주날개가 작으면 저공비행 때 양력이 부족해질 수 있어 이를 보완하기 위해 주날개에 고양력장치를 장비한다. 항공기는 늦은 속도로 비행할 때 주날개의 받음각(angel of attack)을 크게 하여 속도가 줄어든 만큼 양력을 늘려야 한다. 그렇지 못하면 양력과 중력이 균형을 잃어 고도가 떨어진다.

그림 2-6 주익과 미익의 구조와 명칭

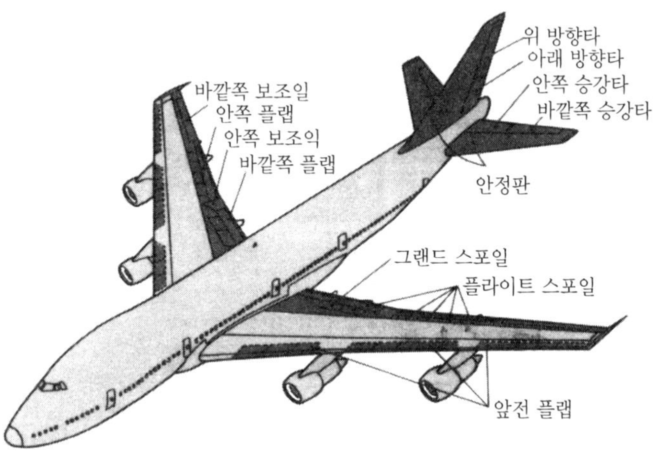

받음각이 너무 커서 실속 받음각(stalling angle)에 이르면 주날개의 윗면을 흐르던 공기가 흐트러지면서 주날개의 표면으로부터 떨어져 나가기 때문에 양력이 줄어들고 항력이 커져 실속(stall)현상이 생긴다.

제트 항공기는 돌풍을 만나거나 그 밖의 여러 이유로 실속현상이 발생하면 자동적으로 기수가 숙여지고 속도가 빨라지면서 실속을 회복할 수 있도록 돼 있다. 항공기의 속도가 실속속도에 가깝게 줄어들었을 경우 자동적으로 경보가 울리는 실속경보장치(stall warning system)도 장비되어 있다. 주날개의 항공효율을 높이기 위해서는 양력을 크게 하고 저항을 작게 해야 한다. 특히 이착륙할 때 늦은 속도로 큰 양력을 얻도록 역할을 해주는 장치가 고양력장치인 플랩(flap)이다.

플랩은 주날개의 앞전(leading edge)[5)]에 장비된 앞전 플랩과 뒷전(trailing edge) 가장자리에 장비된 뒷전 플랩이 있다. 플랩은 늦은 속도로 비행할 때는 펼치고 빠른 속도로 비행할 때는 접는다. 양력을 크게 하기 위해서는 뒷전 플랩을 사용한다. 플랩은 압력저항을 줄일 뿐만 아니라 실속하기 쉬운 이착륙 때 받음각을 크게 할 수 있도록 도와주기 때문에 늦은 속도로 큰 양력을 얻는 역할을 한다.

항공기의 주날개는 양력을 증대시키는 고양력장치와는 반대로 양력을 줄이는 양력감소장치인 스포일러(spoiler)가 설치되어있다. 이 장치는 플랩과 같은 모양이지만, 플랩은 주날개의 아래 면에, 스포일러는 주날개의 윗면에 설치돼 있다.

5) 주날개의 앞쪽 가장자리의 둥근 부분이 앞전(leading edge)이며, 뒤쪽 가장자리의 얇은 부분이 뒷전(trailing edge)이다.

착륙할 때 스포일러를 약간 위로 펼쳐 올리면 양력이 줄어들고 저항이 증가하여 항공기가 쉽게 착륙할 수 있다. 또한 바퀴가 활주로에 닿으면 바로 스포일러가 위로 크게 펼쳐 올라가서 양력을 줄이고 공기의 저항을 늘려 바퀴의 브레이크와 같은 효과를 발생시켜 활주거리를 단축시키는 공력 브레이크의 역할을 한다.

3. 꼬리날개의 역할

꼬리날개(tail wing)는 항공기의 꼬리부분에 있는 작은 날개이다. 항공기는 주날개와 동체와 추진동력만 있으면 비행할 수 있지만, 항공기가 안전하게 비행하기 위해서는 비행 중에 균형을 유지하고 방향을 바꿀 수 있어야 한다. 이 역할을 해주는 장치가 꼬리날개이다.

꼬리날개는 수평꼬리날개(horizontal tail)와 수직꼬리날개(vertical tail)로 구분된다. 수평꼬리날개는 기수가 상하로 움직이는 피칭(pitching)을 조종하고 안정과 균형을 확보해 주는 역할을 한다[6]. 수직꼬리날개는 기수가 좌우로 움직이는 요잉(yawing)을 조종하고 안정과 균형을 확보해 주는 역할을 한다.

6) 항공기는 이륙할 때는 활주로에서 활주하면서 점차 속도를 가속한 뒤에 기체를 상승시키고 착륙할 때는 항공기가 활주로를 향해 내려오지만 수평인 활주로의 노면에 그대로 내릴 수 없어 활주로에 닿기 직전에 기체를 약간 들어 올리고 주날개의 양력을 증대하여 강하속도를 작게 함으로써 접지의 충격을 최소화함. 이처럼 착륙 시에 기채를 위로 들어올리기 위해서는 수평 꼬리날개와 주날개에 아래로 작용하는 힘을 가하도록 기체를 조종하여야 함. 이것을 항고기의 종적조종(縱的操縱)이라 함.

수평꼬리날개에는 수평안정판(horizontal stabilizer)과 승강키(elevator)가 있으며 수직꼬리날개에는 수직안정판(vertical stabilizer)과 방향키(rudder)가 있다. 수평안정판은 항공기를 안정시키는 역할을 하며 클수록 안정성이 높다. 수직안정판과 좌우로 움직이는 방향키는 항공기의 방향의 균형과 조종 및 안정성을 유지하는 역할을 한다.

4. 동력장치의 역할

동력장치(power plant)는 항공기가 비행하는데 필요한 힘 즉 추력(thrust)을 생산하는 역할을 한다. 항공기가 이륙해서 상승-순항-강하-착륙할 때까지 각 비행 상태에 따라 동력장치의 역할이 각각 다르다. 동력장치는 이륙할 때 항공기가 활주로에서 이륙할 수 있도록 속도를 가속시키는 역할, 순항 때 항공기가 일정한 고도에서 수평 비행할 수 있도록 공기의 저항과 같은 크기의 추력을 발생시키는 역할, 착륙할 때 항공기가 활주로에 내려 정지하도록 하는 엔진 브레이크의 역할을 한다.

터보팬 제트엔진 그림 2-7

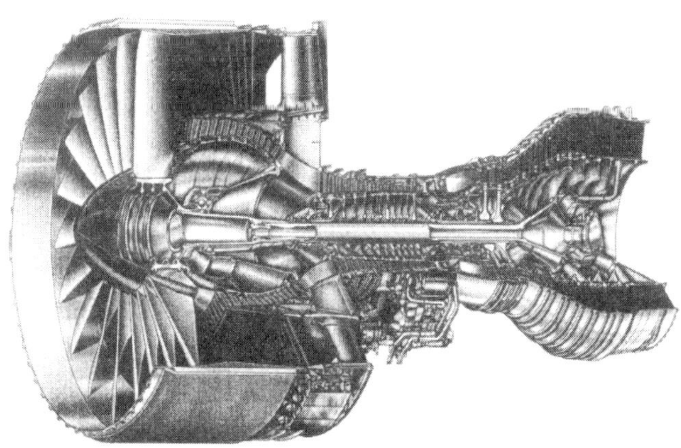

항공기의 동력장치는 피스톤엔진과 제트엔진으로 분류된다. 피스톤엔진은 프로펠러를 돌려 대량의 공기를 뒤로 보내어 그 반작용으로 마력(horsepower)을 얻는다. 제트엔진은 고온고압의 연소가스를 고속으로 뒤로 분출하여 그 반동력으로 추력을 얻는다. 두 엔진이 모두 공기를 앞에서 뒤로 보내어 힘을 얻는다는 점에서는 기본적으로 같다. 그렇지만, 프로펠러처럼 질량이 많은 공기를 저속으로 뒤로 보낼 것인가 아니면 제트엔진처럼 질량이 작은 공기를 고속으로 뒤로 보낼 것인가가 다르다.

5. 통신 · 항법장치의 역할

통신장치(communication system)는 항공기가 안전하게 비행하기 위해서 필요한 장치로 항공기가 운항하는데 있어서 귀의 역할을 한다. 통신장치에는 비행 중인 항공기와 지상의 항공교통관제기관과의 통신, 항공기 상호 간의 통신, 그밖에 기상정보를 얻거나 기내 방송하는데 필요한 통신이 있다. 이러한 통신에는 주로 단파(HF), 초단파(VHF), 셀콜(SELCAL)[7] 등이 사용된다. 항공기 내에서의 통신은 플라이트 폰, 서비스 인터폰, 캐빈 텔레폰과 그 밖에 다중방식이나 승객조정기(PCU : passenger control unit)와 같은 승객을 위한 오락시스템도 있다. 최근에는 기상에서의 공중전화나 인터넷이나 위성통신을 이용한 여러 가지 통신방식이 실용화되고 있다.

7) 선택 호출 방식(selective calling system)의 약어

항법장치(navigation system)는 항공기가 운항하는데 있어서 눈의 역할을 하는 장치로 자동조종장치, 관성항법장치, 경보장치, 기록장치 등이 있다. 자동조종장치는 항공기를 자동적으로 조종하는 장치로 자동조종장치. 자동착륙장치, 자동추력제어장치가 있다. 항법원조장치에는 고도계, 속도계, 자세방향지시기, 전자항법원조장치, 자장항법원조장치, 관성항법장치, 기상 레이더, 자동방향탐지기, 거리측정장치 등이 있다. 경보장치는 화재의 발생, 이상비행, 지상에의 이상접근, 계기의 이상 지시, 부적절한 조작이 일어날 경우 조종사에게 경보나 경고등으로 이상을 알려주는 장치이다. 이러한 장치에는 화재경보장치, 실속경보장치, 속도초과경보장치, 지상접근경보장치. 이륙경보장치, 착륙경보장치, 공중충돌방지장치 등이 있다.

기록장치는 비행 상태의 기록이나 조종실 내의 음성을 기록하는 장치로 디지털화된 비행기록장치(FDR : flight data recorder), 조종실음성기록장치(CVR : cockpit voice recorder), 비행기록집적장치(AIDS : aiborne integrated data system) 등이 있다.

최근에는 위싱통신이 발달하면서 위성항법장치(GPS : global positioning system)가 사용되고 있다. 위성항법장치는 항공기가 세계 어느 곳에 있든 인공위성을 이용하여 스스로의 위치를 정확히 알 수 있도록 하는 항법장치이다. 이 장치는 3개 이상의 위성으로 정확한 시간과 거리를 측정하여 항공기의 현재의 위치를 정확하게 계산해 낸다.

6. 착륙장치의 역할

착륙장치(landing gear)는 항공기가 이착륙하기 위해 활주로를 활주하거나 지상에서 이동하거나 주기장에 머물러 있을 때 항공기의 중량을 떠받혀주는 역할을 하는 장치로, 전륜착륙장치(nose landing gear)와 주착륙장치(main landing gear)가 있다. 전륜착륙장치는 동체의 앞부분에 있으며 기체하중의 10%를 분담한다. 주착륙장치는 기체의 무게중심보다 약간 뒤쪽에 좌우로 1개씩 모두 2개가 있다. B-747 같은 대형기의 경우에는 좌우에 각각 2개씩 합계 4개가 있다.

그림 2-8 B-747의 주착륙장치

착륙장치는 완충장치, 활주장치, 조향장치, 속도제동장치로 구성된다. 완충장치(shock strut system)는 항공기가 착륙할 때 받는 충격무게나 지상을 활주할 때 받는 진동무게를 흡수하여 직접 기체구조에 나쁜 영향이 미치지 않도록 하는 역할을 한다. 고무바퀴만으로는 불충분하기 때문에 고무바퀴와 완충장치를 함께 사용한다. 완충장치로는 주로 공기를 이용한 오레오식 완충장치(Oleo pneumatic shock absorber)를 사용한다. 이 완충장치는 〔그림 2-9〕와 같이 실린더와 피스톤으로 구성된다.

착륙할 때 항공기의 착륙장치가 충격을 받으면 그것을 흡수하여 줄어들었다가 충격이 없어졌을 때는 천천히 늘어나도록 되어 있다.

공기식 오레오 완충장치 **그림 2-9**

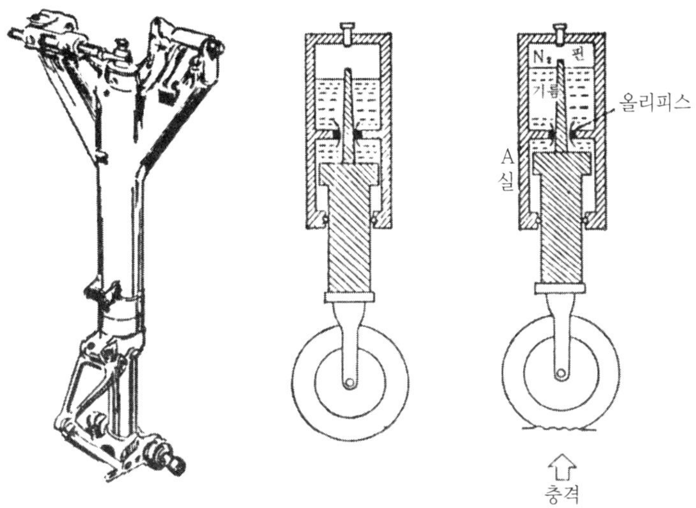

조향장치(steering system)는 전륜장치에 있으며 항공기가 주행할 때 기체의 방향을 바꾸어 주는 역할을 한다. 활주장치인 바퀴는 휠과 타이어로 구성된다. 휠은 바퀴 중심부의 둥근 금속부분으로 알루미늄 합금이나 마그네슘 합금으로 되어 있다. 각 휠에는 3~4개의 퓨즈 프라그가 붙어 있어 브레이크의 과열로 타이어 내의 기압이 갑작이 늘어날 경우 퓨즈가 녹아서 압력을 피할 수 있다.

타이어는 튜브레스 타이어를 사용하며 바퀴에 걸리는 무게와 충격이 크기 때문에 천연고무나 나일론 같은 특수 재료를 사용한다. 타이어는 고속, 높은 하중, 심한 온도 변화 등 가혹한 조건에서 사용되기 때문에 그 수명이 매우 짧으며 각 기종별로 착륙 회수에 따라 타이어를 교환한다.

제동장치(brake system)는 착륙할 때 활주거리를 짧게 해주고 지상에서 이동할 때 속도를 조정하거나 정지하는 역할을 한다. 유압으로 조정하는 디스크식 제동장치(disk brake)를 가장 많이 사용한다. 또한 미끄럼을 방지하고 바퀴의 회전속도나 감속률을 보다 효과적으로 통제하는 안티 스키드장치(anti-skid control system)와 항공기가 착륙할 때 조종사가 브레이크를 밟지 않더라도 자동적으로 브레이크가 작동하는 자동브레이크장치(auto brake system)가 있다.

제3절 | 항공용 엔진

항공용 엔진은 프로펠러 항공기에 사용하는 피스톤엔진과 제트 항공기에 사용하는 제트엔진으로 분류된다. 항공용 엔진은 피스톤엔진이던 제트엔진이던 모두 연료를 태워서 발생하는 에너지를 추력으로 바꾼다는 기본원리는 같다. 피스톤엔진이나 제트엔진은 대기에서만 추력을 발생시킬 수 있다. 대기에서 뿐만 아니라 공기가 전혀 없는 우주공간에서도 추력을 발생시킬 수 있는 로켓과 구별된다.

피스톤엔진을 사용한 프로펠러 항공기는 시속 약 700km가 비행속도의 한계이다. 그 이상의 속도를 내기 위해 새로운 추진기관으로 개발된 것이 제트엔진이다. 제트엔진의 개발로 항공기의 속도가 크게 향상되어 음속에 가까운 아음속뿐만 아니라 초음속으로도 비행할 수 있게 되었다. 항공용 엔진은 항공기의 발달에 중요한 역할을 해왔으며 어떤 종류의 엔진을 사용하느냐에 따라 고도, 비행속도, 항속거리, 동체의 크기 등 항공기의 성능이 크게 달라진다.

1. 피스톤엔진

피스톤엔진은 라이트 형제가 인류 최초의 동력비행에 처음으로 사용한 이래 제2차 대전 말에 제트엔진이 개발될 때까지 약 40년 동안 항공용 엔진으로 사용되었다. 이 엔진은 그 구조가 자동차 엔진과 같다.

다만 항공기용 피스톤엔진은 자동차 엔진에 비해 실린더의 수가 많으며 가볍고 마력이 크다. 피스톤엔진은 실린더 내에서 공기를 압축하여 연료(가솔린)를 섞어서 태운다. 팽창한 힘으로 피스톤을 왕복시켜 기계적인 회전력으로 바꾸어 얻은 힘으로 자동차는 바퀴를 돌려 달리고 항공기는 프로펠러를 돌려 비행한다.

피스톤엔진을 사용한 프로펠러 항공기는 음속 가까이까지 속도를 내면 프로펠러의 회전속도에 비행속도가 합쳐져 음속에 도달하기 직전에 프로펠러가 파멸해버리기 때문에 일정한 속도 이상 낼 수 없다. 현재 피스톤엔진은 소형 항공기에 주로 사용한다.

항공용 피스톤 엔진 그림 2-10

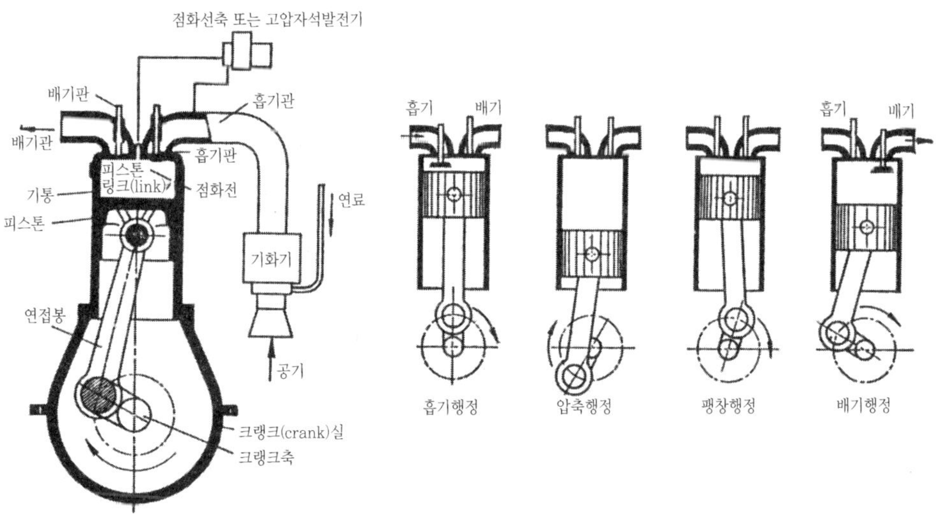

2. 터보제트엔진

제트엔진은 흡입한 공기를 회전식 압축기에서 압축하여 압력을 높인 다음에 연소실로 보내어 연료를 섞어서 태워 발생하는 2500도의 고온가스가 급팽창하여 제트가 되어 배기통으로부터 빠른 속도로 뒤로 분사하면서 그 반동으로 추력을 얻는다. 제트엔진은 피스톤엔진처럼 왕복운동을 하지 않고 회전운동만 하여 추력을 얻기 때문에 그 구조가 간단하고 진동이 작은 것이 특징이다.

제트엔진의 구조는 공기 흡입구(air intake), 압축기(compressor). 연소실(combustion chamber), 터빈(turbine), 분사구(nozzle)의 다섯 부분으로 구성된다. 제트엔진은 피스톤엔진에 비해 큰 추력을 낼 수 있기 때문에 항공기의 고속화와 대형화에 적합하다. 항공용 제트엔진은 터보제트엔진, 터보팬엔진, 터보샤프트엔진 등 여러 종류가 있으나 가장 많이 사용되고 있는 것이 터보팬엔진이다.

그림 2-11 터보 팬 제트 엔진

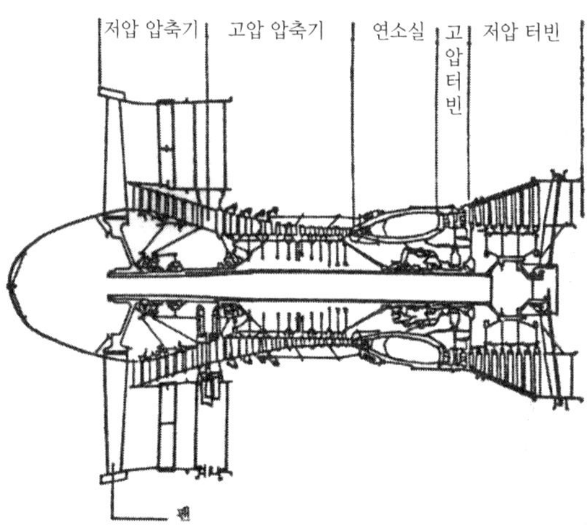

초기의 제트엔진은 흡입한 공기를 전부 연소실로 보내어 태워서 분사하는 터보제트엔진으로 연료소비율이 높아 경제성이 없었다. 1952년에 개발된 최초의 제트 항공기 DH-106 코멧(Comet) I형에는 터보제트엔진을 사용했다. 뒤이어 1953년에 구조가 터보제트엔진과 같지만, 제트엔진으로 프로펠러를 회전시켜 추력을 얻는 터보프롭엔진(turboprop engine)이 개발되었다. 이 엔진은 매우 가벼우면서 큰 출력을 낼 수 있고 고급 가솔린 대신에 등유를 사용하는 것이 특징이다. 종래의 피스톤엔진은 실린더 속에서 피스톤이 왕복운동을 하기 때문에 진동이 심했으나 터보프롭엔진은 회전운동만 함으로 진동이 작아 쾌적성이 높았다.

터보 프롭 엔진 **그림 2-12**

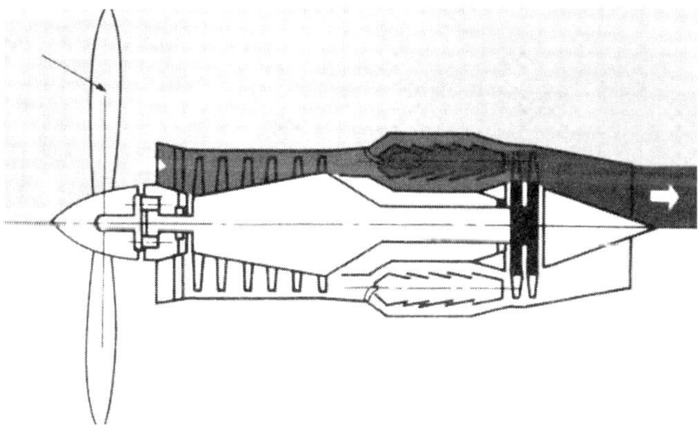

1960년대에 터보제트엔진보다 연료효율이 높은 터보팬엔진(turbofan engine)이 실용화되었다. 이 엔진은 흡입한 공기를 일부만 태워서 뒤로 보내고 나머지는 태우지 않고 바이 패스해서 그냥 뒤로 보내는 것이 특징이다. 터보팬엔진은 터보프롭엔진의 프로펠러를 축소시켜 압축기처럼 만든 엔진이다. 이 엔진은 터보제트엔진의 고속성과 터보프롭엔진의 효율성을 조화시킨 것으로 현재 제트 항공기는 모두 이 엔진을 사용한다.

터보팬엔진에서 태운 공기와 태우지 않고 바이패스 시킨 공기의 비율이 바이패스 비(bypass ratio)이다. 이 비율이 높을수록 태우지 않고 배출하는 공기의 양이 많아 엔진의 경제성이 높다. B-727에 사용된 초기의 터보팬엔진은 바이패스 비가 1로서 태운 공기량과 태우지 않는 공기량이 같았다. 대형기인 B-747의 대형엔진은 바이패스 비가 6이며 최신기인 B-777은 9로 대부분의 공기를 태우지 않고 뒤로 보낸다. 초음속기에는 터빈의 뒤에 재연소장치(afterburner)를 붙여 새롭게 연료를 공급해 다시 연소시켜 큰 추력을 얻는 재연식 제트엔진을 사용한다.

제4절 | 현대 항공기

ICAO 자료에 의하면 전 세계의 정기항공노선에 운항하고 있는 항공기의 수는 2008년 말 현재 11,200대에 이른다[8]. 여러 종류의 항공기가 운항하지만, 현재 세계 주요 정기항공노선에 운항하고 있는 항공기는 대부분이 1980년대 후반 이후 개발된 '제4세대 제트 항공기'[9]이다.

제2차 대전이 끝난 이후 현재까지 항공기의 발달 현황을 보면, 대전 직후에 개발된 4발의 장거리 대형 프로펠러 항공기에 이어 1950년대 후반에 제트 항공기가 개발되었다. 제트 항공기는 1950년대 후반에 개발

8) 제트 항공기 10,600대, 프로펠러 항공기 600대
9) 1990년 이후에 개발된 B-747-400, MD-11, B-777, B-787, A-320, A-330, A-340 등 최신 항공기

된 4발 장거리의 '제1세대 제트 항공기', 1960년대에 개발된 쌍발의 단거리의 '제2세대 제트 항공기', 1970년대에 개발된 3발 및 4발의 장거리 대형의 '제3세대 제트 항공기', 1980년대 후반 이후 개발된 '하이테크기' 라고 불리는 최신의 '제4세대 제트 항공기' 로 발전해 왔다.

1. 대형 프로펠러기와 터보프롭기

1945년 제2차 대전이 끝난 직후부터 1950년대 전반까지 약 10년 동안은 4발 장거리 대형 프로펠러 항공기의 전성시대였다. 대표적인 항공기로 미국 보잉사의 B-377 스트라토크루저(Stratocruiser)를 비롯하여 1947년에 록히드사의 L-749 컨스텔레이션(Constellation)과 더글러스사의 DC-6B, 1950년대 초에 일명 '코니(Connie)' 이라 불린 록히드사의 L-1049 슈퍼 컨스텔레이션(Super Constellation)과 더글러스사의 DC-7이 개발되었다. 이들 장거리 대형 프로펠러 항공기는 평균 시속 480km의 속도에 항속거리가 4,800km였으며 1950년에 제트 항공기가 개발될 때까지 항공수송의 주력기로서 세계의 하늘을 누볐다.

1960년대에 피스톤엔진 대신에 가스 터빈엔신으로 프로펠리를 회전시켜 비행하는 수송효율이 좋으면서 경제성이 우수한 터보프롭엔진을 장비한 프로펠러 항공기가 개발되었다. 최초의 터보프롭 항공기는 근거리용으로 개발된 영국 비커스사의 4발 중형 여객기 비커스 바이카운트(Vicker' s Viscount)였다. 이어서 4발 장거리 터보프롭 여객기인 미국 록히드사의 L-188 엘렉트라(Electra), 쌍발 근거리 여객기인 네덜란드 포커사의 F-27과 영국 호커 시들리(Hawker-Siddeley)사의 HS-748이 개발되었다.

2. 제트 항공기

1952년에 영국의 드 하빌랜드사(De Havilland)가 터보제트엔진을 사용한 최초의 제트 항공기 DH-106 코멧(Comet)[10]을 개발했다. 그러나 불행하게도 이 제트 항공기는 연속해서 일어난 공중 폭발사고로 운항이 중단되었다. 뒤이어서 1958년에 미국 보잉사의 B-707, 1959년에 프랑스의 수드 카라벨(Sud Caravell), 미국 더글러스사의 DC-8, 1960년에 미국 컨베어사의 CV-880 등「제1세대 제트 항공기」가 개발되었다. 이들 제트 항공기는 순항속도가 900km에 좌석이 130석 수준으로 4발 장거리 대형 프로펠러 항공기보다 수송력이 2배에 속도가 2배나 되어 수송효율이 4배로 향상되었다. 다만 제트엔진을 사용하여 제트화 했으나 동체나 주날개는 프로펠러 항공기의 구조를 그대로 사용한 것이 단점이었다.

1960년대 후반에 수송효율이 높고 소음이 낮은 터보팬엔진(turbofan engine)을 장비한 쌍발 및 3발의 중단거리용「제2세대 제트 항공기」가 개발되었다. 미국 보잉사의 B-727 및 B-737, 더글러스사의 DC-9, 영국 비커스사의 VC-10, 브리티쉬 에어크라프트사의 BAC-111, 네덜란드 포커사의 F-28 등이 대표적이다.「제2세대 제트 항공기」의 특징은 터보팬엔진의 실용화로 연료소비율이 개선되어 경제성이 크게 향상되었고 고성능의 고양력장치의 사용으로 짧은 활주로에서도 이착륙할 수 있는데 있었다. 더욱이 자동항행제어장치, 자동엔진출력제어장치, 자동조종장치, 자동브레이크장치, 자동공조시스템 등 자동화시스템의 적극적인 도입으로 안전성이 향상되었고 2명의 승무원만으로 비행할 수 있었다.

10) DH-106 4발 제트 항공기 : 길이 34m, 폭 35m, 무게 73,470kg, 최고 속도 시속 810km, 항속거리 5,190km, 36석

제2세대 제트기 B-727 **그림 2-13**

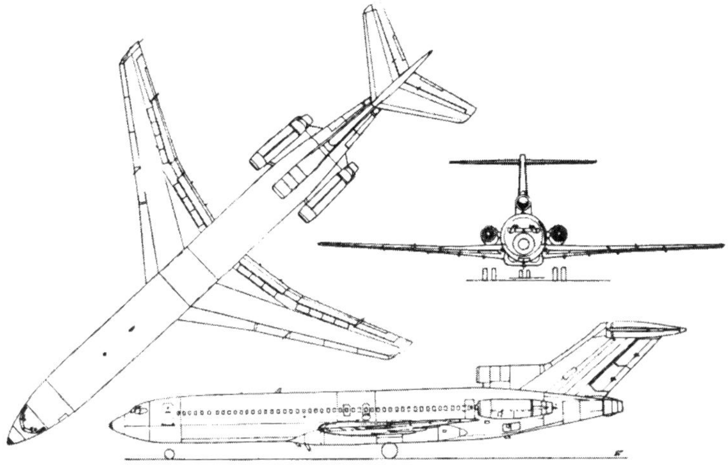

1970년대에 4발의 장거리 대형의 '제3세대 제트 항공기' 가 개발되었다. 보잉사의 B-747에 이어 맥도넬 더글러스사의 DC-10, 록히드사의 L-1011 트라이스타(Tristar), 유럽 에어버스사의 A-300 등이 대표적인 '제3세대 제트 항공기' 이다. 제트 항공기의 대형화로 대량수송시대가 열렸다.

'제3세대 제트 항공기' 의 특징은 각종 시스템의 자동화와 이중화로 항공기의 신뢰성과 안전성이 향상한데 있었다. 더욱이 동체의 크기에 비해 전체 무게가 가볍고 주날개의 모양을 개조하여 공기의 저항을 줄였으며 연료소비율을 낮추어 경제성이 크게 개선되었다. 또한 바이패스 비가 높은 터보팬엔진의 사용으로 추력이 크면서 연료소비율이 낮아졌고 소음이나 대기오염이 크게 감소되었다. 내부시스템은 우주 항행을 위해 개발된 관성항법장치(INS)를 이용한 자동비행장치의 도입으로 지상항행시설이나 항법사의 도움 없이도 컴퓨터에 의해 항공기를 자동으로 조종할 수 있게 되었다.

1980년대 후반에 「제2세대」 및 「제3세대」의 기존 제트 항공기보다 연료효율과 엔진의 신뢰성이 크게 향상되었고 각종 계기가 전자화 · 통합화 된 '제4세대 제트 항공기' 가 개발되었다. 보잉사의 B-747-400, 맥도넬 더글러스사의 MD-11, 에어버스사의 A-340 등의 대형 장거리기, 보잉사의 B-767 및 B-777, 에어버스사의 A-320 등의 중형 중장거기, 맥도넬 더글러스사의 MD-90, 포커사의 F-100, 에어버스사의 A-320 등 소형 중단거리기 등이 대표적인 '제4세대 제트 항공기' 이다.

그림 2-14 제4세대 제트기 B-747-400

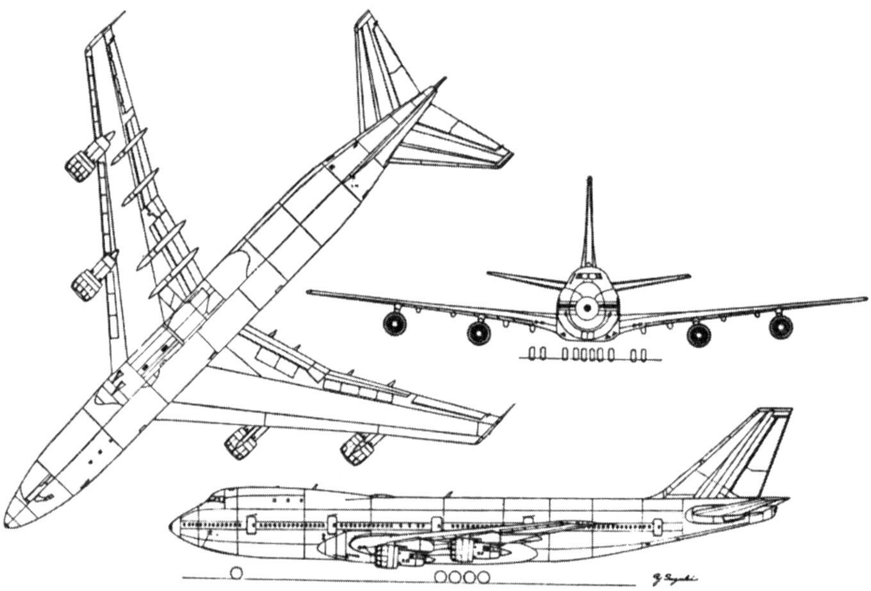

「제4세대 제트 항공기」는 첨단 항공기술과 항공전자기술을 이용하여 항공기 운항의 안전성을 극대화하고 조종을 쉽게 할 수 있도록 최신 디지털 조종시스템을 적극적으로 도입한 것을 비롯하여 조종실의 조종용 계기판을 디지털화하여 복잡한 계기나 스위치 대신에 컴퓨터용 디스플레이의 채용, 바이패스 비가 높은 최신 터보팬엔진의 사용으로 엔진의 성능 및 신뢰성의 향상, 연료효율이 좋은 최신 엔진의 사용으로 항공기의 경제성 개선. 소음과 배기가스의 감소로 지구환경에의 적합성 제고, 수평꼬리날개에 연료탱크의 설치 및 신소재를 사용한 기체중량의 경감으로 항속거리의 증대, 주날개 끝의 윙릿(winglet)의 설치로 공기 저항의 감소 등 많은 혁신이 이루어졌다.

「제4세대 제트 항공기」의 최대의 특징은 조종실의 개혁에 있다. CRT를 이용한 새로운 기술의 적용과 각종 시스템의 자동화로 대형기인데도 조종사와 부조종사 2인 승무제로 바뀌었다. B-747-200의 조종실 내에 장비되어 있던 각종 기계식 계기가 「테크노 점보기」라고 불리는 B-747-400에서는 6개의 CRT 디스플레이에 집중적으로 표시하도록 바뀌었다. 이 전자 디스플레이는 항공기의 자세나 속노, 고도 등 기본적인 비행정보를 집중적으로 표시해서 알려주는 비행표시(PFD : primary flight display), 항법정보를 전자지도 등으로 표시해서 알려주는 항법표시(ND : navigation display), 엔진이나 시스템관계 정보를 집중적으로 표시해서 알려주는 다기능 디스플레이(EICASA : engine information and crew alert system) 의 3종류로 구성되어 있다. B-747-100에 비하면 하이테크 점보기인 B-747-400은 132개의 계기가 13개, 284개의 스위치가 181개, 555개의 경보램프가 171개로 줄었다. 조종사가 각종 계기나 시스템의 조작을 정확히 했는지를 확인하기 위한 체크리스트(check list)도 98항목에서 38항목으로 줄었고 일일이 확인하지 않더라도 일렉트로닉 체크리스트(electronic checklist)의 스위치를 한번 누르기만 하면 화면에 모든 스위치가 올바르게 설정되어 있는지를 한눈에 알 수 있다.

'제4세대 제트 항공기'의 조종시스템을 뒷받침하고 있는 최신의 하이테크 기술은 비행관리시스템(FMS : flight management system)과 관성기준장치(IRS : inertial reference system)이다. 비행관리시스템은 하이테크기의 두뇌라고 할 수 있는 시스템으로 출발지에서 목적지까지 가장 경제적으로 비행할 수 있도록 항공기의 속도, 상승·강하율, 비행경로, 엔진의 추력 등을 계산하여 자동비행장치를 이용해 관리해 준다. 관성기준장치는 레이저 광선의 특성을 이용한 레이더 자이로를 사용하여 항공기의 위치, 진로, 속도, 풍향, 풍속 등을 정확히 계산하여 알려주는 시스템으로 선박의 나침반과 같은 역할을 한다.

그림 2-15 조종실 계기의 변화

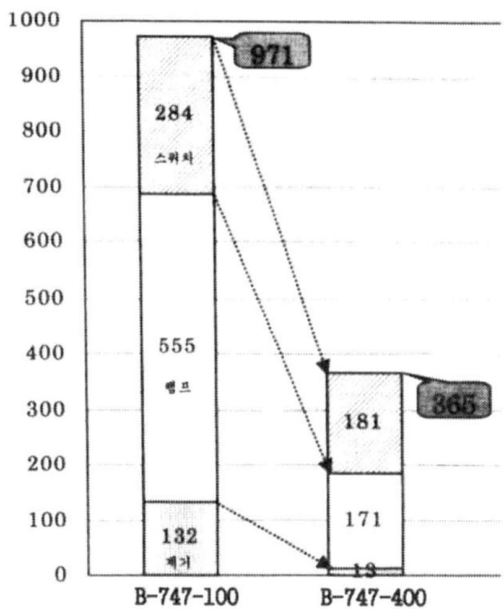

B-747-400의 경우 연료효율이 우수한 터보팬엔진의 사용과 비행관리시스템(FMS)의 도입으로 항공기의 운항을 최적화 할 수 있어「제1세대 제트 항공기」에 비해 연료소비가 크게 감소되었다. 더욱이 꼬리날개에도 보조탱크를 설치하여 항속거리가 1,500km 이상 연장되어 비행거리가 13,000km 이상이 되는 서울-뉴욕을 직행할 수 있다. 공기저항을 감소하기 위해 주날개 끝에 작은 수직날개 윙릿을 부착하여 유도저항

(induced drag)[11]을 줄이고 항속거리를 연장시켰다. 각종 시스템의 자동화, 파괴억제구조(fail-safe construction)[12]의 강화로 안전성을 크게 향상시켰다. 뿐만 아니라 A-320이 처음으로 조종봉 대신에 플라이 바이 와이어(FBW : fly by wire)[13] 방식의 사이드 스틱(side stick)을 도입했다. 또한 엔진의 개량으로 성에너지화와 저소음화가 실현되었다.

초음속 여객기 콩코드 **그림 2-16**

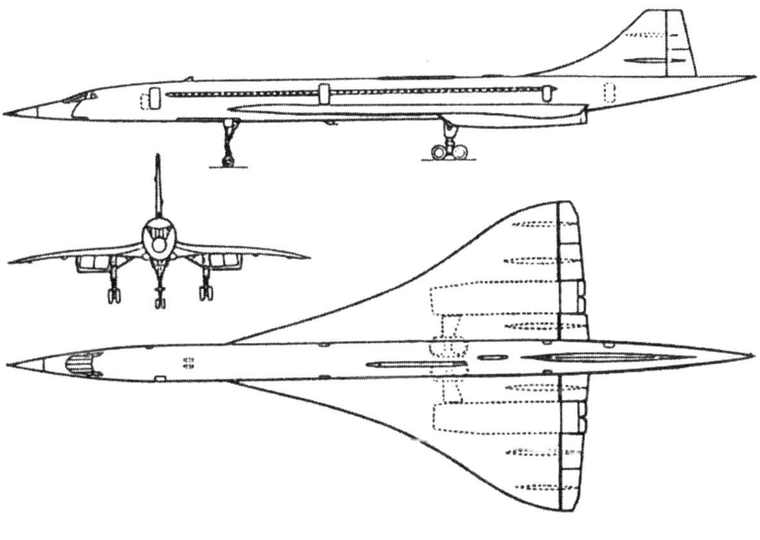

11) 항공기의 날개 끝에 발생하는 공기의 소용돌이에 의한 항력
12) 자동안전장치 구조라고도 하며 항공기 구조의 일부분이 파괴되더라도 그 파괴가 확대되지 않고 파괴된 상태에서 안전하게 비행할 수 있게 된 구조
13) FBW : 항공기의 비행조종시스템의 하나로 기계적 제어가 아닌 전기신호에 의해 제어하는 비행 조종장치

제3장

공항과 항공로

공항과 항공로

YL-SBY

제3장 공항과 항공로

제1절 | 공항

1. 공항의 기능과 규모

(1) 공항의 기능

항공기가 안전하게 이착륙할 수 있도록 육지나 해상에 설치된 특정장소가 비행장(aerodrome)이다. 비행장 중에서 항공수송을 위해 여객이나 화물을 취급할 수 있는 시설과 그 밖에 항공교통관제, 이착륙유도, 기상정보, 통신, 급유 등을 위한 부대시설을 갖춘 공공 비행장이 공항(airport)이다. 공항은 제1종 공항(국제항공노선용), 제2종 공항(주요 국내항공노선용), 제3종 공항(지방항공노선용)으로 분류된다.

공항이 갖추어야 할 시설은 항공기의 이착륙에 필요한 활주로 등 공항기본시설과 항공여객과 화물을 취급하는데 필요한 공항터미널시설, 급유 및 정비를 위한 시설, 국제공항의 경우 세관, 출입국관리사무소, 공항검역시설 등 공공용 시설, 항공기의 안전운항을 위하여 필요한 항공보안시설 등 부대시설이 있다.

공항의 중요한 기능은 첫째, 항공기가 안전 · 확실 · 신속하게 이착륙하고 여객이나 화물을 취급하는데 필요한 시설을 갖추어 항공수송이 원활하게 이루어지도록 하는 기능, 둘째, 항공수송과 육상 · 해상수송을 상호 연결시키는 터미널의 기능, 셋째 항공기의 정비 및 항공연료의 공급 등 보급능력을 갖추어 항공기가 안전하게 운항할 수 있도록 하는 기능 등이다.

(2) 공항의 규모

공항의 규모는 항공기가 이착륙할 수 있는 시설의 이착륙 허용량, 공항 터미널 시설의 여객과 화물의 처리 능력, 공항 및 그 주변의 항공교통을 정리해주는 항공교통관제 능력 등에 의해 결정된다. 공항에서의 항공기의 처리능력은 활주로의 수와 길이에 의해 결정된다.

그림 3-1 공항의 기본 평면도

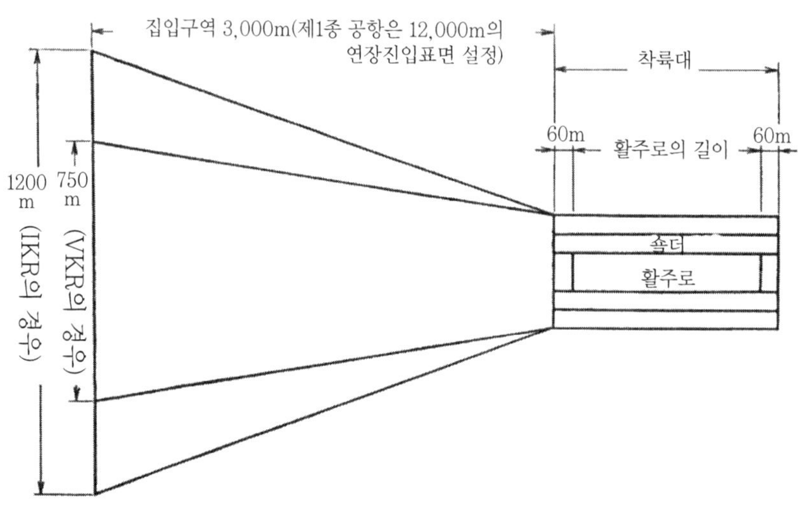

공항의 활주로가 길어야 대형 항공기가 이착륙할 수 있으며 활주로의 수가 많아야 더 많은 항공기가 이착륙할 수 있다. 활주로의 길이는 항공기의 이착륙거리와 항공기의 이착륙 성능에 의해 결정된다. 항공기가 클수록 이착륙에 필요한 활주로의 길이가 길고 활주로의 폭도 넓다.

활주로의 길이뿐만 아니라 활주로의 수가 많아야 공항의 처리능력이 높아진다. 활주로가 여러 개 있을 경우 평행활주로 보다는 교차활주로로 설정하는 것이 공항처리능력이 커진다. 평행활주로가 여러 개 있을 경우 그 간격이 얼마나 떨어져 있느냐에 따라 항공기 이착륙의 처리능력이 달라진다. 공항의 처리능력을 나타내는 기준으로 연간 항공기의 이착륙회수, 연간 공항이용 여객의 수와 화물의 취급량을 사용한다.

착륙대 그림 3-2

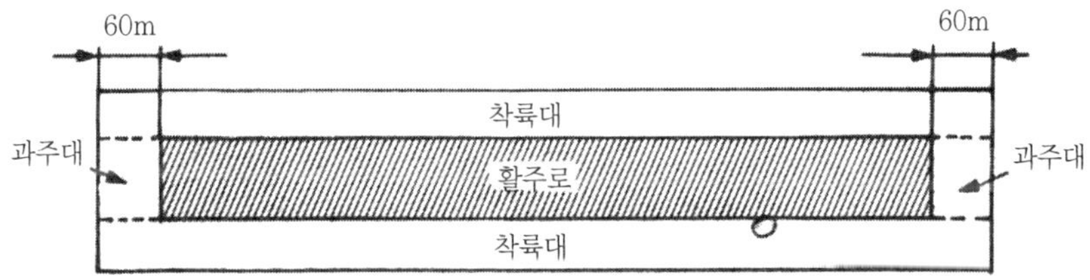

2. 공항기본시설

공항기능을 유지하는데 필요한 공항의 기본시설에는 항공기의 이착륙시설, 착륙유도시설, 관제탑이 있다.

(1) 이착륙시설

항공기가 이착륙하는데 필요한 이착륙시설은 착륙대와 유도로와 주기장으로 구성된다. 착륙대(landing area)는 활주로와 안전여유구역인 과

주대로 구성된다. 활주로(runway)는 항공기가 이착륙하기 위해 활주하는데 필요한 구역이다. 활주로의 길이는 항공기의 이륙거리, 가속정지거리, 착륙거리 등의 이착륙 성능과 공항의 높이, 기온 등 공항의 입지조건에 의해 결정된다. 활주로는 항공기의 크기에 따라 요구되는 길이가 다르며 또한 항공기의 최대중량과 착륙할 때 충격을 견딜 수 있도록 요구되는 강도가 다르다. 착륙대의 규모가 공항등급을 정하는 기준이 된다.

그림 3-3 주기방식

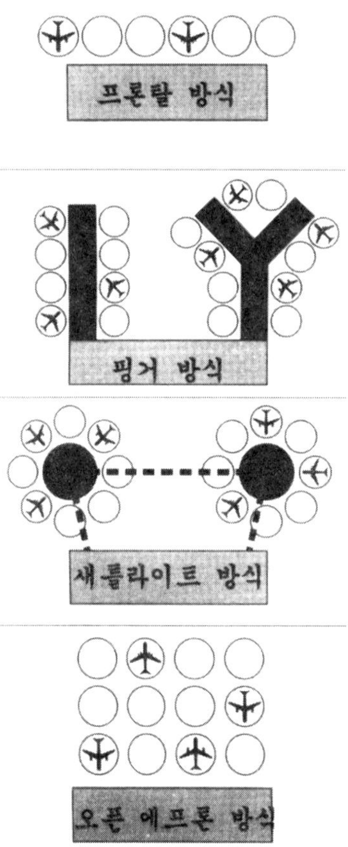

항공기가 활주로를 이탈할 때의 사고를 방지하기 위해 활주로의 양끝에서 60m씩 연장해서 설정해둔 안전지대가 과주대(overrun area)이다. 항공기는 정상적으로 착륙할 경우 활주로 길이의 60% 미만의 거리에서 정지한다. 그러나 항공기의 바퀴가 활주로에 닿는 지점이 틀렸거나 브레이크가 고장이거나 활주로의 표면이 미끄러워서 활주로의 끝에서도 항공기가 정지하지 못할 경우가 있다. 이러한 경우에 대비하여 활주로 양끝의 바깥쪽으로 항공기의 무게를 견딜 수 있는 강도를 가진 일정한 구역으로 과주대를 설치해둔다.

유도로(taxiway)는 활주로와 주기장을 연결하는 통로이다. 유도로의 폭이나 강도는 활주로의 강도와 같을 필요는 없지만, 항공기가 자력으로 이동하면서 비교적 자유롭게 방향을 바꾸거나 선회할 수 있는 폭과 강도가 필요하다.

주기장(apron)은 공항에서 여객이 타고 내리거나 화물을 싣고 내리기 위해 그리고 연료를 보급하고 여객 서비스용 물이나 음식이나 서비스 용품을 싣고 내리고 간단한 정비 · 점검을 하기 위해 항공기가 머무는 장소이다. 주기장은 그 목적에 따라 여객용, 화물용, 항공기 정비용, 야간용 주기장으로 분류된다. 주기장에 항공기가 한 대씩 주기하도록 지정된 주기장소가 스팟(spot)이다. 주기장의 규모는 주기할 수 있는 항공기의 종류와 스팟의 수에 의해 결정된다. 화물용 주기장이나 정비용 주기장은 여객 터미널에서 떨어져 있지만, 여객용 주기장은 여객 터미널 빌딩의 앞이나 그 주위에 자리한다.

(2) 착륙유도시설

착륙유도시설(controlled approach)은 야간이나 기상이 나쁠 때 항공기가 안전하게 착륙할 수 있도록 특별히 설치된 시설로 지상유도착륙장치, 계기착륙장치, 그리고 마이크로파 착륙장치로 발달되어 왔다.

지상유도착륙장치(GCA : ground controlled approach)는 레이더를 이용하여 착륙 중인 항공기의 진입부터 활주로에 닿을 때까지 전 과정을 감시하여 무선통신으로 조종사에게 진로를 유도하여 항공기가 안전하게 착륙할 수 있도록 도와주는 장치이다. 레이더는 공항감시 레이더(ASR), 정밀진입 레이더(PAR), 공항면감시 레이더(ASDE) 등을 이용한다.

계기착륙장치 **표 3-1**

성능	CAT-I	CAT-II	CAT-III		
			IIIa	IIIb	IIIc
활주로 가시거리	550m 이상	350m 이상	200m 이상	200m 미만	제한없음
착륙결정 고도	60m 이상	30~60m	30m 미만	15m 미만	제한없음
착륙방법	수동착륙 수동활주 수동텍싱	수동착륙 수동활주 수동텍싱	자동착륙 수동활주 수동텍싱	자동착륙 자동활주 수동텍싱	자동착륙 자동활주 자동텍싱

계기착륙장치(ILS : Instrument Landing System)는 1960년대에 지상유도착륙장치 다음에 도입된 착륙지원장치이다. 진입 중의 항공기에 지향성전파를 발사하여 항공기가 활주로에 안전하게 착륙할 수 있도록 진입 방향, 강하 경로, 그리고 착륙지점까지 거리를 알려주는 장치이다. 이 장치를 이용하여 구름의 높이가 낮거나 시정이 매우 나쁜 기상조건에서도 항공기가 안전하게 착륙할 수 있다.

계기착륙장치는 진입방향을 가리켜주는 로컬라이저(localizer), 강하경로를 가리켜주는 글라이드 패스(glide path), 활주로까지의 거리를 알려주는 마커(marker)의 세 가지로 구성된다. 로컬라이저는 전파로 진입 중의 항공기가 활주로의 중심선으로부터 좌우로 얼마나 치우쳐있는지를 알려주는 방위각표지장치이다. 글라이드 패스는 전파로 항공기의 진입 각도를 지시해주는 활공각표지장치이다. 전파는 지상에서부터 2.5도 내지 3도의 각도로 발사하여 항공기가 활주로에 내리는데 가장 적합한 각도를 알려준다. 마커는 항공기가 진입하는 코스의 상공에 수직방향으로 전파를 발사하여 활주로까지의 수평거리를 알려주는 무선위치표지장치로 외부 마커(OM : outer maker), 중간 마커(MM : middle marker), 내부 마커(inner marker)로 되어 있다.

계기착륙장치는 활주로의 폭과 길이와 무선착륙원조시설의 성능에 따라 ① 카테고리 I, ② 카테고리 II, ③ 카테고리 III a, ④ 카테고리 III b, ⑤ 카테고리 III c의 다섯 가지 카테고리(category)로 분류된다[1].

1) 1942년에 미국에서 개발된 계기착륙시설이 1947년에 ICAO가 착륙용 표준시설로 채택하였으며 우리나라는 1960년에 김포국제공항에 최초로 도입했음.

카테고리 I은 시정거리 800m에 구름의 높이가 60m, 카테고리 Ⅱ는 시정거리 400m에 구름의 높이 30m, 카테고리 Ⅲ은 시정거리 제로에 구름의 높이가 제로인 경우이다. 현재 대부분의 공항이 카테고리 Ⅱ로 운영하고 있으나, 세계 주요공항은 카테고리 Ⅲ b로 운영하고 있다.

그러나 계기착륙장치는 진입코스가 하나뿐인데다가 전파 장해를 받기 쉽고 정밀도에 문제가 있어 항공기를 활주로에 자동착륙할 수 있는 능력이 없다. 따라서 최후의 착륙은 조종사가 눈으로 보면서 조종하여 착륙할 수밖에 없다. 마이크로파 착륙시스템(MLS : microwave landing system)은 계기착륙장치의 이러한 약점을 해소하기 위해서 개발된 마이크로파[2]를 이용한 정밀진입 · 착륙유도시스템이다.

글라이드 패스와 마커의 무선표지 **그림 3-4**

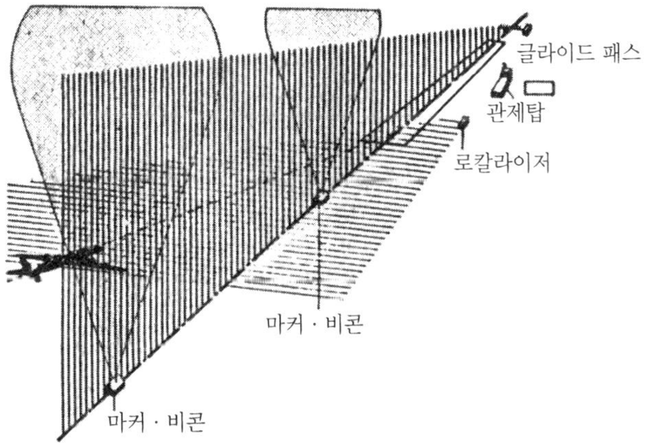

2) 마이크로라는 단위는 100만분의 1을 의미하지만 여기서는 짧은 파장의 전파를 의미한다. ICAO의 전류는 1파장의 길이가 약 3m인데 비해 MLS는 6cm이다.

마이크로파 착륙시스템은 정밀도가 높고 진입의 폭이 넓기 때문에 계기착륙장치가 전파로는 할 수 없었던 활주로에의 자동착륙이 가능하다. 또한 활주로 주변의 영향을 받지 않으며 여러 개의 진입경로를 설정할 수 있고 진입방위나 진입각을 자유로이 선정할 수 있는 이점이 있다.

(3) 관제탑

활주로, 유도로, 주기장을 포함하여 공항 전체를 잘 볼 수 있는 위치에 설치된 탑이 관제탑(airport control tower)이다. 관제탑의 주요 기능은 출발하는 항공기의 주기장으로부터 이륙지점까지 지상에서의 이동관제, 이착륙하는 항공기의 이착륙허가, 이륙 후의 항공기의 관제를 비행장 주변(비행장관제권)으로부터 컨트롤센터의 관제로 이관하기까지의 모든 항공교통관제, 비행장에 진입을 개시한 항공기의 비행장에의 유도 및 활

그림 3-5 MLS 개념도

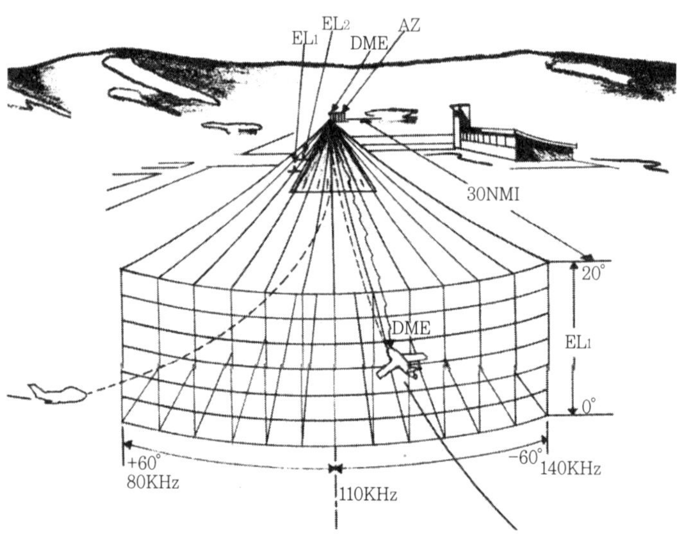

주로에의 안전한 착륙, 주기장의 지정 및 주기장까지의 지상에서의 이동 관제, 그밖에 비행장 내에서의 모든 항공기 · 차량 · 보행자의 이동에 관한 관제, 기상정보의 통보, 긴급시의 구난활동 등이다.

일반적으로 관제탑의 내부는 유시계비행방식 관제실과 계기비행방식 관제실로 나뉘어 있다. 전자는 유시계비행상태의 항공기를 관제하기 위한 관제실로 기상상태 수신기, 표지신호청취기, 항공등화의 점멸장치, 무선전화기. 등화신호기, 장내탐지 레이더 등이 있다. 후자는 계기비행조건으로 비행하는 항공기를 관제하기 위한 관제실로 지상유도장치, 계기착륙장치, 항공로감시레이더나 항행을 원조하는 전자기기가 있다.

3. 공항부대시설

공항시설에는 기본시설 이외에 항공수송이 원활하게 이루어지도록 지원하는 여객용 시설 , 화물용 시설, 항공기 서비스용 시설, 공항운용용 시설 등의 항공부대시설이 있다.

여객용 시설은 여객이 공항에 도착해서 여객기에 탑승할 때까지 그리고 목적지에 노착해서 여객기에서 내린 여객이 공항을 떠날 때까지 여러 가지 편의를 제공하는 시설이다. 이 시설은 ① 탑승수속 카운터, 탑승객의 출발 · 도착 대기실, 탑승구 라운지 등 여객기를 타고 내리는데 필요한 시설, ② 수하물의 무게를 재고 여객기에 탑재하고 목적지에서 수하물을 내리고 승객에게 인도하기까지 필요한 시설, ③ 구내매점, 식당, 책점, 호텔, 은행 등 여객에게 편의를 제공하는데 필요한 시설들이 있다.

화물용 시설은 항공화물이나 우편물을 집산 및 보관하는 시설이다. 항공화물의 취급시설은 화물의 컨테이너화, 하역시스템의 기계화, 화물정보처리의 전산화가 되어 있다. 항공기 서비스용 시설은 항공기가 안전하고 원활하게 운항할 수 있도록 지원하는 시설로 항공기 정비시설과 항공기 급유시설이 있다.

공항의 관리 및 운영에 필요한 시설로는 항공회사의 사무실, 항공관제 사무실 등이 있다. 국제공항의 경우에는 수하물의 검사, 수하물의 통관 및 과세, 여권의 검사 및 출입국의 신고, 전염병의 검역 및 예방 접종, 휴대동식물의 검역 및 방역 등을 위한 시설이 있다.

제2절 | 항공로

1. 항공로

항공기가 안전하고 질서 있게 운항할 수 있도록 공중에 설정해놓은 일정한 폭(보호공역)을 가진 통로 즉 하늘의 길이 항공로(airway)[3]이다. 항공로는 국내선 항공로와 국제선 항공로로 분류된다.

그림 3-6 우리나라의 항공로

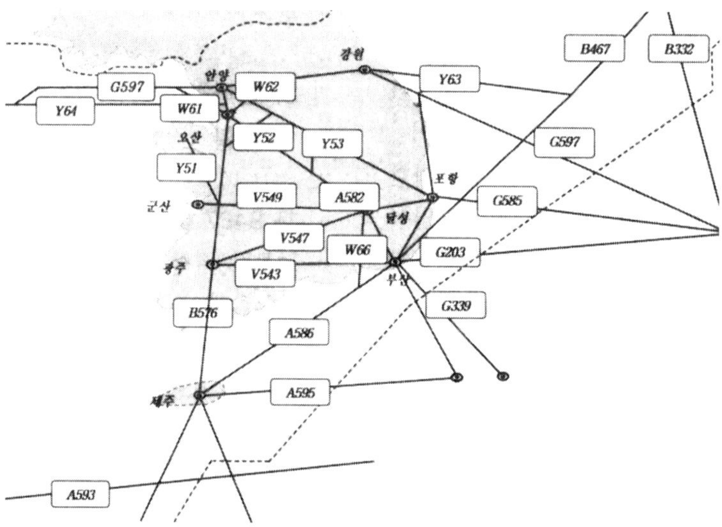

국내선 항공로는 항공법에 의해 정부가 항공기가 안전하게 항행할 수 있도록 지형, 기상특성, 항공보안시설, 통신시설, 공항 등을 고려하여 설정한다[4].

항공지도에 표시된 항공로 **그림 3-7**

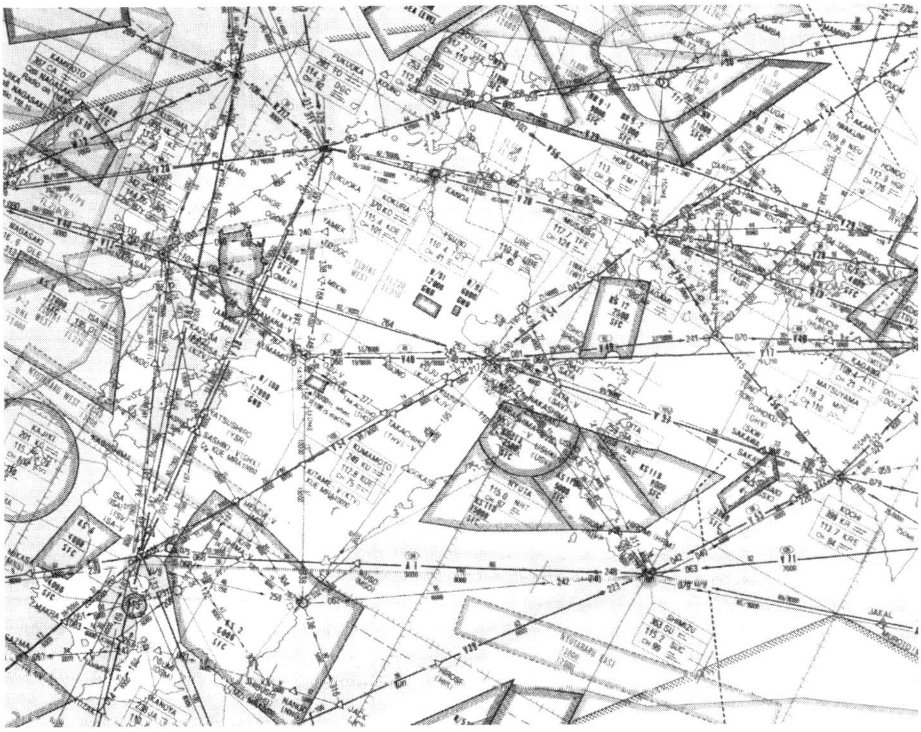

3) 항공로는 정부가 항공기의 항행에 적합하다고 지정한 공중의 길(항공법 제2조 19항), 전파를 발사하는 항행원조시설(무선표지)을 연결하여 회랑형태로 설치되어 있는 관제구(국제민산항공조약 제11부속서)라고 정의

4) 항공법 제 76조

현재 우리나나라에는 [그림 3-6]와 같이 24개의 항공로(국제선 11개, 국내선 13개)가 운용되고 있으며 그중 5개는 지역항법(RNAV)으로 설정된 항공로이다. 국제선 항공로는 국제민간항공기구가 전 세계의 공역을 8개 권역으로 분류하고[5] 각 권역을 다시 체약국의 영토 및 항행지원능력을 고려하여 비행정보구(FIR : flight information region)로 세분하여 설정한다.

우리나라는 8개 권역 중 중동-아시아 권역의 인천 비행정보구에 속한다. 항공로는 출발공항과 도착공항 간을 최단거리로 설정하는 것이 원칙이다. 그러나 공역에는 여러 가지 장애요인이 있기 때문에 직선으로 항공로를 설정하는 것이 어려울 경우에는 우회항공로를 설정한다.

항공로에는 항공기가 비행하는데 있어서 지형상태나 무선전파가 도달하는 거리를 고려하여 항공기가 비행할 수 있는 최저안전고도(MSA : minimum safe altitude)를 설정해 두고 있다. 계기비행방식으로 비행하는 항공기는 최저안전고도보다 낮게 비행할 수 없다. 최저안전고도는 항공로지(AIP : aeronautical information publication)[6]에 공시되어 있으며 계기비행방식으로 관제권 내를 비행하는 항공기는 최저안전고도 이상의 고도로 각 항공로의 중심선을 따라 비행한다.

항공로의 고도 간격은 비행방향별로 사용할 순항고도가 정해있다. 계기비행방식으로 순항하는 항공기는 고도 2만 9천 피트(8,840m) 이상에

5) ICAO의 8개 권역 : 태평양 PAC, 북미(NAM), 카리브(CAR), 남미(SAN), 북대서양(NAT), 유럽(EUR), 아프리카-인도양(AFI), 중동-아시아(MLD/ASIA)
6) 항공기의 항행에 필요한 항공정보를 각국 정보가 발행한 간행물

서는 2,000피트(600m) 간격, 고도 2만 9천 피트 이하에서는 1,000피트(300m) 간격으로 순항고도가 설정되어 있다.

항공기는 비행소요시간과 연료소비량을 단축하기 위해 일정한 속도로 목적지에 가장 빨리 도착할 수 있는 최단시간루트(MTT : minimum time track)나 목적지까지 연료가 가장 적게 소비되는 최소연료루트(MFT : minimum fuel track)를 비행하는 것이 원칙이나 조종사가 임의로 선택할 수 없고 관제관의 지시를 따라야 한다. 북대서양 루트나 태평양 루트에서는 제트 기류(jet stream)를 최대로 이용하거나 피하는 것이 최단시간 · 최소연료 루트가 될 수 있기 때문에 비행 당일의 제트 스트림 상태를 고려하여 비행루트가 달라진다. 반면에 제트 스트림이 없는 북태평양 루트는 고정돼 있다.

2. 항공로의 규모와 명칭

(1) 항공로의 폭과 길이

항공로는 출발공항과 도착공항사이를 200마일 간격으로 지상에 설치되어 있는 항공안전무선시설에서 발송되는 전파를 연결하여 일정한 선과 폭과 높이를 가진 네모 상자모양의 터널처럼 설정돼있다. 항공로를 구성하는 전파장치에는 초단파 전방향무선표지(VOR)와 중 · 장파 무지향성무선표지(NDB), 비행 중의 항공기에 거리와 방향을 알려주는 항법원조장치, 그리고 거리측정전파장치(VOR/DME, TACAN-VORTAC)가 있다.

국내선 항공로는 폭이 항공로의 중심선을 기준으로 좌우로 각각 7.4km로 전체 폭이 14.8km이다. 국제선 항공로는 폭이 중심선의 좌우로 각각 9km로 전체 폭이 18km이다. 국제선 항공로 중에서도 무선시설의 원조가 한정되어 있는 해상항공로는 비행안전을 고려하여 그 폭이 최소 중심선으로부터 좌우로 각각 45km로, 전체 폭이 90km이며 최대로 좌우 폭이 각각 90km로 전체 폭이 180km로 넓다. 항공로의 높이는 제한이 없으나 민간항공기의 경우 주로 41,000피트 이하의 고도에서 비행한다.

(2) 항공로의 명칭

항공로에는 고속도로에 이름이 붙어 있듯이 국제민간항공기구가 정한 고유의 이름이 붙어있다. 국제민간항공기구의 기준에 따르면 알파벳 한 자에 1에서부터 999까지의 수자를 붙여 표시한다. 원칙적으로 국제항공로는 'A-595' 이나 'R-220' 처럼 알파벳의 A(alfa), B(bravo), R(romeo), G(golf), 국내항공로는 H(hotel), J(juliet), V(victor), W(whisky)의 머리글자에 1번에서 999번까지의 항공로 번호가 붙는다. 대양항공로에는 'V-11' 이나 'W-45' 와 같이 'V' 빅토(victor)나 'W' 위스키(whisky)에 항공로 번호를 붙여 표시한다. 남북으로 연결된 국제선 간선항공로는 호박색(amber), 지선항공로는 청색(blue)으로 표시하고 동서로 연결된 국제선 간선항공로는 초록색(green), 지선항공로는 적색(red)으로 표시한다.

3. 항공로의 개선

(1) 지역항법경로

종래 항공로는 지상의 NDB나 VOR이나 VOR/DME 등 무선표지장치에서 발사하는 전파를 서로 연결하여 설정된 단선항법(單線航法)으로 구성되어 있다. 이러한 무선시설을 연결한 항공로는 현재 전 세계에 약

500개가 있다. 항공로가 단선이기 때문에 반대편에서 오는 항공기와는 고도차이로 항공로를 구분한다. 그러나 이러한 항공로나 비행방법으로는 계속적인 항공기의 증가로 인한 공역의 혼잡을 해결할 수 없다.

지역항법(RNAV : area navigation)시스템은 한정된 공역을 유효하게 이용하기 위하여 새로이 도입된 면의 항법(面航法)이다. 지역항법은 지상항행원조시설, 관성항법시스템을 모두 이용하여 지상항행원조시설의 유효범위 내에서 또는 항공기에 탑재된 관성항법장치의 성능 한도 내에서 항공기의 위치를 계산해서 항공기가 원하는 항공로를 선택하여 운항할 수 있는 항법이다. 유연한 경로설정이 가능한 운항방식이기 때문에 종래의 단선항법에 비해 비행거리와 비행시간을 단축할 수 있는 이점이 있다.

항공기가 지역항법경로를 비행하기 위해서는 항공기에 비행관리시스템(FMS)이나 관성항법시스템(INS)을 갖추어야 한다. 항공기에 항법계산 컴퓨터를 탑재하여 VOR이나 DME의 지상무선시설에서 발송되는 전파를 받아 항공기의 현재의 위치를 파악함으로서 종래와 같이 지상국을 향해 비행하는 항법 외에 전파가 도착할 수 있는 범위나 관성항법장치가 작용되는 범위 내에서는 어디에서나 임의로 항공로를 설정하여 비행할 수 있다.

(2) 미래의 항공로

21세기에 예상되는 항공수송량의 증가에 대비하고 공역의 유효한 활용과 관리를 통한 안전성의 향상을 위해 현재 ICAO의 주관 하에 각국은 통신 · 항법 · 감시(CNS/ATM : communication, navigation, surveillance/air traffic management)이라고 불리는 미래항공항법시스템(FANS : future air navigation system)의 도입을 적극 추진하고 있다.[7] 이 시스템은 최신기술인 인공위성통신, 데이터 통신 및 측지위성을 이용한 새로운 지역항법시스템으로 C는 통신(communication), N은 항법(navigation), S는 감시(surveillance), ATM은 항공교통관리기능(air traffic management)을 가리킨다.

현재의 항공기와 지상 간의 통신은 아날로그 음성으로 이루어지고 있지만, 이 시스템이 도입되면 컴퓨터로 통신내용을 디지털화 함으로서 제한된 무선주파수를 유효하게 활용할 수 있다. 이것이 관제관 · 조종사 간 데이터링크통신(CPDLC : controller pilot data link communication)이다. 현재의 항법은 주로 지상에 설치된 항행원조장치가 보내는 전파에 의해 이루어지고 있지만, 이 시스템이 도입되면 GPS로 대표되는 전지구적 항법위성시스템(GNSS : global navigation satellite system)을 이용한 새로운 항법으로 보다 효율이 좋은 경로를 비행할 수 있게 된다. 현재 레이더에 의해 항공기의 위치를 파악하고 있는 감시는 GNSS에 의해 보다 정확한 위치를 파악할 수 있게 된다. 이것이 자동종속감시(ADS : automatic dependent surveillance)이다.

이 새로운 시스템이 도입되면, 항공기는 종래와 같이 전파를 발송하는 지상국을 향하여 비행하는 것이 아니고 고도 1만 미터 이상의 공역에 설정된 하이테크기만이 항행할 수 있는 지역항법 전용공역(sky highway)을 운항하면서 항공기에 탑재되어 있는 비행관리시스템이 전지구측위시

7) 1991년 ICAO의 제10차 항공항행회의에서 체약국은 FANS(CNS/ATM)개념을 21세기 표준항행시스템으로 채택하고 2010년부터 전면 실시하기로 결의했다.

스템(GPS) 위성으로부터 보내오는 위치정보를 수신하여 항공기의 현재의 위치나 진행방향을 수시로 파악하고 분석하여 목적지까지 최단거리로 비행할 수 있게 된다.

인공위성을 이용하면 위치나 방향이 정확하게 파악되기 때문에 항공로의 간격을 현재보다 좁히더라도 안전하게 비행할 수 있어 항공로의 수를 늘일 수 있다. 또한 인공위성으로부터의 전파 정밀도가 향상되는 것에 맞추어 단계적으로 항공로의 폭과 항공기간의 앞뒤간격을 지금보다 줄일 수 있다. 항공로의 구조도 현재의 단선으로 되어 있는 항공로를 복선화했다가 최종적으로는 복복선화 할 수 있다.

항공지도에 표시된 항공로 그림 3-7

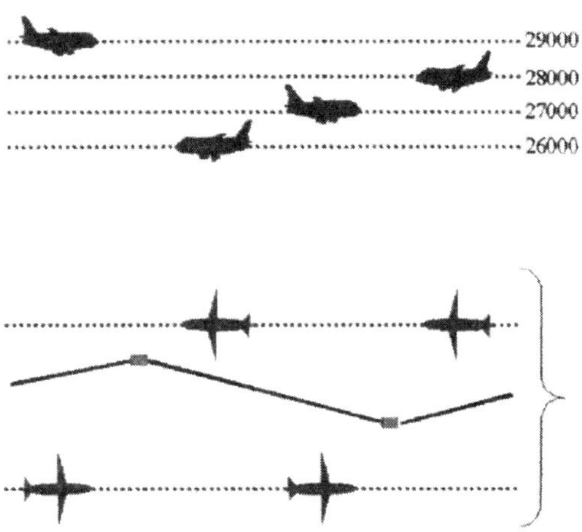

인공위성을 이용함으로서 항법의 정밀도가 향상되면 항공로일 뿐만 아니라 공항공역에서의 운항이나 진입방식에 있어서 현재보다 경로설정의 자유도가 높아지고 운항효율과 안전성을 도모 할 수 있다. 항공기가 직선적으로 진입하거나 이륙할 수 있게 되어 이착륙에 소요되는 시간을 단축할 수 있다. 뿐만 아니라 연료비나 배출가스의 삭감, 소요시간의 단축, 이착륙시의 소음의 감축, 관제간격의 단축, 자유로운 비행루트의 설정, 저고도의 안전성 향상, 통신품질의 향상 등이 기대된다.

제4장

항공교통관제 · 항공보안시설 · 항공기상정보

항공교통관제 · 항공보안
시설 · 항공기상정보

YL-SBY

제 4장 항공교통관제 · 항공보안시설 · 항공기상정보

제1절 | 항공교통관제

1. 항공교통관제의 역할

항공교통관제(ATC : air traffic control)는 항공기가 안전하고 질서 있게 운항할 수 있도록 정보를 제공해주고 지원해주는 서비스이다. 도로교통에 있어서 교통신호와 같은 역할을 한다. 항공교통관제를 담당하는 기관이 항공교통관제소(ACC : area control center)이다.

항공교통관제업무의 구성 표 4-1

- 비행정보구
  - 관제공역 (항공교통관제업무, 비행정보업무 및 경보업무)
    - 항공교통관제구 (관제구 관제업무, 유도관제 업무 및 진입관제업무)
    - 항공교통관제권 (관제구 관제업무, 비행장관제업무, 유도관제업무 및 진입관제업무)
  - 비관제공역 (비행정보업무 및 경보업무)

항공교통관제의 목적은 공중이나 지상에서의 항공기의 충돌방지, 항공기상호 간의 안전간격 유지, 항공기의 이착륙 및 진입안내, 레이더에 의한 항공기의 안전유도 등 항공수송의 안전과 질서를 유지하는데 있다.[1] 또한 항공기가 출발 전에 항공회사가 제출한 비행계획(Flight Plan)을 승인하고 비행계획대로 항공기를 운항하고 있는지를 감시하고 공항 주변에서의 항공기와 장애물과의 충돌을 방지하며 긴급사태가 발생했을 때 수색 · 구조를 원조하는 역할을 한다.

그림 4-2 항공교통관제

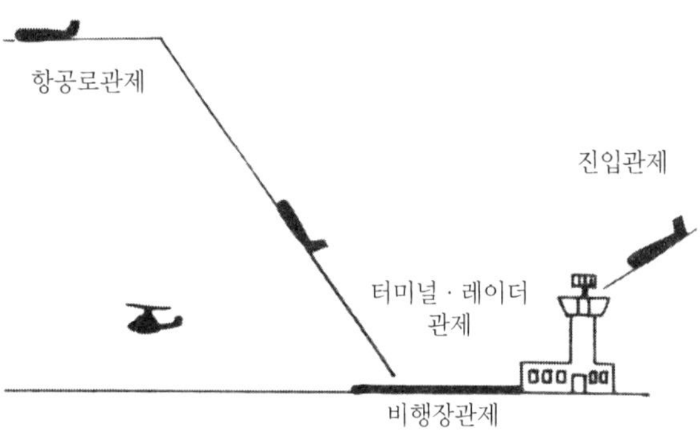

항공교통관제의 대상은 관제구역을 계기비행방식으로 비행하는 항공기이다. 수송용 항공기는 모두 항공교통관제의 지원을 받아 안전하고 질서 있게 경제적으로 운항한다. 그러기 때문에 항공교통관제는 항공수송의 효율화와 항공기의 경제성에 미치는 영향이 매우 크다.

2. 항공교통관제의 종류

항공교통관제는 항공로관제, 진입관제, 비행장관제, 터미널 · 레이더 관제, 착륙유도관제의 다섯 가지로 분류된다. 항공로관제(ARTC : air route traffic control)는 계기비행방식으로 비행하는 항공기가 충돌하

1) 국제민간항공조약 제11 부속서

지 않고 일정한 간격을 유지하면서 안전하게 비행할 수 있도록 관제기관이 항공로와 고도를 지정하는 관제이다. 진입관제(approach control)는 이륙 후 상승 비행하거나 착륙하기 위해 강하 비행하는 항공기의 충돌을 방지하고 항공수송의 질서를 유지하는데 필요한 관제이다. 비행장관제(aerodrome control)는 비행장에 이착륙하는 항공기, 공항 주변의 관제구 및 공항의 주행구역 내에 있는 항공기, 그리고 비행장 내에 있는 사람이나 차량에 대한 관제이다. 터미널 · 레이더관제(terminal radar control)는 진입하는 항공기에 대하여 레이더를 이용하여 실시하는 관제이다. 착륙유도관제(final control)는 착륙하는 항공기 중에서 최종 진입단계에 있는 항공기를 레이더로 착륙을 유도하는 관제이다.

관제공역 그림 4-3

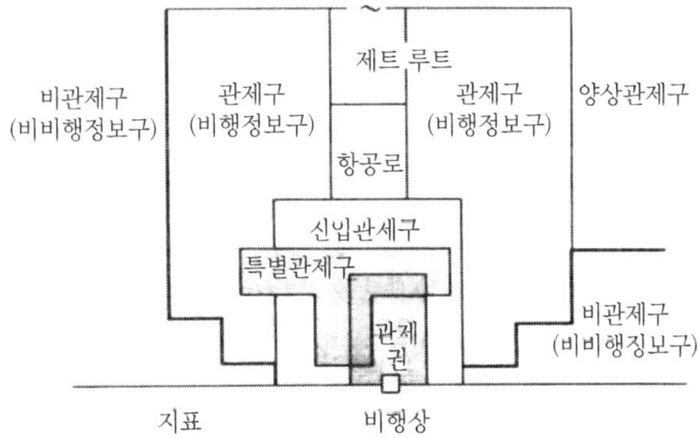

항공로관제와 진입관제는 관제구 관제소(ACC)가 담당하며 비행장 관제, 터미널 관제 및 착륙유도 관제는 비행장에 설치되어 있는 터미널 관제기관(TATCF : terminal air traffic control facility)이 담당한다. 현재 우리나라에는 항공교통관제를 하기 위하여 1개의 항공로(지역)관제소, 14개의 접근관제소[2]가 있고 민간항공기가 취항하는 공항에 관제탑이 있다.

2) 김포, 제주, 김해, 광주, 사천, 강릉, 대구, 예천, 원주, 중원, 포항, 군산, 오산, 해미에 설치되어 있음.

초기에는 조종사가 직접 눈으로 보면서 비행하는 유시계비행방식으로 항공기가 비행했기 때문에 충돌방지는 조종사의 눈에 의존할 수밖에 없었다. 그러나 운항하는 항공기가 많아지고 운항속도가 빨라지면서 조종사의 눈에 의존하여 항공기 충돌을 방지하는 것은 사실상 어렵게 되었다. 또한 항공기가 운항스케줄대로 정시운항을 하기 위해서는 계기비행방식에 의존해서 비행할 할 수밖에 없기 때문에 항공수송에 있어서 항공교통관제의 역할이 매우 중요하다.

3. 관제공역

항공교통관제의 대상이 되는 공역이 관제공역(controlled airspace)이며 비행정보구, 관제구, 진입관제구, 관제권으로 분류된다. 또한 공역의 효율적인 운영을 위해 고도 2,900피트(8,840m)를 기준으로 저고도 관제공역과 고고도 관제공역으로 분류하여 운영한다.

(1) 비행정보구

그림 4-4 비행정보구(FIR)

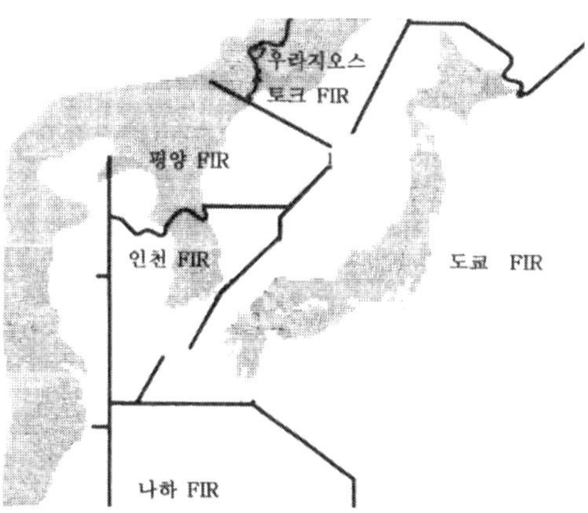

비행정보구(FIR : flight information region)는 항공기가 안전하고 효율적으로 운항하도록 ICAO의 위임을 받아 각국이 비행 중에 있는 항공기에 대한 항공관제와 비행원조를 해주는 관제공역이다. 각국의 비행정보구는 효율적인 관제나 정보를 제공할 수 있고 항공수송의 흐름이 원활하게 할 수 있는지를 고려하여 ICAO가 설정한다.

일반적으로 각국의 영공과 공해상공을 포함한 공역으로 영공주권이 미치는 공역보다 넓다. 비행정보구의 이름은 국명을 붙이지 않고 관제를 담당하고 있는 관제센터의 이름을 붙인다.

우리나라는 인천비행정보구[3]에 속해 있으며 상하이, 도쿄, 나하, 평양 비행정보구와 인접해 있다. 인천지역관제소(Incheon area control center)는 관할 지역 내 항공기를 관제하고 인접 비행정보구의 항공교통 관제소와 비행정보 교환 및 관제권 이양 등의 업무를 수행한다.

(2) 관제구

관제구(control area)는 고도 200m 이상의 공역 중에서 항공기 운항의 안전을 위해 관제지역으로 지정한 공역이다. 관제구는 관제권에 진입하는 항공기를 위해 고도 200m에서 시작되는 관제구, 항공로를 위한 고도 450m에서 시작되는 관제구, 해상 항공로를 위한 고도 1,500m에서 시작되는 관제구로 분류된다. 또한 고도 22,000피트를 기준으로 고고도 관제구(UTA)와 저고도 관제구(CTA)로 분류되며 고고도 관제구는 항공기에 최대의 자유를 주기 위하여 조종사가 희망하는 경로를 자유로이 비행할 수 있도록 저고도보다 항공로가 넓다.

3) 1952년부터 대구 정보 구역으로 운영해 오다가 2001년 10월 1일부터 인천 비행정보구로 변경되었음. 그 범위가 43만km²에 이른다.

(3) 진입관제구 · 항공교통관제권

진입관제구(approach control area)는 항공기가 이륙 후 상승비행이나 착륙 전의 강하비행을 계기비행방식으로 하도록 설정된 공역이다. 항공교통관제권(control zone)은 공공용 비행장 및 그 부근 상공에서의 안전운항을 위하여 설정된 공역이다. 관제권은 원칙적으로 비행장을 중심으로 반경 약 9km의 원형으로 그 높이는 지표로부터 900m까지로 돼 있다. 이 공역에서는 모든 항공기가 항공교통관제를 받는다. 항공로관제와 접근관제를 통합하거나 세분화된 관제구역을 광역화하여 관제 업무를 시행하는 국가가 늘고 있다.

4. 관제방식과 항공기의 간격

(1) 관제방식

계기비행방식으로 운항 중인 항공기에 대한 관제는 매뉴얼 관제방식이나 레이더 관제방식으로 이루어진다. 매뉴얼 관제방식은 항공회사가 제출한 비행계획을 기초로 항공기의 위치를 추정하여 관제하는 방식이다. 레이더 관제방식은 레이더 표시기 위에 비친 항공기의 영상을 통하여 항공기의 위치를 파악하여 관제하는 방식이다.

매뉴얼 관제방식에서는 비행계획의 변경이나 항공기의 위치통보는 10분 간격으로 하지만, 레이더 관제방식에서는 약 5초 내지 10초마다 레이더의 표시기 위에 항공기의 위치가 영상으로 나타나기 때문에 정확하게 항공기의 위치를 파악할 수 있어 보다 정밀한 관제를 할 수 있다.

(2) 항공기간의 간격

항공기 간격 그림 4-5

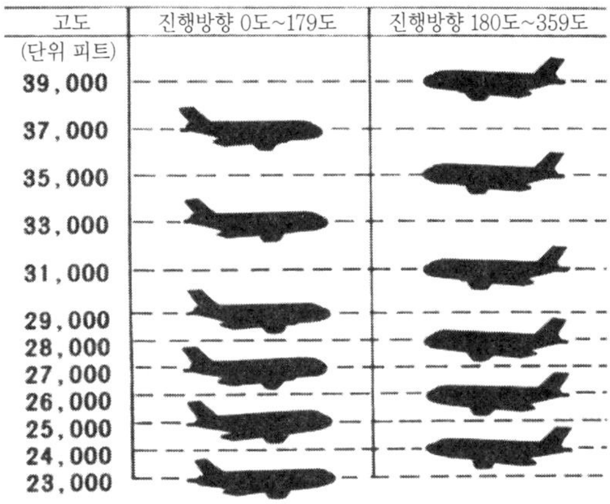

항공기의 충돌방지를 위해서는 동일 공간에 1대 이상의 항공기가 비행하지 않게 항공기 간의 관제간격(separation)이 설정되어 있다. 관제간격은 레이더 관제방식의 경우 레이더 표시기에 나타나는 항공기 영상의 간격이 최저 5~9km 이상이다. 매뉴얼 관제방식의 경우에 최저 관계간격은 수직간격이 29,000피트(8,840m) 이하의 고도에서 1,000피트(305m), 29,000피트 이상의 고도에서 2,000피트(610m)이다. 가로간격은 비행경로 간의 거리가 저고도에서 8km, 고고도에서는 32km이며 세로간격은 같은 경로를 같은 고도로 비행할 경우에는 10분 간격으로 설정된다.

이와 같이 매뉴얼 관제방식에서는 항공기의 간격이 약 40km인데 비해 레이더 관제방식에서는 약 10km이기 때문에 레이더 관제방식의 경우 공역의 이용을 향상할 수 있는 이점이 있다. 그밖에 관제관이 항공기를 직접 눈으로 보고 필요한 지시를 하는 목시간격이 있다. 주로 공항 주변에서 사용한다.

레이더와 비레이더의 비행 간격 그림 4-6

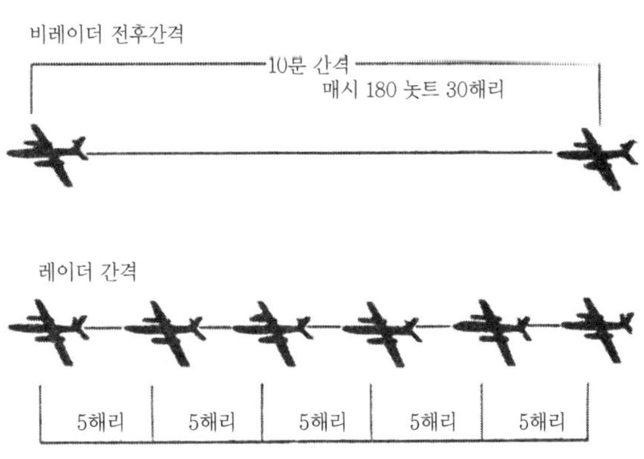

5. 관제시설

관제시설에는 통신시설, 레이더, 관제정보처리시스템이 있다. 관제 중인 항공기 의 조종사와 관제사 간에는 초단파(VHF) 및 극초단파(UHF) 무선통신을 이용하며 광범위한 관제구역에서의 항공기의 감시는 레이더(radar)를 이용하여 감시한다. 레이더는 항공로관제, 진입관제, 착륙유도관제, 비행장관제에 사용하는 레이더가 각각 다르며 주로 항공로감시 레이더(ARSR), 공항감시 레이더(ASR), 2차 감시 레이더(SSR), 진입정밀 레이더(PAR), 공항면탐지 레이더(ASDE)가 사용된다.

그림 4-7 항공용 레이더의 종류

- 항공용 레이더
  - 기상레이더
    - 기상 레이더(Wx RADAR)
    - 도플러 레이더
    - 전파고도계(RADIO ALTIMETER)
    - ※거리 측정장치(DME)
  - 지상레이더
    - 기상레이더(Wx RADAR)
    - 공항감시 레이더(ASR)
    - 정밀진입 레이더(PAR)
    - 항공로감시 레이더(ARSR)
    - 공항면탐지 레이더(ASDR)
    - ※2차 감시 레이더(SSR)

관제정보처리시스템(air traffic control data processing system)에는 비행계획 정보처리시스템(FDP : flight data processing system), 항공로 레이더 정보처리시스템(RDP : radar data processing system) 및 터미널 레이더 정보처리시스템이 있다. 관제레이더는 공역의 유효한 이용과 항공기의 안전운항에 큰 도움을 주며 관제정보처리시스템은 관제처리능력의 향상과 안전성의 향상을 도움을 준다.

제2절 | 항공보안시설

1. 항공보안시설이란

항공보안시설(aeronautical navigation aid)은 항공기가 안전하고 질서 있게 공항에서 이착륙하거나 공역에서 목적지까지 운항할 수 있도록 전파, 불빛, 색채 및 형상을 이용하여 항행을 도와주는 시설이다. 정기노선에 운항하는 항공기는 출발지 공항을 이륙하여 안전하게 항행하고 목적공항에 착륙하는 전 과정에서 항공보안시설의 도움을 받는다. 항공보안시설에는 전파를 이용하는 항공보안무선시설, 불빛을 이용하는 항공등화시설, 음성으로 정보를 주고받는 항공관제통신시설의 세 가지가 있다.[4)]

2. 항공보안무선시설

항공보안무선시설은 지상에 설치되어 있는 각종 전파 장비를 이용하여 운항 중에 있는 항공기의 위치, 고도, 속도를 파악하여 운항을 지원해 주는 시설이다. 이 시설에는 항공로용 항행원조시설과 공항용 착륙원조시설이 있다.

항공로용 항행원조시설에는 무지향성 무선표지시설(NDB : non-directional radio beacon), 전방향 무선표지시설(VOR : VHF omni-directional radio range beacon), 거리측정시설(DME : distance measuring equipment), 전술항법시설(TACAN : tactical air navigation)이 있다.

4) 항공보안시설은 국내 항공법에 상세하게 규정하고 있지만, 국제민간항공조약 제10부속서 및 제14부속서에의 국제표준화되어 있음.

그림 4-8 비행장 등화시설

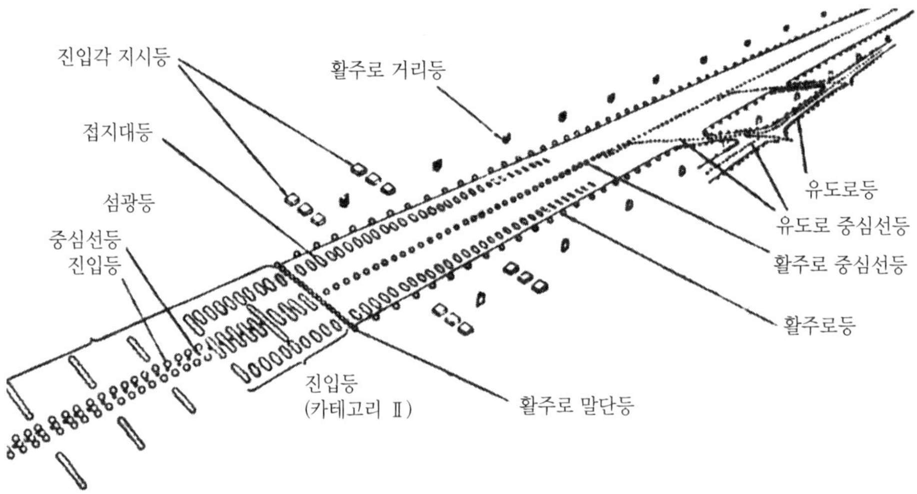

무지향성 무선표지시설은 지상으로부터 발사되는 장파(LF) 또는 중파(MF)를 이용하여 항행 중인 항공기가 목적지까지 안전하게 비행할 수 있도록 현재의 위치를 알려주는 시설이다. 전방향 무선표지시설은 초단파를 이용하여 항행 중인 항공기가 목적지까지 안전하게 비행할 수 있도록 방위정보를 알려주는 시설이다. 거리측정시설은 전파가 전달되는 속도가 일정한 것을 이용하여 항행 중인 항공기에게 거리정보를 알려주는 시설이다. 전술항법시설은 극초단파(UHF)를 사용하여 항행중인 항공기에게 방향정보와 거리정보를 동시에 알려주는 시설이다. 이전에는 무지향성 무선표지시설을 주로 사용했으나 항공기의 고속화 및 대형화와 교통량의 급증에 대처하기 위해 최근에는 고성능의 전방향 무선표지시설이 주로 사용되고 있다. 항법상 중요한 장소에는 거리측정시설을 전방향 무선표지시설과 함께 설치하여 항공기가 확실하게 위치를 측정하도록 하고 있다.[5]

공항용 착륙원조시설에는 무지향성 무선표지시설(NDB), 무선위치표지시설(RMB : radio marker beacon), 레이더 시설(RADAR), 계기착륙시설(ILS)이 있다. 무선위치표지시설[6]은 지상으로부터 전파를 수직방향으로 발사시켜 항공기가 진입코스의 통과위치를 알려주는 시설이다. 레이더는 공항 반경 100km 이내에서 항행 중인 항공기의 고도, 속도, 위치정보를 화면으로 보고 항공기를 안전하게 목적지까지 관제할 수 있는 시설이다. 모든 공항에 무지향성 무선표지시설이 설치되어 있으나 시계가 불량할 때에도 안전하게 착륙할 수 있도록 계기착륙시설이 설치되어 있는 공항도 많다. 주요 공항에는 레이더 진입에 필요한 1차 감시레이더(A S R) 및 2차 감시레이더(S S R)를 설치하고 있다.

최근에는 인공위성이나 관성유도장치(INS)[7]를 이용하기 때문에 지상시설의 지원을 받지 않더라도 항공기가 스스로 위치를 확인할 수 있어 항행원조시설의 지원기능이 점차 줄어들고 있다.

3. 항공등화시설

항공기의 이착륙이나 항행을 안전하게 할 수 있도록 도와주기 위해 활주로와 그 주변에 설치해둔 등화나 조명시설을 통틀어서 항공등화(aeronautical light)시설이라고 한다. 야간이나 비나 안개와 같은 악천

5) ADF : Automatic Direction Finder. RADAR : Radio Detection And Ranging.
6) 무선위치표지시설은 내부 무선위치표지시설(inner marker : IM), 중간 무선위치표지시설(middle marker : MM), 외부 무선위치표지시설(outer maker : OM)의 3개로 구성됨.
7) 관성유도장치(Inertial Navigation System)는 외부의 정보를 받지 않고 자체 유도장치에 의해 항공기의 위치와 비행경로를 알 수 있는 장치

후에도 항공기가 안전하게 이착륙할 수 있는 것은 계기착륙시설이나 레이더 시설이 외에 항공등화시설이 있기 때문에 가능한 것이다. 지표면 부근에서는 무선지원시설의 신뢰도가 낮아지기 때문에 착륙진입이 시각에 따라서 정확하게 이루어지도록 하기 위해서는 활주로와 그 주변에 설치되어 있는 불빛을 내어 조종사가 육안으로 확인하여 항공기의 이착륙과 활주로의 위치를 알 수 있도록 도와주지 않으면 안 된다.

항공등화시설은 사용목적에 따라 항공등대, 공항등화, 항공장해등의 세 가지로 분류된다. 항공등대(aeronaautical ground light)는 야간이나 계기 비행상태에 있는 항공기의 운항을 도와줄 수 있도록 항공로나 특정 지점을 표시하기 위해 설치된 항공등화로 항공로등대, 지표항공등대(landmark beacon), 위험항공등대(hazard beacon)가 있다. 전자항법원조시설의 발달로 적색 섬광으로 항공기가 항행하는데 특히 위험한 구역을 알려주는 위험항공등대만이 사용되고 있다.

공항등화(aerodrome light)는 항공기의 이착륙을 돕기 위해 활주로와 그 주변에 설치된 등화로 착륙하려 하는 항공기에 활주로의 방향을 알려주어 안전하고 정확하게 착륙할 수 있도록 유도해 주는 진입조명(approach lighting), 착륙하려 하는 항공기에 활주로의 윤곽을 뚜렷하게 인식시키는데 도움을 주는 활주로조명(runway lighting), 착륙한 항공기를 에이프런으로 유도하기 위해 유도로를 가리켜주는 유도로조명(taxiway lighting) 및 지시 · 신호조명이 있다.

항공장해등(obstruction light)은 야간이나 계기비행상태에서 항공기가 운항하는데 장해가되는 건물 등을 눈으로 확인할 수 있도록 60m 이상의 높은 건물에 설치하는 적색의 점멸불빛이다.

공항에 설치된 등화시설은 조종사에게는 안전운항을 위한 중요한 지표이다. 항공등화시설은 항공기 안전 운항에 직접적인 영향을 미치기 때문에 항공법에서는 물론 국제민간항공기구(ICAO) 부속 서에 따라 세계적으로 설치기준이 공통되어 있다.

제3절 | 항공기상정보

1. 항공기의 운항과 항공기상정보

(1) 항공기상

항공기의 운항에 있어서 기상현상은 직접영향을 주는 요소이다. 항공기가 기상조건을 최대로 이용하여 안전하고 효율적으로 운항할 수 있도록 하기 위해서는 정확한 기상관측을 통해 수집한 기상정보를 해석하여 장래의 기상을 예측하는 항공기상(aeronautical meteorology)이 중요하다. 항공기상은 일반 천기예보를 위한 기상관측과 별도로 항공만을 위한 기상관측을 한다.

항공기의 운항에는 출발공항, 목적공항, 대체공항 그리고 항공로 상의 기상상황이 필요하다. 공항의 기상상황을 나타내는 요소에는 풍향, 풍속, 시정, 운량, 운고, 천기, 기온, 기압 등이 있다. 항공로 상의 기상상황을 나타내는 요소에는 각 고도별의 풍향, 풍속, 시정, 운량, 천기 등이 있다. 항공기상을 관측하는 방법에는 지상관측. 레이더 관측, 기상위성 관측, 비행기 관측 등이 있다.

속도가 빠른 제트 항공기의 운항으로 보다 상세하고 정확도가 높은 항공기상관측을 통한 항공기상정보가 요구되고 있다. 반면에 항공기의 성능이 향상되면서 기상이 항공기의 운항에 미치는 영향도 줄었다. 예컨대 현재 제트 항공기가 장거리비행을 할 때 9,000~11,000m의 고도로 대류권의 정상이나 그 이상의 고도(성층권)로 비행한다. 성층권에서는 기상의 변화가 거의 없기 때문에 순항 중의 항공기는 거의 기상의 영향을 받지 않는다. 또한 제트 항공기의 앞부분에 기상레이더가 장비되어 있어 비행 중에 기상의 위험을 피할 수 있다. 더욱이 공항의 착륙시설도 발달하여 카테고리 III 공항의 경우 시정이 제로인 악천후에도 안전하게 착륙할 수 있다.

(2) 항공기상정보

항공기상관측은 각 비행장이나 항공로의 주요 지점에서 정기적으로 실시되며 그 결과를 종합하여 운항에 필요한 항공기상정보로서 항공기에 제공해 준다. 이것이 항공기상정보(aviation weather report)이다.

항공기의 운항에 중요한 기상요소는 풍향풍속, 활주로에서 육안으로 식별할 수 있는 최대 거리인 시정(visibility), 구름의 높낮이 즉 실링(ceiling), 구름의 양, 기상상태, 활주로의 기온, 기온, 기압, 착빙, 난기류 등이며 일반기상관측에 비해 항공기상관측의 범위가 좁은 반면에 비행장이나 항공로 등 지정된 장소에서 정밀한 관측이 필요하다.

항공기의 이착륙이나 운항하는데 필요한 최저기상조건(aerodrome weather minimum)이 설정되어 있으며 이 조건을 기준으로 항공기상관측을 한다. 기상상태가 최저기상조건의 기준보다 좋을 때는 정해진 시간에 정기적으로 정시관측(record observation)을 한다. 정시관측은 매시간 하루 24회 관측하지만 비행장에 따라서는 하루 3회 관측하는 경우도 있다. 기준보다 나쁠 때는 특별관측(special observation)을 실시한다. 특별관측은 기상상태에 따라서는 관측하는 회수가 달라진다. 최저기상조건에서 가장 중요한 요소는 시정과 구름의 높낮이의 변화이며 그 기준도 정해져 있다.

항공기상의 관측결과는 국내뿐만 아니라 국외에도 제공하기 때문에 통보형식이 세계기상기구(WMO)와 국제민간항공기구(ICAO)가 정한 국제적 기준이 운용되고 있으며 정시항공기상정보(METAR : aviation routine weather report)와 지정특별항공기상정보(SPECI : aviation selected special weather report)의 두 가지로 통일되어 있다. 정시항공기상정보는 풍향, 풍속, 시정, 천기, 운량, 운형, 운고, 기온 등을 관측하여 예정된 시각에 통보하며 지정특별항공기상정보는 정시항공기상정보의 관측항목이 일정 기준 이상으로 변화할 경우에 특별관측을 하여 그 결과를 수시로 통보한다.

2. 항공기 운항에 중요한 기상요소

모든 기상조건이 항공기의 운항에 직접 영향을 미치지만, 그 중에서도 기온, 공기밀도, 기압, 바람이 가장 중요한 항공기상요소로서 미치는 영향이 크다. 이들 기상요소가 어떻게 변하느냐에 따라 항공기의 운항에 미치는 영향이 다르다. 예컨대 공기의 온도가 높아지면 공기의 밀도가 작아지는데 공기의 온도 · 밀노와 항공기의 속도와는 밀접한 관계가 있다. 항공기의 속도를 빠르게 하기 위해서는 공기의 저항을 될 수 있는 대로 작게 해야 한다. 그러기 위해서 추력을 크게 하고 공기의 밀도가 낮은 곳을 선정하여 비행해야 한다. 공기의 밀도는 높이 올라갈수록 낮아지기 때문에 항공기는 높이 비행할수록 빠른 속도를 얻을 수 있어 항속거리가 늘어난다. 항공기가 고도 5,000m로 비행할 때 보다 고도 11,000m로 비행할 때 항속거리가 1.4배가 늘어난다.

이륙활주의 경우 활주거리는 기온이 높아질수록 길어지기 때문에 유상중량을 줄여야 한다. 예컨대 여객이나 화물을 탑재할 수 있는 유효탑재중량이 120톤인 제트 항공기의 경우 기온이 섭씨 30도일 때는 섭씨 15도일 때보다 적재량을 약 7톤 가까이 줄여야 하며 기온이 섭씨 0도일 때보다 15톤을 줄여야 한다. 또한 공항의 기압이 낮아지면 항공기의 상승률이 낮아지기 때문에 이륙할 때 대기속도(air speed)[8]를 크게 해야 한다.

바람과 항공기의 양력과의 관계를 보면, 항공기는 날개에 바람이 마주치면서 양력을 얻는다. 바람이 일정하더라도 받음각이 커지면 처음에는 양력도 커지지만, 받음각이 너무 커지면 흐름이 날개 면적에서부터 떨어지면서 거품이 발생하여 그 때문에 양력이 감속되어 실속하게 된다.

바람이 이착륙에 미치는 영향을 보면, 이륙할 때는 바람을 맞으면서 활주하면 대기속도가 증대되어 양력이 커져 그만큼 짧은 시간에 이륙속도에 이르러 활주거리가 짧아진다. 착륙할 때는 바람을 맞으면서 내리면 대지속도(ground speed)[9]가 바람이 없을 때보다 작아져서 항공기가 땅에 닿았을 때 지면의 충격이 작아지고 활주거리도 짧아진다. 반대로 뒷바람(tail wind)을 맞으면서 이착륙할 때에는 대지속도가 대기속도보다 커져서 활주거리가 길어진다. 맞바람(head wind)은 항공기의 양력을 증대시키고 뒷바람은 양력을 감소시키기 때문에 맞바람으로 이착륙할 때는 유상중량을 늘일 수 있고 뒷바람 경우에는 줄여야 한다. 항공기는 초고속이기 때문에 시정이 매우 중요하다. 또한 구름은 수직방향의 시계를 방해할 뿐만 아니라 착빙이나 난기류와 관계가 있기 때문에 항공기의 운항에 있어서는 역시 중요하다.

8) 대기속도(對氣速度) : 항공기의 대기에 대한 속도로 항공기가 공기 속을 통과하는 비율
9) 대지속도(對地速度) : 지상 위를 실제로 이동하는 항공기의 실제 속도, 공중에 떠있는 항공기는 바람의 영향을 받게 되어 정풍은 대지속도를 감소시키고, 배풍은 대지속도를 증가시킴

3. 항공기상예보

항공기상예보는 정기적으로 또는 이상기상현상이 예상될 때에 수시로 발표하는 기상예보이다. 지상에서부터 비행고도까지 그 범위가 넓고 예보의 유효기간이 짧은 것이 특징이다. 항공기상예보에는 비행장예보, 항공로예보, 비행장경보, 공역기상정보, 비행예보 등이 있다.

비행장예보(TAF : terminal forecast)는 각 비행장의 지상에서의 풍향 · 풍속, 시정, 기상상태, 구름의 높낮이, 비행장 상공의 특수현상인 난기류(turbulence) 등 항공기의 이착륙에 필요한 비행장의 기상요소를 예보하는 중요한 항공기상정보이다. 비행장예보는 각 비행장별로 장거리노선은 24시간 유효한 예보를 1일 4회, 단거리노선은 6시간 유효한 예보를 1일 8회 발표한다. 비행장예보는 국내외로 필요로 하는 비행장간에 서로 교환한다.

항공로예보(ROF : route forecast)는 각 항공로를 적당하게 구분하여 각 구간의 항공기상을 예측하여 국제적으로 교환하는 항공기상예보이다. 이 예보는 각국의 국제비행장의 기상기관이 책임범위 내에서 항공로를 적당하게 구분하여 각 구간의 기상상태를 몇 개 층으로 나누어 관측하여 그 결과를 통보한다. 이 예보는 출발지부터 목적지까지 운항 중에 만날 수 있는 기상상태를 예보하는데 목적이 있다.

공역기상정보는 관제구역에 운항하는 항공기에 영향을 주는 이상기상현상이 예상되는 경우에 발표하는 항공기상예보로 악천후정보와 공역악천후정보가 있다. 악천후정보(SIGMET : signification meteorological information)는 세계기상기구가 정한 심한 천둥과 번개, 폭풍, 심한 우박, 강한 난기류, 심한 산악파, 광범위한 모래 폭풍, 열대 저기압, 강한 착빙 등의 기상현상이 예상될 경우에 관제구역을 관할하는 기상기관이 운항 중의 항공기나 해당 비행장에 통보해주는 예보이다. 공역악천후정보(ARMAD : area meteorological advisory)는 주로 국내선의 운항에 영향을 주는 악천후에 관한 항공기상정보이다. 공역악천후정보가 발표된 구역은 비행이 금지된다.

비행장경보는 강풍, 호우, 적설, 심한 안개 등이 예상될 때 비행장에 계류 중인 항공기와 비행장 시설을 보호하기 위하여 발표되는 항공기상경보이다. 비행장 경보에는 각 비행장을 중심으로 강풍경보, 폭풍경보, 태풍경보, 대우경보, 대설경보 등이 있다. 비행예보(flight forecast)는 비행계획을 위한 항공기상예보로 특정 항공기의 운항에 대한 기상상황을 예보하는 것이다.

항공회사의 운항통제 담당자는 항공기 출발 전에 비행계획을 작성할 수 있도록 기상자료를 일정한 형식으로 조종사에게 제공한다. 출발하는 항공기의 조종사에게는 목적 비행장과 대체 비행장의 실황정보, 비행장정보, 공역기상정보가 필요하게 되며 도중의 항공로예보도 필요하다. 도착하는 항공기의 조종사는 비행 도중의 기상상황을 즉시 항공기상대의 예보관에게 보고한다. 이 보고에 의해 항공기상정보의 일부가 수정된다. 이러한 항공기상정보를 통해 항공의 안정성과 쾌적성, 정시성이 확보된다.

4. 유시계기상상태와 계기기상상태

조종사가 직접 눈으로 보고 비행하는 목시비행 즉 유시계비행방식(VFR)의 비행이 가능한 기상상태가 유시계기상상태(VMC : Visual Meteorological Condition)이다. 기상이 더 불량하여 목시비행을 할 수 없고 계기비행방식(IFR)으로만 비행할 수 있는 기상상태가 계기기상상태(IMC : Instrument Meteorological Condition)이다.

저고도 공역에서의 유시계기상상태 그림 4-9

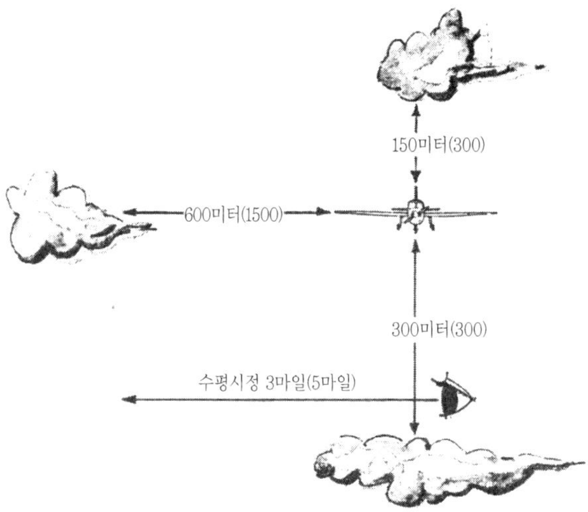

목시비행을 할 수 없는 기상상태인 유시계기상상태의 구체적 조건은 고고도공역과 저고도공역에서 다르다. 고도 7,300m 이상의 고고도 공역에서는 비행시정이 8km 이상에 항공기의 위로 300m, 아래로 300m 이내에 구름이 없고, 수평방향으로는 1,500m 이내에 구름이 없는 기상상태이다.

고도 7,300 이하의 저고도공역에서는 비행시정이 5km 이상에 항공기의 위로 150m, 아래로 300m 이내에 구름이 없고, 수평방향으로는 600m 이내에 구름이 없는 기상상태이다. 고도 7,300m를 기준으로 기상조건이 다른 이유는 그 공역의 항공기의 속도가 원인으로 7,300m 이상의 고고도에는 고속의 제트 항공기가 비행하기 때문이다. 유시계기상상태에서는 유시계비행방식으로 비행하던 계기비행방식으로 비행하던 관계가 없으나 계기기상상태에서는 계기비행방식으로만 비행할 수 있다.

제5장

항공기의 운항과 정비

항공기의 운항과 정비

YL-SBY

제 05장

항공기의 운항과 정비

제1절 | 항공기의 운항

1. 운항요건

항공기가 여객과 화물을 싣고 안전하게 운항하기 위해서 항공회사는 항공기가 출발하기 전에 목적공항과 대체공항, 비행방식, 운항할 항공로와 비행고도 등 비행계획을 세워 항공교통관제기관의 승인을 받아야 한다. 비행계획에는 다음과 같은 운항조건이 포함된다.

(1) 비행장의 사용조건

항공기가 운항하기 위해서는 목적비행장 외에 대체비행장이 있어야 한다. 목적비행장이 항공기의 사고로 폐쇄되거나 악천후로 사용할 수 없을 경우에 대비하여 항공기가 출발하기 전에 정해놓은 비행장이 대체비행장(alternate aerodrome)이다.

각 비행장에는 항공기가 이착륙할 수 있는 비행장 최저기상조건이 있는데 공항별로 그리고 같은 공항에서도 항공기의 진입방식이나 활주로의 방향이나 기종에 따라 다르다.

(2) 비행방식

항공기의 비행방식에는 유시계비행방식(VFR : visual flight rule)과 계기비행방식(IFR : instrument flight rule)이 있다. 비행하려는 기상 조건이 유시계기상상태일 경우 유시계비행방식으로 비행할 수 있다. 항행원조시설의 도움을 받지 않고 지상의 지형 · 산악 · 하천 · 도로 · 철도 기타 시설을 조종사가 직접 눈으로 보고 자기의 위치, 비행방향 및 비행자세 등을 확인하면서 비행하는 방식이다. 이 방식은 비행거리가 짧은 노선에서만 허용된다.

계기비행방식은 조종사가 지상의 항행원조시설과 항공기에 장비된 계기의 도움을 받아 비행자세, 비행지점, 항공로 등을 확인하면서 비행하는 방식이다. 정기항공수송의 경우 안전성이 높은 계기비행방식으로만 비행할 수 있으며 출발 전에 비행계획을 출발지의 항공관제정보관에게 제출하여 승인을 받는다. 조종사는 승인된 비행계획대로 항공기를 운항할 의무가 있다. 운항 중에 고도의 변경 등 비행계획을 변경할 필요가 있을 경우에는 관제기관의 승인을 받고 변경한다. 계기비행방식으로 비행하는 항공기는 관제기관이 감시하고 있으므로 다른 항공기와의 충돌 방지와 항행의 안전을 확보할 수 있다.

(3) 항공기의 항법

항공기의 항법은 출발지부터 목적지까지의 두 지점 간을 안전하고 확실하게 그리고 가장 짧은 시간에 운항할 수 있도록 비행 중에 있는 항공기의 현재의 위치와 비행방향을 알려주는 기술이다. 항공기는 목표물이 없는 공중을 비행하기 때문에 항법이 매우 중요하다.

항공기의 항법은 추측(推測)항법[1], 지문(地文)항법[2], 천문(天文)항법[3], 무선(無線)항법, 관성(慣性)항법으로 발달해 왔다. 무선항법(radio navigation)은 지상의 무선항법원조시설로부터 송신된 전파를 이용하여 항공기의 항행에 필요한 항공기의 방위, 거리, 위치 등의 정보를 얻어 비행하는 항법이다. 이를 위한 장치로 무지향성 무선표지시설(NDB), 자동방향탐지기(ADF : automatic direction finder), 전방향 무선표지시설(VOR), 거리측정시설(DME), 계기착륙시설(ILS) 등이 있다.

관성항법(INS : Inertial Navigation System)은 지상의 항행원조시설의 지원을 받지 않고 항공기 내에 장비된 자이로(gyro)를 이용하여 현재의 위치와 방향을 계산하면서 스스로 비행하는 항법이다. 관성항법에 의해 태평양처럼 지상의 항행원조시설이 없는 비행 루트도 정확히 비행할 수 있다.

현재의 비행방법 **그림 5-1**

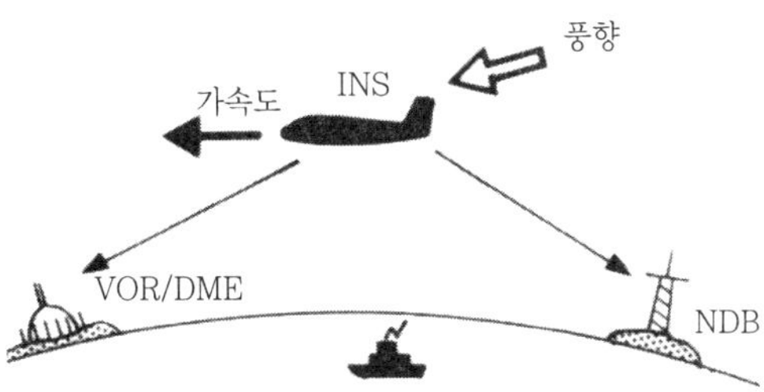

위성항법시스템은 위성에 의해 전세계측위시스템(GPS : Global Positioning System)을 이용하여 항공기의 위치를 측정하여 비행하는 항법이다. 항공기의 경우 자동차와는 달리 3차원의 위치측정이 필요하

1) 추측항법(dead reckoning navigation)은 이미 그 위치가 정확하게 알려진 육지의 기준점이나 출발점으로부터의 진행 방향, 지나간 시간 및 속도로 현재의 위치를 추정하여 비행하는 항법
2) 지문법(pilotage)은 이미 잘 알려진 지형이나 지상의 중요한 목표물과 항공지도를 대조하여 목적지까지 비행하는 항법
3) 천문항법(ceslestial navigation)은 비행 중에 태양, 달, 항성 등의 천체와 위도경도의 위치관계를 계산하여 항공기의 위치를 확인하면서 비행하는 항법

므로 4개의 위성을 사용하여 위치를 측정한다. B-747-400이나 B-777은 GPS수신기와 비행관리시스템(FMS)을 연계하여 운항할 수 있도록 되어 있어 항공기가 자동으로 운항할 수 있다. 인공위성을 이용하면 위치나 방향이 정확하게 파악되기 때문에 항공로의 간격이 현재보다 좁더라도 안전하게 비행할 수 있어 항공로의 수를 늘릴 수 있다.

현재 국제선 항공로의 경우 그 폭이 항공로의 중심선으로부터 좌우로 각각 5마일인 것을 최종적으로 2마일까지 그리고 50마일인 해상에서의 폭을 10마일까지 좁힐 수 있다. 항공기간의 간격도 현재 해상에서 220~150km인 것을 최종단계에서는 55km 수준으로 좁힐 수 있다. 이처럼 항공로의 폭이나 항공기간의 앞뒤간격을 줄일 수 있을 뿐만 아니라 항공로의 구조도 현재의 단선으로 되어 있는 항공로를 복선화함으로서 항공로를 현재보다 5배 이상 늘일 수 있다.

(4) 비행계획

항공기가 안전하게 경제적으로 운항하기 위해 항공회사가 작성하는 이륙에서부터 착륙할 때까지의 비행에 관한 계획이 비행계획(flight plan)이다. 항공회사는 각 운항편마다 비행계획을 세워 항공교통관제기관에 제출하여 승인을 받는다. 비행계획은 항공기의 성능이나 운용한계 그리고 항공기의 운항에 반드시 필요한 항공기상정보와 운항정보를 기초로 하고 항공로, 연료, 중량 데이터를 수집하여 작성한다. 항공기상정보

그림 5-2 현재의 비행방법

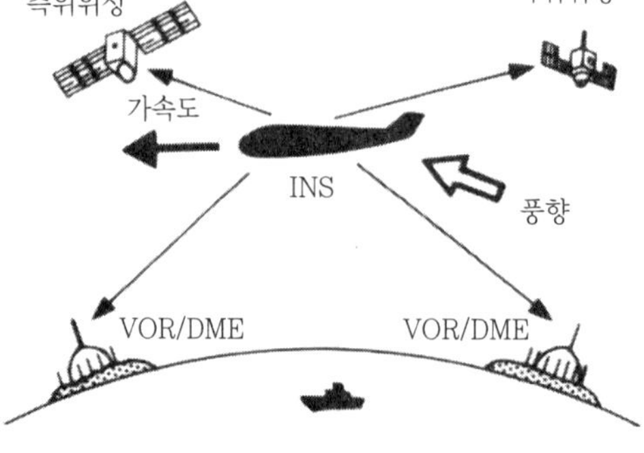

는 목적비행장 및 항공로의 기상상황, 화산재정보 등을 말하며 운항정보는 공항의 항공보안시설의 운용 상황, 사용 활주로, 진입 방식 등을 말한다. 비행계획에 포함되어야 할 주요사항은 아래와 같다.

항공로 : 운항 예정 항공로의 통과지점의 풍향, 풍속, 기온, 구름, 난기류 등의 기상 정보, 각 통과지점의 고도, 진행방향, 대지속도, 남은 연료, 지점 간의 소요시간 등이 기재한다.

노탐(NOTAM)[4] : 항공기의 안전운항을 위해 각국의 항공당국이 운항관계자에게 긴급으로 알리는 공지사항이 노탐이다. 공지 내용에는 ① 공항의 항행안전시설, 공항조명, 레이더 등의 시설의 운용시간 변경이나 운용제한, ② 활주로, 주기장, 유도로의 변경, 폐쇄 등 공항시설의 변경사항 ③ 위험요인 발생, 항공로의 폐쇄, 비행금지구역의 유무 등 항공기의 운항에 필요한 각종 정보가 포함된다. 이러한 정보의 통지방법에는 항공로지(AIP)[5], 노탐[6], 장기적 예보(AIC)의 3가지가 있다. 조종사는 비행에 앞서 반드시 노탐을 체크하여 비행계획을 작성한다.

4) notice to airman : 항행원조시설이나 공항조명, 레이더 등의 여러 시설의 신설, 휴폐지, 운용시간변경 등 운용제한, 항공곤제통신주파수의 신설 · 변경, 항공로나 출발 · 진입경로의 신설 · 폐지 · 변경 등 항공기의 운항에 필요한 여러가지 정보를 알려주는 속보

5) aeronautical information publication : ICAO 기준에 의해 각국이 작성한 항공정보간행물, 공항, 항행원조시설 등의 정보, 비행계획의 제출이나 비행방식에 관한 정보, 무선주파수에 관한 정보, 항공로감시레이더에 관한 정보, 항공 보안 업무에 사용되는 기호나 약어 등 항공기의 운항에 필요한 반영구적 항공정보

6) aeronautical information circular : 항공로지나 노탐으로 알리기에 적합지 않지만, 항공정보로서 알릴 필요가 있는 정보 예컨대 법규, 방식, 시설 등의 변경 예보, 기상관측방식의 변경이나 공항공사 관련 정보의 예고 등

탑재연료 : 항공기에 탑재하는 연료는 목적지까지 비행하는데 필요한 기본연료(burn-off fuel)와 총예비연료(total reserve fuel)가 있다. 총예비연료는 항공로의 기상 등의 변화에 대비한 보정연료(contingency fuel), 목적지 공항에 도착했을 때 기상악화나 사고로 대체공항으로 가는데 필요한 대체연료(alternate fuel), 그 밖에 공항에서 대기하는데 필요한 대기연료(holding fuel) 등이 포함된다. 비행계획에는 기본연료와 이들 예비연료들을 계산하여 기재한다.

중량 : 비행계획에 포함되어야 할 중량은 무연료중량, 이륙중량, 착륙중량의 세 가지이다. 이들 중량은 비행기의 성능, 항공로의 상황, 소요연료, 활주로의 길이나 강도 등 출발 · 도착공항의 조건을 고려하여 산출하여 기재한다.

허용탑재량 : 항공기에 탑재할 수 있는 여객, 수하물, 화물의 합계 중량이 허용탑재량(ACL : allowable cabin load)이다. 허용이륙중량에서 탑재연료중량과 운항자중을 뺀 중량이다. 허용탑재량은 항공회사에 따라 다르다. 일반적으로 허용탑재량은 국제선의 경우 여객의 중량을 210파운드(95kg), 국내선의 경우 160파운드(73kg), 화물

그림 5-3 항공기의 중량 구성

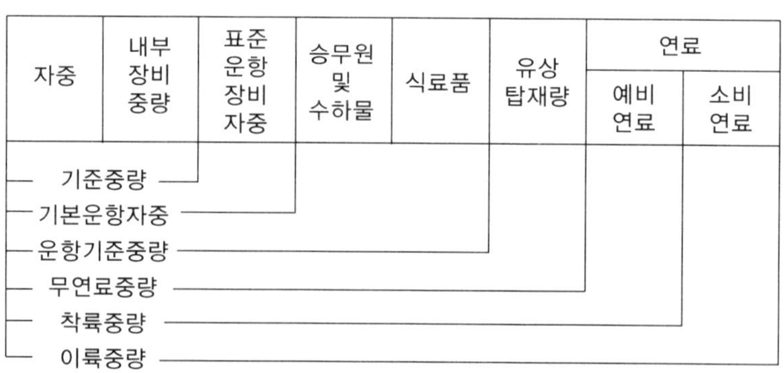

실은 용적 1평방피트당 10파운드(4.5kg)의 화물을 탑재하는 것을 기준으로 허용탑재량을 산정한다. 항공기의 허용탑재량은 이착륙활주로의 조건, 고도, 기상조건 등에 의해 최대치가 설정된다. 장거리 비행의 경우 비행 중에 소비할 연료를 많이 탑재하기 때문에 최대이륙중량(maximum take-off weight)을 사용하더라도 연료가 허용탑재량을 제한하게 된다. 더욱이 기상이 나빠 예비연료를 더 탑재해야 할 경우에는 연료를 더 실은 만큼 허용탑재량을 줄여야 한다.

비행의 확인과 운항관리자 : 비행계획은 운항관리자(dispatcher)가 작성하지만, 기장이 합의해야 완성된다. 비행 중에 비행계획을 변경할 필요가 있을 경우에는 기장이 운항관리사와 협의하여 변경하는 것이 원칙이지만, 상황에 따라서는 운항의 최종책임자인 기장이 변경하고 사후에 이를 운항관리자에게 통보할 수도 있다.

비행 감시 : 항공기는 비행 중 지정된 지점을 통과할 때 관계당국에 그 위치를 통보한다. 이때 기장은 항공기의 상태, 다음 위치 통보지점의 도착 예정시간, 예보되지 않았던 특수한 기상상태나 이상기상 상태 등을 보고한다. 관계당국만이 아니고 항공회사도 이 통보를 받아 자사의 항공기를 계속 감시한다.

운항통제 : 항공기는 운항스케줄대로 운항해야 하지만 현실적으로는 반드시 운항스케줄대로 되지 않고 기상 등 여러 가지 원인에 의해 결항하거나 지연되는 경우가 많다. 이러한 사태가 발생했을 경우 운항스케줄을 조정하고 운항을 정상화하는 운항통제가 필요하다. 일반적으로 기재, 화객, 승무원, 공항 등에 대한 종합적인 정보관리와 관련 부문간의 종합조정에 기초를 두고서 운항스케줄을 변경하거나 기타 운항에 필요한 통제를 한다.

2. 운항승무원

(1) 운항승무원의 편성

원래 항공기의 운항승무원(cockpit crew)은 조종사, 부조종사, 항공기관사, 무선사, 항법사가 탑승하여 조종하는 5인 승무원제였다. 1960년대에 무선기의 발달로 음성통신이 가능해지고 항법장치가 도입되어 무선사와 항법사가 필요 없게 되어 조종사, 부조종사, 항공기관사의 3인 승무원제로 바뀌었다. 1970년대에 소형기와 중형기는 항공기관사도 필요 없게 되어 2인 승무원제로 바뀌었고 대형기는 그대로 3인 승무원제가 유지되었다. 1980년대에 컴퓨터와 디지털 기술의 도입으로 바늘이나 문자판으로 된 아날로그 계기가 브라운관 디스플레이(CRT)나 액정 디스플레이(LCD)로 바뀌면서 대형기도 조종사와 부조종사의 2인 승무원제가 되었다.

(2) 운항승무원의 자격관리

항공기는 항공기의 형식별로 인정된 특정자격을 가진 운항승무원이 조종한다. 이러한 자격에는 조종사, 부조종사가 있으며, 각 자격에 대하여 정부가 기능증명을 부여한다. 정기항공은 계기비행을 하기 때문에 조종사는 기능증명 외에 계기비행증명이 필요하다. 또한 정기항공의 조종사는 비행할 노선에 대한 일정한 비행경험과 필요한 지식 · 기능의 심사를 거쳐 부여되는 노선자격이 필요하다.

운항승무원은 실기비행을 하지 않은 기간이 길면 기능이 저하할 위험이 있으므로 운항승무원의 기능을 유지하기 위해 일정 기간 내에 일정한 비행경험을 가져야 한다. 그러기 위해서 조종사는 항공법에 따른 이착륙과 항공기의 긴급조작에 대한 실지심사 노선실지심사를 받아야 한다. 운항승무원은 직무 책임상 엄격한 건강관리가 요구되기 때문에 항공신체검사증명이 있어야 한다.

운항승무원의 근무형태는 불규칙적이기 때문에 법률과 항공회사의 운항규정으로 운항승무원의 안정상 필요한 여러 가지 조건을 규정하고 있다. 근무상의 제한은 기본적으로 착륙횟수와 비행시간을 고려하여 설정되며 계속비행에 대한 승무허용시간과 동시에 휴양시간에 대해서도 규정하고 있다. 또한 운항기지에서의 휴일은 휴양 외에 일반생활상 필요한 것이므로 그 최저일수는 기지를 떠나 있는 일수를 고려하여 정한다. 동시에 월간 최저휴일수를 정한다. 그 외에 월간 및 연간비행시간의 제한을 설정하고 있다.

(3) 운항승무원의 훈련

운항승무원의 훈련은 실내학습 및 소형기에 의한 기초훈련과 시뮬레이터 및 실용기 훈련으로 분류된다.

기초훈련은 초보자를 대상으로 실용기 훈련에 들어가기 전에 받는 기초훈련으로 실내학습과 실기가 있다. 실내학습은 소형기에 의한 조종훈련을 받기 전에 받는 항공기의 조종에 필요한 이론교육이다.

소형기에 의한 기초훈련은 실내교육을 받은 다음에 단발 및 쌍발 프로펠러 항공기를 사용하여 훈련한 다음에 최종단계에서 연습전용 소형 제트 항공기로 추가훈련을 한다. 소형기에 의한 훈련의 비행시간은 약 200시간이다. 일반적으로 기초훈련 기간은 2년 정도이다. 기초훈련이 끝나고 국가가 실시하는 시험에 합격하면 사업용 조종사 및 계기비행 조종사의 자격을 얻게 된다.

사업용 조종사 자격을 얻은 다음에 항공회사에 입사하면 처음에는 세컨드 오피서(second officer : 항공기관사 자격이 있는 조종사)가 되었다가 그 다음에 부기장(first officer)로 승격하고 마지막으로 기장(captain)으로 승격한다.

동일 직무 내에서의 기종이행은 일반적으로 프로펠러 항공기에서 제트 항공기로, 소형기에서 대형기로, 재래형 항공기에서 신형 항공기로 이행한다. 아래에서 위로 옮기는 승격이행과 옆으로 옮기는 기종 간의 이행까지 포함한 운항승무원의 승격이행은 실용기의 훈련을 통하여 이루어진다. 기장승격을 위한 실용기 훈련은 일반적으로 3,000~5,000시간 이상의 비행경험이 있고 기량과 인격 면에서 우수한 부조종사 중에서 선발하여 훈련한다.

그림 5-4 운항승무원 승격 이행 훈련체제

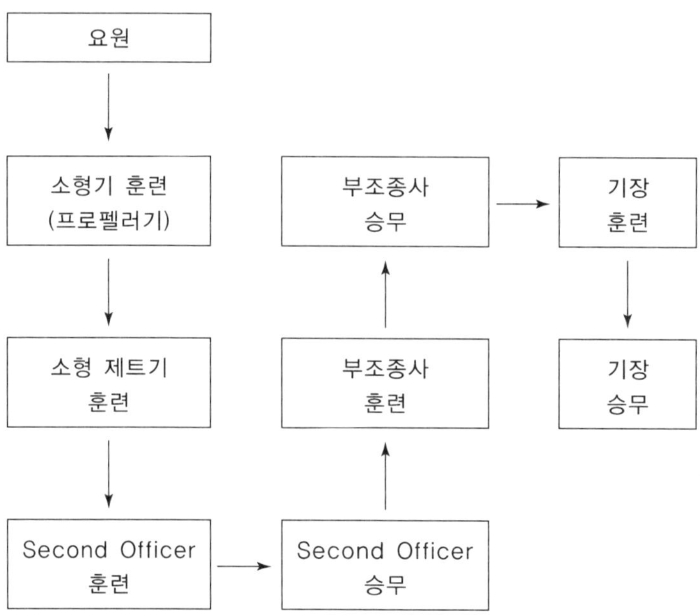

승격이행 훈련은 실용기 훈련이 원칙이지만, 훈련비의 절감. 훈련의 안전성 향상, 공역의 과밀로 인한 실기훈련의 어려움 등을 고려하여 최근에는 시뮬레이터를 이용한 훈련이 늘어나고 있다. 시뮬레이터의 성능은 초기에 비해 현재는 그 기능이 매우 향상되어 외계의 상황을 재현하는 장치(visual aids)까지 부설되어 있다. 따라서 훈련의 내용 면에서나 훈련의 효과 면에서 중요한 훈련수단이 된다.

기장의 승격훈련은 노선훈련에 비중을 두고 있으며 정기항공로에서 실습을 통하여 기장으로서의 기량향상과 종합판단 능력을 양성한다.

운항승무원의 훈련절차 **그림 5-5**

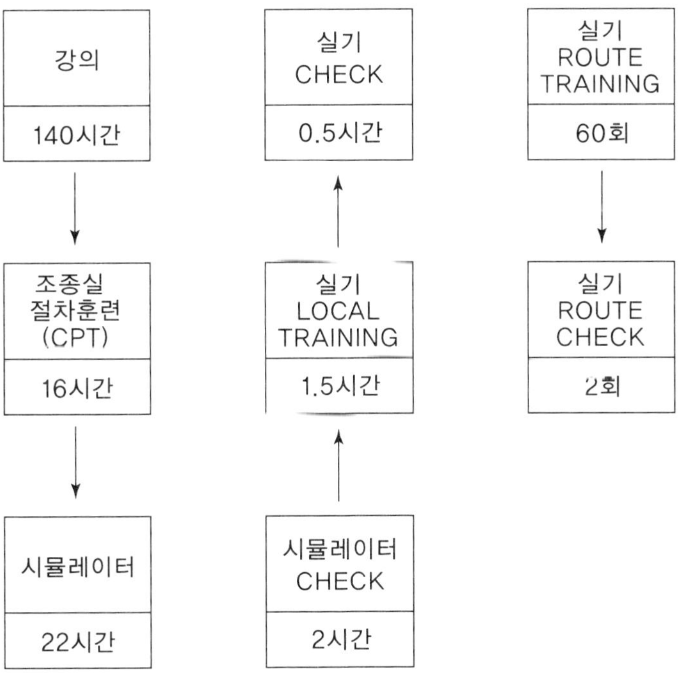

※CPT : Cockpit Procedure Trainer.

제2절 | 항공기의 정비

1. 항공기 정비의 목적

항공기가 안전하게 운항하여 정해진 시간대로 목적지에 여객과 화물을 수송할 수 있도록 항공기의 성능과 품질을 유지하고 향상시키기 위해 실시하는 항공기재의 점검, 검사, 보수, 수리 등의 작업을 통틀어서 정비(maintenance)라고 한다. 이것은 항공기의 건강관리라고 할 수 있다.

정비의 대상은 항공기재(flight equipment)이지만, 항공기재는 기체, 원동기 및 장비품으로 분류된다. 기체(airframe)는 항공기에서 원동기와 장비품을 제외한 부분으로 기체구조(동체, 주날개, 꼬리날개)와 여러 계통의 배선, 배관 및 실내장비(객석, 화장실, 조리대 등) 등이 포함된다. 원동기(power plant)에는 엔진의 본체와 그밖에 엔진 보기류 및 의장류 등이 포함된다. 장비품(component)은 착륙장치, 유압, 기압, 공조, 항법, 통신 등의 여러 계통에 사용되고 있는 특정한 기능을 갖고 있는 부품들이다.

항공기재를 정비하는 정비사는 정부가 인정하는 자격이 있어야 하며 또한 법정 유자격자가 정비작업을 확인하도록 의무화하고 있다. 최신 「제4세대 제트 항공기」는 항공기에 전자 기술이 대폭으로 도입되어 있어 정비사도 전자 기술이 없이는 정비를 할 수 없게 되었다.

정비는 정부가 인가한 정비규정(maintenance manual)에 따라 항공기의 감항성(airworthiness)[7]을 보장하고 운항의 정시성 유지 및 쾌적성을 향상할 수 있도록 항공기재에 대해 철저한 정비를 실시한다. 정비

7) 감항성(堪航性) : 항공기가 안전한 운항을 할 수 있도록 성능을 보장하는 것을 말함.

규정에는 정비작업의 항목, 실시시기(비행시간이나 착륙횟수, 경과 시간 등) 및 실시조건을 규정하고 있다.

항공기의 정비 그림 5-6

항공기재를 정비하는데 소요되는 각종 예비부품(spare parts)은 필요한 때 즉시 사용할 수 있도록 확보되어 있어야 한다. 많은 종류의 예비부품을 적정하게 보유하기 위해서는 철저한 재고관리가 필요하다. 또한 항공기가 기항하는 공항마다 예비부품을 보유해야 하지만, 그렇게 하는 것이 비경제적이기 때문에 항공회사 간에 부품공동사용협정을 체결하여 서로 예비부품을 임차 사용하기도 한다. 정비를 하기 위해서는 항공기를 수용할 격납고를 비롯하여 원동기의 정비에 필요한 원동기 공장, 엔진의 시운전장, 장비품을 정비하기 위한 장비공장, 전기보기공장, 그리고 현장 지원을 위한 사무소 등의 시설이 필요하다.

2. 정비작업의 종류

정비작업은 그 목적에 따라 정시작업, 불시작업, 득별작업으로 분류된다. 정시작업(routine work)은 항공기재의 신뢰성을 유지하기 위하여 항공법에 정한 정비를 실시하는 작업이다. 이것은 정비요목(maintenance requirement)[8]을 일정한 주기로 반복하여 실시하는 정비작업

8) 정비요목은 정비할 대상 항목을 선정 및 선정된 각 항목들에 대하여 적용할 작업의 종류와 주기를 정하는 것을 말함.

이다. 불시작업(non-routine work)은 항공기재의 신뢰성을 회복하기 위해 실시하는 정비작업이다. 정기작업이나 항행 중에 발생한 불량이나 결함을 작업 기준서에 따라 수리하는 작업으로 수리작업이라고도 한다. 작업으로는 고장의 탐구, 불량부분품의 교환, 수리, 조정 및 수리 후의 확인 등의 작업이 포함된다. 특별작업(project work)은 신뢰성이나 기재품질을 향상하기 위해 실시하는 정비작업으로 항공기재의 원래의 설계를 변경하는 개조나 계획적인 대수리, 긴급한 정비요목의 실시 등이다.

정기작업은 정해진 비행시간간격에 따라 아래와 같이 5단계로 나누어 반복해서 정비한다. 비행시간간격은 항공회사마다, 그리고 기종마다 조금씩 차이가 있다.

그림 5-7 정비작업의 목적에 의한 분류

- 정비작업
  - 정시작업(정비요목) ┐
  - 불시작업(수리) ┘ - - - 기재품질의 유지
  - 특별작업(개수) - - - - - - - - 기재품질의 향상

정비작업의 단계에 의한 분류

- 정비작업
  - 항공기 정비
    - 비행전 점검
    - A 정비
    - B 정비
    - C 정비
    - D 정비
  - 공장정비
    - 원동기 정비
    - 장비품 정비

(1) 출발 전 점검

기체의 정상적인 운항을 목적으로 항공기의 출발 직전에 실시하는 점검이다. 출발 전 점검(pre-departure check)에는 비행 전 점검(pre-flight check)과 비행 간 점검(en-route check)이 있다. 정비작업에는 항공기 전체에 대한 외부점검, 연료보급, 윤활유점검, 타이어의 압력점검, 운항 중 발생한 고장 처리 등이 포함된다.

(2) A정비

비행시간 약 250시간마다 정기적으로 실시하는 정비작업이다. 작업내용은 엔진 오일, 작동유, 산소 등의 보충과 엔진, 바퀴, 동체, 날개, 타이어, 브레이크, 조종실, 객실의 외부상태를 점검한다.

(3) B정비

비행시간 약 1,000시간마다 A정비에 추가하여 실시하는 정비이다. 작업내용은 주로 엔진 및 보기류, 바퀴, 날개의 외부점검과 일부는 내부상태점검을 실시한다. 엔진에 대하여는 상세한 점검이 실시된다.

(4) C정비

비행시간 약 3,000시간마다 항공기를 7~10일 정도 운항을 중지하고 실시하는 정비이다. A정비와 B정비에 추가하여 여러 계통의 기능, 배관, 배선, 엔진, 착륙장치 등에 대한 세밀한 점검이 실시된다. 그 외에도 기체구조의 외부로부터의 검사와 장비품의 교환 등이 실시된다.

(5) D정비

항공기를 3~4주간 정도 독크(dock)에 넣어서 실시하는 대대적인 점검정비이다. 정비대상은 주로 기체구조의 내부검사가 목적이지만, A, B, C정비의 내용에 추가하여 점검, 여러 계통에 대한 철저한 기능시험, 기체의 중심 측정, 기체의 도장 등이 포함된다. 그밖에 대규모의 개보수도 이 기간에 실시된다. 일반적으로 B-747-400 경우에 비행시간 약 4,000시간 간격으로 실시한다.

그림 5-8 정비작업의 분류

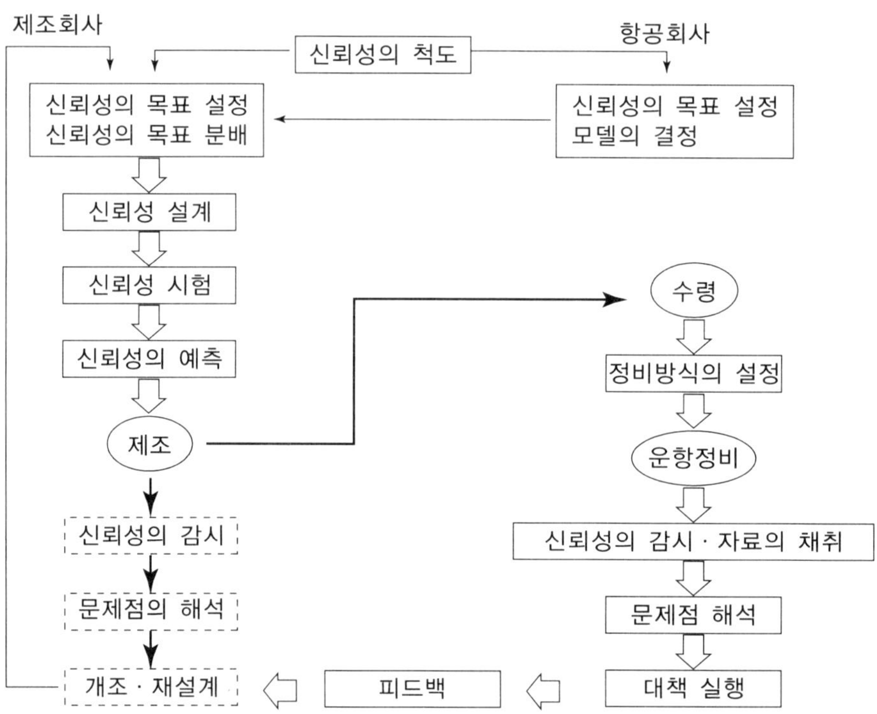

3. 정비방식

(1) 정비방식의 변천

원래 항공기 특히 엔진을 비롯하여 많은 장비품의 정비는 고장의 발생을 미연에 방지하기 위해 그 기능이나 상태에 관계없이 정기적인 분해수리를 하는 예방정비(preventive maintenance)에 중점을 두었다. 그러나 최근에는 정비가 신뢰성관리정비(reliability monitoring maintenance)에 중점을 두는 정비방식으로 바뀌었다. 종래 항공정비는 일정한 시간이 지나면 교환하는 정기교환방식이었다. 최근에는 고장이 나면 교환한다는 온 · 컨디션방식이나 상태감시방식이 추가로 채용되고 있다. 새로운 정비방식의 도입으로 기재의 품질이 종래보다 더욱 향상되었을 뿐만 아니라 정비 때문에 항공기를 지상에 체류해두는 시간이 단축되어 항공기의 가동률 향상에 큰 도움을 주고 있다.

정기교환방식(HT : hard time)은 기체로부터 띄어내어 분해수리하거나 폐기하는 것이 유효하다고 판단되는 부품이나 장비품에 대하여 정비의 시간한계를 설정하여 정기적으로 정비를 실시하는 정비방식이다. 정기적으로 실시하는 오버홀(overhaul)이 대표적인 사례이다.

온 · 컨디션방식(OC : on condition)은 기체로부터 분리해서 분해수리를 하는 것보다는 기체에 장착되어 있는 채로 외부검사나 시험을 정기적으로 반복 실시하여 그 상태를 판정하는 것이 적당한 기체구조, 여러 계통의 시스템이나 엔진 및 장비품 등에 실시하는 정비방식이다.

컨디션 · 모니터링방식(CM : condition monitoring)은 고장이 나더라도 감항성에 직접 문제가 없는 일반부품이나 장비품에 실시하는 정비방식이다. 이러한 종류의 부품에 대한 정비는 정기적인 검사나 수리를 필요로 하는 것이 아니고 고장이 발생하거나 그러한 징후가 있을 때 비로소 정비를 한다. 이러한 정비는 개개의 부품을 대상으로 하지 않고 특정 그룹 전체로서의 신뢰도를 검사하여 품질수준이 일정한 기준 이하로 저하될 경우에 적절한 정비조치를 한다.

이러한 정비를 실시하기 위해서는 신뢰성관리체제의 확립이 필요하다. 신뢰성관리체제(reliability monitoring system)는 항공기재의 신뢰성에 관한 정보수집→ 분석 → 대책처치→ 정보수집 등 일련의 활동을 기능적으로 실시하도록 되어 있다.

최근에는 부품의 신뢰도가 크게 향상되었고 고장이 발생하더라도 이를 보완하는 다양한 장치가 개발되어 사용한계품목이 줄어들어 하드 타임방식보다는 온 · 컨디션이나 컨디션 · 모니터링방식의 정비가 늘어나고 있다.

그림 5-9 정비시설의 분류

- 정비시설
  - 격납고
    - 정비점검용 격납고
    - 오버홀용 격납고
  - 정비공장
    - 원동기 공장(엔진의 부해, 검사, 수리, 조립작업)
    - 세정 공장(분해된 부품의 세정 및 검사)
    - 보기 공장(발전기, 연료조정기, 펌프류의 오버홀 작업)
    - 장치 공장(유압, 기압, 계기 등의 정비작업)
    - 객실 공장(객실, 구명구 등의 수리)
    - 엔진 시운전장(정비, 수리완료 후의 엔진의 검사)
  - Maintenance Apron

(2) 정비대상에 의한 정비방식의 분류

정비는 정비대상에 따라 기체구조의 검사, 엔진의 정비, 장비품의 정비로 분류되며 정비방식도 각각 다르다. 항공기의 동체, 주날개 및 꼬리날개로 구성되어 있는 기체의 구조에 대하여는 일정한 비행시간간격으로 각 부분을 정기적으로 검사하여 균열이나 부식 등의 결함이 없는지 검사한다. 최근에는 비파괴검사 방법이 주로 사용된다. 검사간격도 설계기준, 설계내용, 손상범위, 검사방법, 검출능력, 피로시험의 결과 등을 종합적으로 검토하여 결정한다. 대형 제트 항공기는 일부의 구조검사를 각 항공회사가 각각 분담하여 실시하고 여기에서 얻은 자료를 항공기 제조회사가 분석하여 그 결과를 각 항공회사에 통보해주는 방법을 채용하고 있다.

공장정비(shop repair)는 엔진이나 기체를 제외한 유압기기류, 전자·전기보기류, 기기계기류, 전자계기류, 무선기기류 등의 각종 장비품의 정비를 말한다.[9]

원동기정비는 종래는 엔진을 일정한 사용시간한계 내에서 기체로부터 떼어내어 공장에 반입하여 분해수리(overhaul)하는 하드타임방식으로 정비작업을 했다. 그러나 최신의 하이테크기의 경우 정기적인 분해검사를 하지 않고 엔진의 움직임을 모니터링하고 데이터를 분석하여 그 원인을 조사하여 필요한 정비를 하는 온·컨디션 방식으로 바뀌었다. 이 방식은 사용시간한계를 설정하지 않고 기체에 장착한 상태에서 외부로부터 보아스코프(borescope)를 사용한 내시경검사나 방사성 동위원소(radio isotope)를 사용한 투시검사, 초음파탐상검사 혹은 윤활유의 금속함유량을 검사하기 위한 분광분석 등의 비파괴검사를 통하여 내부의 상황을 판정하고 그 결과에 따라 필요한 정비를 하는 방식이다.

9) ① 유압기기류 : 조종용기기, 랜딩기아 작동기 등, ② 전자·전기보기류 : 객실공조기, 발전기, 실속경보장치 등, ③ 기기계기류 : 고도계, 속도계, 자이로 등, ④ 전자계기류 : 자동조종장치, 컴퓨터 등, ⑤ 무선기기류 : 통신기기, 기상 레이더, 방향탐지기

최근에는 B-747이나 에어버스용의 대형 제트엔진도 대부분이 이 방식을 사용한다. 최신형 엔진은 모듈 구조로 되어 있어 기체에서 엔진을 떼어내지 않고 상태가 좋지 않은 모듈만 교환하여 엔진을 사용할 수 있다. 이처럼 모듈 단위의 관리를 하는 정비를 모듈정비(modular maintenance)라고 한다.

시스템이나 장비품의 정비는 설계내용, 고장형태와 그 영향, 고장 발견의 가능성 등을 종합적으로 분석하여 결정되며 이에 적합한 점검, 수리, 개수 작업을 통해 다시 사용가능한 부품으로 환원된다. 일반적으로 시스템에 대하여는 정기점검이나 기능검사를 반복 실시하여 이상이 없다는 것이 확인되면 계속 사용한다. 또한 장비품 중에는 사용에 따라 고장이나 마모가 늘어날 가능성이 있는 것은 사용한계를 정하여 그 시기가 되면 교환하는 것도 있다.

시스템이나 장비품의 정비방식은 종래에는 예방정비의 개념에서 정기교환방식으로 정비를 했기 때문에 총분해방식이 많았지만, 최근에는 신뢰성관리에 중점을 둔 정비를 넓게 채용하고 있기 때문에 상태감시방식이 주류를 이룬다.

4. 정비의 효율적 관리

항공기의 대형화, 보유 기종의 다양화, 보유 대수의 증가로 정비작업의 관리가 점점 복잡해지고 있으며 개개의 작업관리를 정비대장이나 수작업으로 해서는 기체, 부품, 정비원, 시설기재 및 시간 등을 유효하게 활용하기가 매우 어려워지고 있다.

더욱이 예방정비로부터 신뢰성관리 정비방식으로 바뀌면서 정시정비가 줄어드는 반면에 수리작업이나 특별작업이 증가하고 있다. 엔진이나 장비품의 정비에 정시가 없어졌기 때문에 공장작업이 늘어나 정비관리에 더욱더 탄력성과 적응성이 요구된다. 이에 대한 근본적 대책으로서 컴퓨터를 이용하여 항공기의 엔진이나 장비부품에 대한 정비작업 항목의 등록과 실시계획 내지는 정비의 진도를 관리하는 정비작업 관리시스템을 개발하여 이용하고 있다.

기술규제의 완화와 항공기재의 내공성에 관한 법적기준의 공통화에 따라 정비환경이 크게 개선되었다. 항공기재의 대형화와 하이테크화로 자사의 정비체제의 구축에 필요한 인적투자와 설비투자도 대규모화되어 자사정비체제가 항공회사로서는 매우 부담스러워지고 있다. 이에 일부 항공회사들은 정비의 외부위탁을 확대하여 과대한 투자를 억제하고 정비비의 삭감을 도모하고 있다. 한편 정비부분을 독립하여 부대사업화 하는 항공회사도 늘어나고 있다.

제3절 | 객실 서비스

1. 항공수송과 객실 서비스

고속성, 안전성, 정시성, 쾌적성은 항공수송서비스의 기본요소이다. 여객이 탑승할 항공회사를 선정하는 중요한 기준은 운임의 수준, 운항스케줄, 기내 서비스의 3가지로 집약된다. 비행 중의 객실 서비스는 항공회사가 제공하는 항공수송서비스 상품의 품질을 좌우하는 중요한 요소로 안락하고 즐거운 항공여행을 제공하기 위한 필수조건이다.

비즈니스 클래스 좌석 그림 5-10

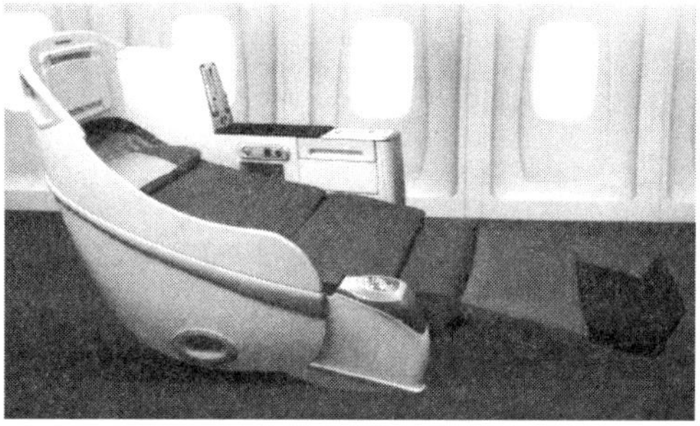

객실서비스는 물적 서비스와 인적 서비스로 구성된다. 물적 서비스는 항공기의 종류, 객실의 내부의 규모와 거주성, 좌석 크기와 좌석 간격 및 안락성, 객실 내 온도, 습도 및 청결 등 유지관리, 기내식 등에 의해 좌우된다. 원래는 물적 서비스에 대하여는 IATA가 규제하는 일정한 기준이 있었으나 폐지되고 이제는 완전 자유화 되어 항공회사간의 경쟁요소로서 더욱 중요해졌다. 인적 서비스는 객실 내에서의 객실 승무원이 제공하는 휴먼터치 서비스이다. 물적 서비스는 각 항공회사가 같거나 비슷한 항공기를 사용하기 때문에 거의 차이가 나지 않는다. 이 때문에 객실서비스의 핵심은 비행 중에 항공기 내에서의 객실 승무원의 제공하는 인적 서비스와 기내식이 핵심이 된다.

2. 인적 서비스

비행 중 객실에서의 쾌적성을 향상하기 위해서는 객실의 장비시설, 기내온도 · 습도 · 기압, 좌석의 크기와 간격, 간격, 기내식, 음악 · 영화 등의 오락시설 등의 물적 서비스에 못지않게 인적 서비스가 매우 중요하다. 항공기가 무사히 이륙하여 수평비행을 하게 되면 객실승무원의 음료서비스가 시작된다. 그제야 비로소 승객들은 공항에 도착해서 탑승수속을 하고 하이자크 방지를 위한 보안검사, 객실승무원의 안내 방송, 비상 도어의 위치 안내, 산소마스크 및 구명보트의 사용방법의 설명, 항공기의 이륙할 때의 불안감 등 긴장상태에서 정상으로 돌아온다.

그림 5-11 기내식 서비스

기내 서비스 중에서도 객실승무원의 인적 서비스는 항공수송을 질적으로 더 좋게 만드는 적극적인 효과와 밀폐된 객실 내에서 좁은 객석에 앉아서 장시간을 여행해야하는 승객들의 불편을 완화해 주는 소극적인 효과가 있다. 항공수송에 있어서 객실 승무원의 인적 서비스는 항공회사 간의 중요한 경쟁 수단이며 전체 이미지와 연결된다.

인적 서비스를 제공하는 것은 객실승무원(cabin attendant)이다. 객실승무원은 승객들의 여러 가지 요망에 대응하여 다양한 서비스를 제공한다. 접객의 기본으로 명랑, 사교성, 친절심, 청결감이 있어야 하고 세련된 외모를 갖추어야 한다. 승객의 감정에 지배되지 않고 응대할 수 있는 냉정성과 사고의 발생 시에는 여객의 안전을 지켜주는 침착성이 필요하다. 외국어도 유창하게 구사할 수 있어야 한다. 객실승무원의 유니폼은 객실 서비스뿐만 아니라 기업 전체의 이미지에 미치는 영향이 크다.

그러나 이에 못지않게 중요한 것이 체력이다. 객실 승무원은 근무형태가 불규칙하며 고공의 밀실이라는 작업환경이 특수하다. 장거리 국제선에서는 기후의 급격한 변화, 시차의 영향이 크다. 그러기 때문에 최상의 인적 서비스를 하기 위해서는 체력의 상화가 적당한 휴식이 필수이다. 또한 기내식을 취급하기 위해서는 식품취급자로서의 위생관리가 필요하다. 객실 승무원은 조종사와 함께 승객들이 목적지까지 안전하고 편안하게 여행할 수 있도록 돕는 역할을 한다. 특히 비상상황에 처했을 때는 보안요원으로서 필요한 모든 조치를 취해 승객들을 신속하고 안전하게 탈출시키는 역할을 한다.

객실 승무원의 수는 항공법에 의해 최소 탑승인원이 정해져 있으나 항공회사는 서비스 차원에서 법정수 보다 더 많은 승무원을 탑승시키고 있다. 일반적으로 B-737이나 A-320 등 근거리 항공기의 경우 3~5명, B-

767, A-300 등 중형의 중거리 항공기의 경우 6~10명, B-747, A-340 등 장거리 대형기의 경우 12~28명 정도까지 객실승무원이 탑승한다.

3. 기내식과 기내 엔터테인먼트

(1) 기내식 서비스

기내 서비스 중에 하이라이트는 기내식이다. 비행 중에 제공되는 기내식은 항공회사의 중요한 경쟁요소 중의 하나이다. 비즈니스 클래스나 퍼스트 클래스의 기내식 서비스는 고급 레스토랑의 수준에 준한다. 기내식은 주로 양식이 기본이지만, 최근에는 비빔밥, 수시, 만두처럼 각국의 고유 전통 음식도 서비스되고 있다. 승객의 식성이 다르기 때문에 최소 두 가지 이상의 요리를 준비하여 승객이 선택하도록 준비한다. 또한 기내식은 취항하는 노선의 특성이나 종교나 건강상 이유로 특별식(special meal)을 제공하는 경우도 있다.

특별식에는 채식 주의자를 위한 서양채식(vegetarian meal), 소고기와 돼지고기를 사용하지 않는 힌두식(hindu meal), 돼지고기와 알콜류를 사용하지 않는 이슬람교식(moslem meal), 유대교식(kosher meal), 12세 미만의 유아를 위한 유아식(baby meal), 당뇨환자를 위한 당뇨식 등이 있다. 장거리에 비해 근거리는 기내식을 간소화 하고 있다. 기내식을 제공하는데 있어서 출발지에서의 여객의 생활시간대와 도착 후의 생활시간대를 고려하여 기내식 계획을 세우는 것이 필요하다.

(2) 기내 엔터테인먼트

항공회사는 승객의 항공여행의 즐거움을 더해주기 위해 기내에서 신문·잡지를 제공하고 기내 오디오나 영화 등의 서비스를 무료로 제공한다. 음악은 클래식 음악과 가요를 비롯하여 각종 음악이 제공되며 영화의 음성은 이어폰을 통해 영어나 한국어로 들을 수 있으며 노선에 따라서는 기타 언어로도 들을 수 있다. 최근에는 좌석에 개인용 TV가 장비되어 있어 개인 취향에 따라 다양한 프로그램을 즐길 수 있다. 국제선에서는 기내 판매(in-flight sales)가 실시되고 있어 기내에서 양주, 담배, 향수, 화장품 등을 면세로 구매할 수 있다.

승객에게 비디오, 음악 등의 오락 프로그램을 제공하는 시스템을 통틀어서 기내 엔터테인먼트 시스템(in-flight entertainment system)이라고 하며 승객 각자의 좌석에 앉은 채로 영화를 보고 좌석에 있는 승객조정기(PCU : passenger control unit)[10]로 선택한 프로그램을 이어폰으로 들을 수 있다.

최신 항공기는 여객의 서비스 향상을 위해 각 좌석에 장착되어 있는 개별 TV로 각자가 좋아하는 음악이나 영화를 즐길 수 있는 오디오 비디오 온 디맨드(AVOD : audio video on demand)기능과 게임 기능 그리고 일부 좌석에는 퍼스널 컴퓨터용 전원이 갖추어져 있다.

10) 좌석에 착석한 상태에서 음악이나 영화를 즐길 수 있도록 이어폰 소리 크기를 조종할 수 있는 컨트롤 박스를 말함.

제6장

항공기의 성능과 생산성

항공기의 성능과 생산성

YL-SSY

제 6장 항공기의 성능과 생산성

제1절 | 항공기의 성능

항공기가 출발해서 지상 활주, 이륙, 상승, 순항, 강하, 착륙, 정지할 할 때까지 각 비행형태별로 요구되는 성능을 통틀어서 비행성능이라 한다. 항공기의 비행성능 중 중요한 성능은 이륙성능, 순항성능, 착륙성능, 항속성능이다. 이들 비행성능은 항공기의 기체와 동력장치의 특성에 따라 결정된다. 사람이나 화물을 싣고 신속 · 안전하게 그리고 멀리 비행해야할 항공수송용 항공기가 법적으로 갖추어야할 최소요구비행성능은 미국의 연방항공규칙(FAR : federal aviation regulation)과 각국의 항공법에 규정돼있다.

1. 이륙성능

항공기가 정지 상태에서 활주를 개시해서 속도를 가속하여 활주로에서 이륙할 때까지의 성능이 이륙성능(take-off performance)이다. 항공기의 중요한 성능 중의 하나로 항공기를 평가하는 기준이 된다. 제트항공기의 이륙성능은 이륙할 때의 중량, 이륙에 필요한 이륙속도, 이륙에 필요한 활주거리, 이륙한 후의 상승성능으로 결정된다. 이륙속도와 이륙활주거리 그리고 상승성능은 이륙중량에 따라 달라진다.

(1) 이륙중량

항공기가 특정 구간을 운항할 때 먼저 항공기의 이륙중량(take-off weight)을 결정한다. 항공기는 기종별로 최대이륙중량(maximum take-off weight)이 정해져 있지만, 여러 가지 요인에 의해 제한을 받기 때문에 최대이륙중량으로 이륙하지 못할 경우가 많다. 제한요인에는 기체구조의 강도, 상승성능, 활주로 조건, 엔진 브리드, 비행계획, 항공로 상의 장해물 등이 있다. 이러한 제한요소를 모두 고려하여 얻은 이륙중량이 항공기가 이륙할 수 있는 최대허용이륙중량(maximum allowable take-off weight)이다.

그림 6-1 이륙거리

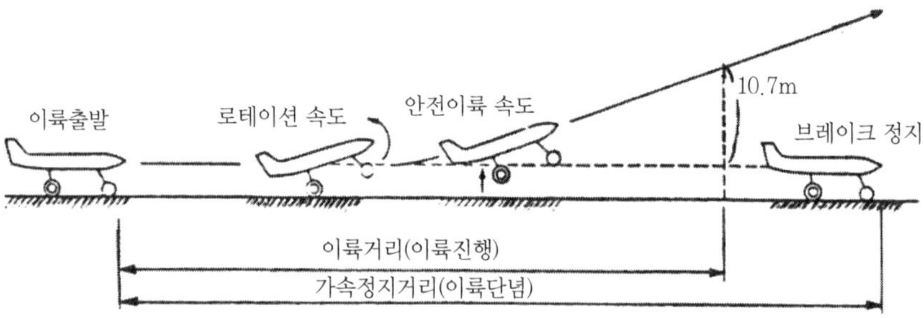

항공기의 이륙중량은 항공기의 운용자중(operating weight)과 유상중량(payload)과 연료중량(fuel weight)을 합친 중량이다. 운용자중은 항공기 자체의 중량으로 운항승무원이나 객실승무원까지 포함한 항공기

가 운항하는데 필요한 기본중량이다. 이 중량에 유상 여객이나 화물의 중량인 유상중량과 탑재한 연료중량을 합치면 이륙중량이 된다. 항공기의 이륙중량에서 항상 문제가 되는 것이 항공기에 탑재할 연료중량과 유상중량과의 관계이다.

운용중량은 항공기가 출발공항을 이륙하여 다음 목적공항에 도착할 때까지 변화가 없다. 그러나 연료중량은 다음 착륙예정 공항까지의 비행거리에 따라 달라진다. 유상중량은 탑재한 연료의 중량이 얼마나 되느냐에 따라 달라진다. 비행구간이 길다고 해서 연료를 많이 싣고 승객이나 화물이 많다고 해서 많이 실으면 최대허용이륙중량을 초과하게 되어 항공기는 이륙을 할 수 없게 된다.

(2) 이륙속도

항공기의 이륙속도(take-off speed)는 매우 중요하다. 항공기는 이륙속도에 의해 주날개에서 양력이 발생하여 이륙할 수 있기 때문이다. 이륙속도는 항공기가 활주로의 정지출발점에서 활주를 개시한 후 속도를 가속하여 이륙을 완료할 때까지의 속도이다. 이륙속도는 기체의 중량, 외기온도, 기압고도, 풍향 · 풍속, 공항의 표고, 활주로 상태 등의 외

이륙속도 그림 6-2

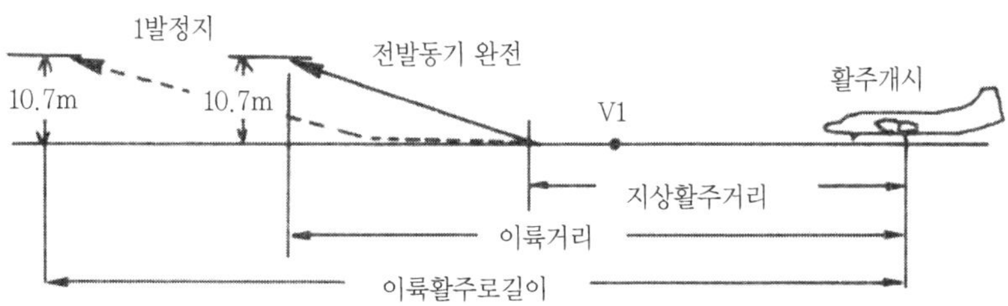

부조건이나 주날개의 플랩 각도 등에 의해 결정된다. 항공기의 중량이 가볍거나 플랩의 각도가 클 때와 외기온도나 기압고도가 낮을 때는 이륙속도가 늦어진다. 항공기의 이륙속도는 [그림 6-1]과 같이 이륙결정속도(V1 : critical engine failure speed)와 로테이션 속도(Vr : rotation speed)와 안전이륙속도(V2 : lift-off speed)로 구성된다.

이륙결정속도(V1)는 항공기가 이륙활주를 개시한 후, 엔진의 하나가 고장 났을 때 이륙을 중지할 것인가 아니면 이륙을 계속할 것인가를 결정하기 위해 설정된 속도이다. 이 속도는 활주로에서 엔진의 하나가 고장 났을 때의 이륙거리와 가속정지거리가 같도록 설정되어있다. 항공기가 이륙결정속도를 지나 로테이션 속도까지 가속하더라도 주날개에는 충분한 양력이 발생하지 않기 때문에 여기서 조종사가 조종간을 당겨서 주날개에 받음각을 주면 더 많은 양력이 생겨 비로소 항공기가 이륙할 수 있다.

로테이션 속도(Vr)는 항공기가 정지출발점에서 이륙활주를 개시한 후, 이륙결정속도에서 정지하지 않고 이륙을 계속할 것을 결정하여 활주를 계속하다가 조종간을 당겨서 기수를 올리기 시작했을 때의 속도이다. 안전이륙속도(V2)는 항공기가 활주로의 표면을 떠나 안전하게 이륙해서 고도 35피트(10.7m)에 도달할 때까지의 속도이다. 안전이륙속도는 실속속도(stalling speed)보다 훨씬 여유 있게 설정돼 있다. 로테이션 속도에서 항공기가 이륙하기 시작하여 안전이륙속도까지 가속하면 엔진의 하나가 고장으로 작동하지 않더라도 상승할 수 있다.

결국 항공기가 이륙할 경우 조종사는 활주로의 한 쪽 끝의 출발정지점에 항공기를 일단 정지하여 플랩을 이륙할 때의 각도까지 내려서 엔진을 최대출력으로 해놓은 다음에 활주를 시작하여 로테이션 속도까지 가속

이륙경로 그림 6-3

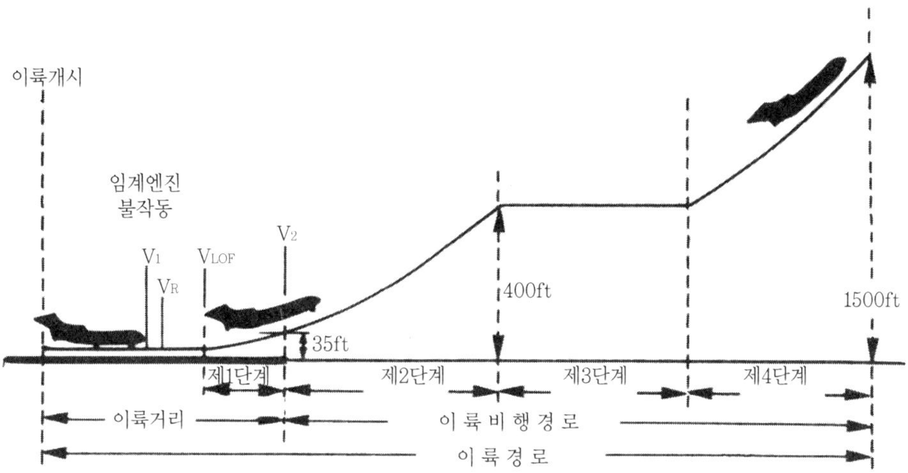

임계 엔진 : 비행의 형태에 가장 영향을 미치는 엔진

V_1 : Take Off Decision Speed 이륙결정 속도
V_R : Rotation Speed 로테이션 속도
V_{LOF} : Lift Off Speed 부양 속도
V_2 : Take Off Safety Speed 안전이륙 속도

되었을 때 조종간을 당겨서 항공기의 기수를 일으킨다. 기수를 일으킨 상태로 활주를 계속하다가 안전이륙속도에 이르면 자연히 항공기가 활주로에서 이륙하여 상승한다.

항공기가 활주로에서부터 적어도 400피트(120m)의 고도에 도달할 때까지는 안전이륙속도나 그 이상의 속도로 이륙을 계속해야 한다. 항공기가 400피트의 고도에 도달하면 그때부터 플랩 올림속도(flap up speed)까지 가속을 계속하여 고도가 1500피트(450m)에 이르러 실속속도(stalling speed)까지 가속하면 이륙비행이 끝나고 이때부터 정상상승(en-route climb)을 하게 된다.

(3) 이륙활주거리

항공기가 정지출발점에서 이륙활주를 개시한 후, 가속하여 고도 10.5m의 고도에 도달할 때까지 필요로 하는 수평거리가 이륙거리(take-off distance)이다. 이륙거리는 항공기의 중량이나 공항의 기온에 따라 달라진다. 이륙거리는 항공기의 이륙성능을 나타내는 필요이륙활주로거리의 기초가 된다. 이륙성능이 좋다는 것은 항공기의 이륙거리가 짧고 그만큼 안전성이 높다는 것을 의미한다.

필요이륙활주거리(take-off run)를 결정하는 기준이 되는 것은 이륙결정속도(V1)이다. 이 속도에서 고장이 난 항공기는 나머지 엔진만으로 이륙하여 상승할 수도 있고 브레이크를 걸어서 정지할 수도 있다. 따라서 항공기가 이륙하는데 필요한 활주로거리는 이륙활주를 시작해서부터 로테이션 속도에 도달했을 때 브레이크를 걸어서 정지하기까지에 필요한 거리이다. 활주를 개시한 지점부터 이륙을 단념하고 브레이크를 걸어서 정지하는 지점까지의 거리가 가속정지거리(accelerate stop distance)이다.

항공기의 이륙거리는 제트 항공기의 표준대기인 섭씨 15°도 때의 이륙활주로 길이며 35도로 기온이 상승하면 평균 10% 정도 활주로 거리가 길어진다. 또한 착륙할 때 활주로 면이 젖어 있으면 건조한 때보다 15% 정도 더 길어진다.

2. 착륙성능

착륙 · 진입을 시작한 항공기가 속도를 줄여 내려오다가 활주로 끝 50피트(15m)의 고도를 통과하여 활주로에 착륙하여 완전히 정지할 때까지의 성능을 통틀어서 착륙성능(landing performance)이라고 한다. 이륙성능 못지않게 중요한 성능이다. 제트 항공기의 착륙성능은 착륙할 때의 안전성을 확보하기 위해 착륙할 때의 중량, 착륙에 필요한 착륙 · 진입속도, 착륙거리 및 착륙에 필요한 활주로의 길이 그리고 착륙복행(go-around) 과 진입복행(missed approach) 때의 상승성능 등에 의해 결정된다. 착륙 · 진입속도와 착륙활주로의 길이는 항공기의 착륙중량에 따라 달라진다. 항공기가 진입을 개시한 후에 활주로의 상태나 항공기의 자세가 착륙에 적당하지 않다고 판단될 경우에는 착륙복행 또는 진입복행을 한다.

착륙하는 항공기의 착륙중량(landing weight)은 착륙하는 공항의 활주로의 길이에 의해 결정되지만, 공항의 활주로상태, 풍향과 풍속, 공항의 표고, 유효활주로의 길이 등에 의해 제한을 받는다. 착륙 · 진입을 개시하고 나서부터 활주로에 바퀴가 닿을 때까지의 속도가 착륙속도(landing speed)이다.

착륙거리(landing distance)는 항공기가 착륙하기 위해 강하하여 고도 50피트(15m)의 위치에 도달했을 때부터 정지할 때까지의 수평거리이다. 항공기의 착륙성능이 좋다는 것은 착륙거리가 짧다는 것을 의미한다. 항공기가 착륙할 경우 이륙과는 반대로 기체의 항력이 클수록 좋다. 따라서 항공기는 브레이크와 스포일러를 작동하여 될 수 있는 대로 항력

착륙거리 그림 6-4

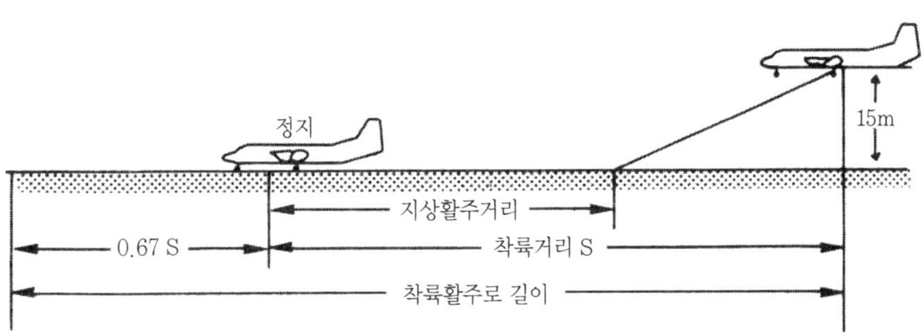

을 크게 한다. 항공기의 이륙거리가 결정되어 있는 것과 마찬가지로 착륙거리도 기종별로 결정돼 있다.

다만 항공기는 활주로 끝의 상공 50피트(15m) 점을 통과하여 활주로 내에 접지하여 착륙거리가 60% 이내에서 정지할 수 있도록 활주로가 길어야 한다. 따라서 필요활주로길이는 착륙거리의 60%가 된다.

항공기가 착륙할 때 엔진의 하나가 고장이 났을 경우에 엔진의 역추력이 작용하지 않아 착륙거리가 길어진다. 이와 같은 긴급한 경우에 대비하여 조종사는 착륙하는 비행장의 활주로가 충분한지를 이륙 전에 확인해 둘 필요가 있다. 또한 활주로 면이 젖어 있거나 노면상태에 따라 착륙거리가 길어질 경우를 고려하여 착륙거리에 여유를 두는 것이 착륙 때의 안전을 위해 중요하다.

이륙할 때 사용되는 플랩은 착륙할 때도 사용한다. 착륙할 때 항공기는 활주로에 착지한 후에 브레이크를 걸어 정지한다. 착지속도에 브레이크를 걸어서 정지하기까지의 활주거리를 짧게 하기 위해서 플랩을 큰 각도로 내린다.

3. 순항성능

순항성능(cruising performance)은 출발지로부터 목적지까지 비행하는데 있어서 상승과 강하의 일부 비행을 제외하고 항공기가 공중에서 수평 비행할 때의 성능이다. 제트 항공기의 순항성능은 순항할 때의 순항속도, 순항고도, 순항거리에 의해 결정된다. 두 지점 간을 운항할 경우 순항이 대부분을 차지하기 때문에 순항성능이 항공회사의 수지에 미치는 영향이 매우 크다.

순항속도(cruising speed)는 항공기가 정상 비행할 때 사용하는 속도이다. 순항속도는 항공기의 경제성과 소요시간 즉 운항효율을 고려하여 결정한다. 두 지점 간을 순항할 때 사용하는 순항속도에는 고속순항속도(high cruising speed), 장거리순항속도(long-range cruising speed), 경제적 순항속도(ECON-cruising speed)가 있다. 두 지점 간을 운항할 경우 구간거리, 기상상태 및 중량을 고려하여 비행시간의 단축을 목적으로 한다면 고속순항속도, 연료소비량의 절감을 목적으로 한다면 장거리 순항속도, 비행시간과 연료소비량의 양쪽을 모두 목적으로 한다면 경제순항속도로 순항한다.

순항고도(cruising altitude)는 단위 연료 당 비행거리를 크게 할 수 있도록 높은 고도로 비행하는 것이 바람직하다. 장거리 국제선에서는 일반적으로 33,000피트(약 10km) 이상의 고도를 선정한다. 그러나 항공교통관제상 이유로 낮은 고도로 순항할 경우도 있다. 순항고도에는 정고도 순항, 상승순항, 스텝 업 순항이 있으나 일반적으로 단계적으로 순항고도를 높여가는 스텝 업 순항(step-up cruising)을 많이 사용한다.

항속거리(range)는 항공기에 탑재한 연료로 비행할 수 있는 거리이다. 탑재한 연료량은 연료 탱크의 크기와 이륙중량 그리고 유상중량에 의해 달라지지만, 탑재연료로부터 예비연료를 제외한 연료로 비행할 수 있는 거리이다. 동일한 연료로도 비행 시의 풍속, 고도, 비행속도, 중량 등에 의해 항속거리는 달라진다.

항공기의 항속거리와 유상중량과의 관계는 매우 중요하다. 이것은 속도와 함께 항공기의 성능을 나타내는 중요한 척도가 되며 항공기의 경제성과 직접관계가 있다.

4. 항속성능

항공기의 항속거리와 유상중량(payload)과의 관계를 나타내는 성능이 항속성능이다.[1] 항속성능은 일정한 연료를 소비하여 얼마나 멀리 비행할 수 있느냐 하는 항공기의 항속효율에 의해 지배된다.

그림 6-5 항속성능과 유상탑재중량과의 관계

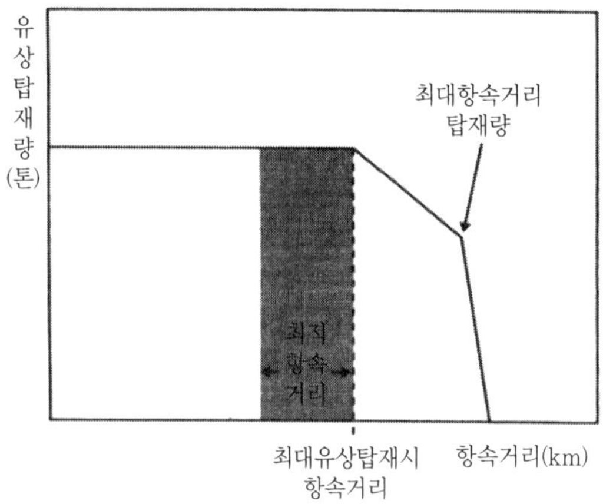

항속성능은 연료의 경제성과 밀접한 관계가 있으며 운항원가에도 큰 영향을 미친다. 항속성능은 주로 연료의 탑재량에 의해 좌우된다. 연료의 소비량은 항공기나 엔진의 성능만이 아니고 탑재한 화객의 중량, 목적지까지의 거리, 풍향성분, 비행속도, 비행고도, 착륙할 때의 대기시간 등 공항의 혼잡성, 활주로의 길이나 상태, 기상조건, 비행방식 등에 의해 달라진다.

항공기는 순항방법에 따라 항속거리를 연장할 수 있다. 이것은 단위연료 당 비행할 수 있는 거리가 얼마나 되느냐의 문제로 이것을 비거리(specific range)라고 한다. 항속성능이 문제가 되는 것은 항공기가 순항할 때이며 순항성능이 항속성능을 좌우하는 결정적인 요소가 된다. 일반적으로 순항방식에는 고속 순항방식(high cruise)과 장거리 순항방식(long-range cruise)이 있다.

1) 항속성능=양항비×마하수/연료소비율

항공기가 두 지점을 비행하는 경우 비행속도와 비행고도를 적절히 선정하여 소요시간과 연료소비량의 절감을 도모할 필요가 있으나 동시에 두 가지를 달성하는 것은 항공기의 성질상 불가능하다. 따라서 소요시간의 단축에 역점을 둘 경우에는 고속 순항방식, 연료소비량의 절감에 역점을 둘 경우에는 장거리 순항방식을 사용한다.

순항방식과 비거리와의 관계를 보면 장거리 순항방식의 경우 최대의 비거리를 얻을 수 있기 때문에 장거리를 비행할 경우 장거리 순항방식이 고속 순항방식보다 더 유리하다. 비거리를 크게 하기 위해서는 될 수 있는 대로 높은 고도로 순항할 필요가 있다. 특히 장거리 비행 경우 연료가 소비되는 만큼 항공기의 중량이 감소되는 것을 이용하여 다소 항공기 술상으로 어려움이 있더라도 순항고도를 단계적으로 올려 가는 상승순항방식(step climbing cruise)을 사용하는 것이 바람직하다.

항속거리와 비행고도와의 관계도 매우 중요하다. 항공기는 특정구간을 운항할 경우 항공기의 성능에 적합한 순항고도로 비행하는 것이 중요하다. 제트 항공기는 일정한 연료로 비행할 수 있는 비행거리가 순항고도에 의해 크게 영향을 받기 때문이다. 예컨대 제트 항공기가 동일한 연료를 소비하여 비행할 경우 고도 6,000m로 순항하면 지상에 근접하여 운항할 때보다 1.5배의 거리를 더 비행할 수 있다. 제트 항공기는 저공비행을 할수록 더 많은 연료를 소비한다. 이 때문에 현재의 제트 항공기는 순항할 때 국내선은 5,000m이상, 국제선의 장거리 비행에서는 10,000m 이상의 고공을 비행한다.

제2절 | 항공기의 성능과 중량

항공기의 중량은 항공기의 운항성능, 엔진의 추력, 항공연료의 소비, 안전성, 생산성 및 경제성과 밀접한 관계가 있다. [그림 6-6]은 항공기의 중량을 구분하여 정리한 것이다. 항공기의 중량은 자중, 기본운항중량, 운용중량, 무연료중량, 유상중량, 이륙중량, 최대이륙중량, 소비연료중량, 착륙중량, 최대착륙중량, 예비연료중량, 총예비연료중량, 허용착륙중량, 허용탑재중량으로 구분된다.

(1) 자중(empty weight)

기체구조, 엔진, 고정 장비 및 내부 장비의 중량을 합한 것이다. 항공기의 중량 계산의 기초가 되며 항공기의 감항성 기준에 의해 결정된다.

(2) 기본운항중량(basic operating weight)

자중에 표준운항장비의 중량을 합한 것이다. 표준운항장비에는 구명복, 구명보트, 탈출용 미끄럼 틀 같은 긴급 장비와 규정집, 항공일지 같은 승무원의 용구가 포함된다. 정기적으로 기본운항중량과 항공기의 중심위치를 측정하여 조정한다.

(3) 운항중량(operating weight)

기본운항중량에 운항에 필요한 장비 및 비품의 중량을 합한 것이다. 승무원, 엔진의 윤활유, 여객 서비스용품, 음료 및 식료가 포함된다. 항공회사는 노선별로 표준운항중량(standard operating weight)을 정해 둔다.

항공기의 중량 구분 그림 6-6

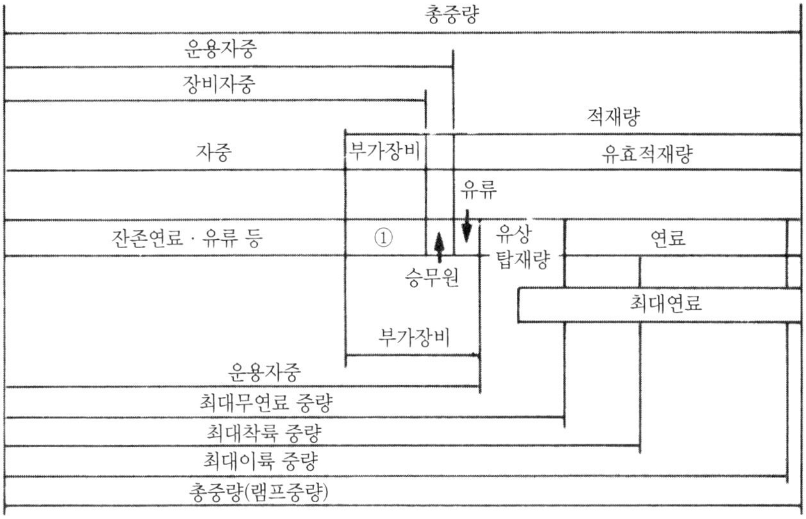

(주) ① 음료 · 물 · 구명구 · 객실서비스 부품

(4) 무연료중량(zero fuel weight)

운항중량에 유상중량을 합한 것이다. 최대무연료중량(maximum zero fuel weight)은 연료를 탑재하지 않았을 경우에 허용되는 최대중량으로 항공기의 구조설계 때 결정된다. 최대무연료중량은 주날개를 부착한 부분의 강도에 의해 결정된다.

(5) 유상중량(payload)

항공기에 탑재한 유상 여객, 화물, 우편물의 중량이다. 기종별로 정해져 있는 허용탑재중량(ACL)에 의해 제한을 받는다. 유상중량은 항공기의 생산성을 결정하는 중요한 요소가 된다.

(6) 이륙중량(take-off weight)

이륙할 때의 항공기의 총중량이다. 운항자중에 유상중량과 탑재연료 중량을 합한 것이다. 이륙중량은 허용이륙중량을 초과할 수 없다. 최대 이륙중량(maximum take-off weight)은 항공기가 이륙할 때의 최대 중량이다. 총중량이라고도 한다.

(7) 소비연료중량(burn-off fuel weight)

이륙해서부터 착륙할 때까지 소비된 항공연료의 중량이다.

(8) 착륙중량(landing weight)

이륙중량으로부터 비행 중에 소비된 연료중량을 뺀 중량이다. 항공기가 착륙할 때 최대착륙중량을 초과할 수 없다. 최대이륙중량(maximum landing weight)은 항공기가 착륙할 때 허용되는 착륙중량의 최대치이다. 이것은 착륙장치의 강도를 결정하는 기준이 된다.

(9) 예비연료중량(reserve fuel weight)

항공로의 도중이나 목적지에서 기상 변화나 그 밖의 이유로 목적지 공항에 예정대로 착륙할 수 없는 경우에 대비하여 계획소비연료 이외에 추가로 탑재하는 연료의 중량이다.

(10) 총예비연료중량(total reserve fuel weight)

목적공항에 예정대로 도착했을 때 비행계획상 남아있어야 할 연료의 중량으로 보정연료, 대체연료, 대기연료, 보충연료가 포함된다. 보정연료(contingency fuel)는 계획소비연료와 실제로 소비한 연료 간에 생기는 오차를 조절하기 위하여 탑재하는 연료이다. 대체연료(alternate fuel)는 항공기가 어떤 이유로 목적지 공항에 예정대로 착륙할 수 없을 경우에 목적지 공항으로부터 대체공항에 착륙할 때까지 소요되는 연료이다. 대기연료(holding fuel)는 대체공항의 상공에 바로 착륙하지 못하고 대기할 경우에 소요되는 연료이다. 보충연료(extra fuel)는 항공기가 출발하기 전에 항공로상의 기상예보가 불확실하거나 항공로가 악천후에 의해 우회 비행이 예상되거나 목적지 또는 대체공항의 기상예보 상 필요하다고 판단되어 추가로 탑재하는 연료이다.

(11) 유효탑재량(ACL : allowable cabin load)

허용이륙중량에서 탑재연료중량과 운항중량을 뺀 중량이다. 허용탑재량은 중량제한 허용탑재량과 용적제한 허용탑재량으로 구분된다. 중량제한 허용탑재량(weight limited ACL)은 출발공항의 활주로 길이, 기온, 바람, 비행경로와 목적지 공항의 상황 등 제반 운항조건을 고려하여 산출된다. 각 운항편마다 그때그때의 운항조건에 따라 다소 달라진다. 용적제한 허용탑재량(space limited ACL)은 운항조건과 무관하게 객실이 만석이 되거나 화물 실이 만재되었을 경우의 최대탑재량이다. ACL은 중량이기 때문에 항공회사에 따라 다르지만 일반적으로 국제선의 경우 여객의 중량을 210파운드(95km), 국내선의 경우 160파운드(73km), 화물실은 용적 1평방피트 당 10파운드(4.5km)의 화물을 탑재하는 것을 기준으로 ACL을 산정한다.

(12) 유효착륙중량(allowable gross landing weight)

착륙하려는 공항에 대하여 허용되는 최대착륙중량으로써 활주로의 길이, 강도, 바람, 플랩의 각도 등의 조건에 의해 결정되며 최대착륙중량을 초과할 수 없다.

제3절 | 항공기 특성과 수송력

항공기의 수송력 즉 생산성(aircraft productivity)은 항공기의 성능에 의해 좌우된다. 항공기가 일정한 시간에 얼마나 많은 유상 여객이나 화물을 싣고(탑재력) 얼마나 빨리(속도) 그리고 멀리 수송할 수 있느냐(항속성능)에 의해 결정된다. 다만 항공기의 연간 생산성은 항공기의 연간 가동시간을 고려해야 한다. 이것을 공식으로 표현하면 다음과 같다.

시간당 수송력=속도×탑재력
연간 수송력=속도×탑재력×연간 가동시간

- 항공기 특성
  - 항속성능, 이착륙성능 } 노선구조 관련
  - 조종성, 안정성, 정비의 용이성 } 항공회사의 기술수준 관련
- 기타

항공기의 생산성에 직접 영향을 미치는 속도와 탑재력은 항공기의 설계 · 제조 때 결정되지만, 항공회사가 항공기를 어떻게 사용하느냐에 따라 생산성이 크게 달라진다. 특히 항공기의 연간 생산성에 영향을 주는 항공기의 가동시간은 항공기를 얼마나 많이 사용하느냐의 문제로 항공기의 항속성능, 이착륙성능과 항공회사의 노선구조, 평균노선거리, 국제선과 국내선의 운항 비율, 사용 항공기의 대형화 비중 등 항공회사의 경영능률에 의해 크게 영향을 받는다. 그 밖에 항공기의 항속성능과 이착륙성능도 항공기의 생산성과 밀접한 관계가 있다.

1. 구간속도

항공기의 생산성과 관련되는 속도는 구간속도(block speed)이다. 구간속도는 출발공항에서 도착공항까지의 평균속도로 구간거리를 구간시간으로 나눈 값이다.

$$구간속도(block\ speed) = \frac{구간거리(block\ distance)}{구간시간(block\ time)}$$

구간거리는 출발공항으로부터 도착공항까지의 비행경로의 실제 비행거리로 대부분의 경우 직선 최단거리인 대권거리(大圈距離)보다 길다. 구간시간은 항공기가 출발공항의 주기장에서 움직이기 시작해서부터 목적지 공항의 주기장에서 완전히 정지할 때까지의 시간으로 출발 공항에서의 경과시간(지상유도+엔진점검+지상대기+이륙), 비행 중의 경과시간(상승+순항+강하+공중대기+진입), 도착 공항에서의 경과시간(착륙+지상대기+지상유도)으로 구성된다.

항공기의 생산성에 큰 영향을 미치는 구간속도를 향상하기 위해서는 구간시간을 단축해야 한다. 구간시간은 엔진의 신뢰성 향상, 엔진점검의 간소화, 유도로 및 활주로의 개선, 항공교통관제방식의 개선 및 관제기술의 향상, 계기착륙방식의 개선, 진입속도의 증가, 기체의 공기 저항의 감소 등으로 단축할 수 있다.

2. 탑재력

항공기의 탑재력은 유상중량 즉 항공기가 유상으로 수송할 수 있는 여객, 화물, 우편물의 총중량이다. 이것은 항공기의 최대이륙중량에서 운용자중+부가장비+승무원 중량을 뺀 중량인 유효탑재량(ACL : allowable cabin load)에서 연료중량을 뺀 중량이다. 따라서 유상중량은 항공기가 이륙할 수 있는 최대의 중량인 최대이륙중량에서 최대무연료중량 즉 항공기의 자중과 부가장비와 연료중량을 뺀 중량이다. 항공기는 기종별로 이착륙할 때의 최대이륙중량과 최대착륙중량이 정해져 있다. 항공기는 최대이륙중량이나 최대착류중량을 초과해서 이착륙할 수 없다.

탑재력은 중량제한 유상중량(weight limited payload)과 용적제한 유상중량(space limited payload)으로 구분된다. 공항에 따라서는 여러 조건에 의해 이착륙중량이 최대이착륙중량 이하로 제한되는 경우가 있다. 이 경우 목적공항까지 비행하는데 필요한 탑재연료를 줄일 수 없기 때문에 유상중량을 줄이게 된다. 이처럼 항공기의 탑재력이 중량에 의해 제한을 받는 것이 중량제한 유상중량이다.

항공기의 탑재력을 증대하기 위해서는 항공기의 최대이륙중량, 최대착륙중량, 최대무연료중량을 크게 하고 운항자중을 작게 해야 한다. 그러나 항공회사가 항공기의 중량을 늘이거나, 자중을 줄여서 운항자중을 작게 할 수는 없다. 항공회사가 할 수 있는 것은 운용자중 중에서 부가장비나 객실 승무원 수를 될 수 있는 대로 줄여서 운항자중을 줄일 수밖에 없다. 다만 부가장비(operator' s item)는 객실에서의 여객 서비스와 관계되는 용품들이 포함돼있다. 따라서 그것을 줄이는 것은 고객 서비스에 영향을 줄 수 있으므로 적정선에서 조정할 필요가 있다.

항공기의 생산성 즉 탑재력을 향상하기 위해서는 탑재연료를 줄이도록 하는 것이 매우 중요하다. 그러기 위해서는 연료탱크에 연료를 가득 탑재하면 유상중량이 제한될 수밖에 없다. 항공기에 탑재연료를 줄이기 위해서는 항공기의 항속성능을 고려하여 될 수 있는 대로 지나친 장거리 구간의 직행운항을 피하거나 연료소비를 절약할 수 있는 운항방식으로 비행하여 연료소비율을 낮추어야 한다.

항공기의 탑재력은 중량 외에 여객이나 화물을 탑재하는 공간에 의해서도 제한을 받는다. 중량과는 관계없이 객실의 객석 수나 화물실의 부피에 따라 유상중량이 제한을 받는다. 이것이 용적제한 유상중량이다. 객석의 수나 화물실의 용적으로 유상중량을 산출하기 위해서 항공회사마다 수하물을 포함한 여객의 평균 중량과 화물실의 단위 용적 당 평균 탑재량을 미리 설정해두고 있다. 최대무연료중량을 늘이더라도 적재할 수 있는 공간이 함께 늘어나지 않으면 항공기의 생산성 곧 탑재력은 증대되지 않는다.

3. 가동시간

항공기의 가동시간은 항공기의 연간 생산성에 관계되는 중요한 요소이다. 항공기가 1일 몇 시간을 비행하고 연간 얼마나 비행하느냐에 따라 항공기의 연간 생산성이 달라진다. 일평균 비행시간이나 연간 비행시간이 길수록 생산능력이 커지며 비행시간당 단위 원가는 낮아진다.

항공기의 가동시간은 비행가동시간과 구간가동시간으로 구분된다. 비행가동시간(aircraft flight utilization)은 항공기가 이륙하여 목적지 공항에 착륙할 때까지 소요된 비행시간을 기준으로 한 가동시간이다. 구간가동시간(aircraft block utilization)은 항공기가 출발공항의 주기장에서 움직이기 시작하여 목적공항의 주기장에 정지할 때까지의 구간비행시간을 기준으로 한 가동시간이다. 따라서 구간가동시간은 주기장으로부터 이륙 활주로까지의 유도주행시간, 이륙 직전의 엔진 테스트 시간, 이륙 · 상승 · 순항 · 강하 · 착륙시간, 활주로에서 주기장까지의 유도주행시간 등이 모두 포함된다.

항공기의 가동률에 영향을 주는 요인으로는 노선구조 및 구간거리, 보유항공기의 예비기률, 정비능력의 한계(정비나 오버홀의 소요시간), 기재 자체의 신뢰성, 기상조건, 연료 보급시간, 여객이 타고 내리거나 화물을 싣고 내리는데 소요되는 시간, 공항시설의 불비로 인한 공항시간의 제한, 항공기소음에 의한 야간 비행의 제한 등을 들 수 있다.

제7장

항공수송사업

항공수송사업

제 07장

항공수송사업

제1절 | 항공수송사업의 특성

1. 항공수송사업의 분류

항공기를 이용하여 여객이나 화물을 유상으로 수송하는 사업이 항공수송사업이다.[1] 수송형태, 수송대상, 수송지역에 따라 아래와 같이 분류된다.

수소형태 : 정기항공수송사업, 부정기항공수송사업.
수송대상 : 항공여객수송사업, 항공화물수송사업.
수송지역 : 국내항공수송사업, 국제항공수송사업.

이들 사업은 각각 독립된 사업으로 운영하기도 하지만, 대부분의 경우 겸업으로 운영한다. 예컨대 정기항공수송사업을 운영하는 항공회사는 국내정기항공수송사업만 운영하는 경우도 있지만, 대부분의 경우 국내 · 국제정기항공수송사업을 모두 운영한다. 또한 수송대상에 있어서도 항공화

1) 항공수송사업은 타인의 수요에 부응하여 항공기를 이용하여 유상으로 여객, 화물, 우편물을 수송하는 사업을 말한다. 이러한 사업에는 항공수송사업과 항공기사용사업이 있다.(항공법)

물수송사업만 전문으로 운영하는 항공화물 전용항공회사도 있지만, 대부분의 경우 항공여객수송사업과 항공화물수송사업을 함께 운영한다.

(1) 수송형태에 의한 사업 분류

항공수송사업은 수송형태에 따라 정기항공수송사업과 부정기항공수송사업으로 분류된다. 정기항공수송사업은 특정지점 간에 노선을 개설하고 운항요일, 운항시간, 운임을 사전에 공표하여 누구나 유상으로 이용할 수 있도록 하는 항공수송사업이다. 국제민간항공기구(ICAO)는 정기항공수송사업의 조건으로 공시된 시간표(정시성), 정기적 운항(정기성), 공개적 이용(공개성)의 세 가지를 규정하고 있다. 우리나라의 항공법은 사업의 대중이 이용할 수 있는 공공성, 항공시장에서의 수급균형의 유지, 사업의 안정성(채산성)의 확보, 사업의 수행능력 등을 정기항공수송사업의 허가조건으로 규정하고 있다. 그밖에도 안전성 확보를 위한 항공회사의 운항 및 정비 규정, 여객운임 및 화물요율, 그리고 여객이나 화물의 수송조건을 규정한 운송약관을 정부의 인가를 받도록 함으로써 항공이용자를 공공적 입장에서 보호하고 있다.

정기항공수송사업은 공공성이 강하게 요구되기 때문에 정부의 규제대상이며 정부의 허가를 받아야 한다. 일단 노선을 개설하면 경영상 이유만으로 항공기의 운항을 중지하거나 노선을 철수하는 등 사업계획을 임의로 중단하거나 변경할 수 없다. 또한 항공수요의 유무와는 관계없이 항공회사는 사전에 공시한 수송구간과 수송시간대로 항공기를 운항하여야 할 책임과 의무가 있다. 국제선의 경우 정기항공수송사업은 국익과 직접 관련되기 때문에 국제적으로도 많은 규제를 받는다. 최근에는 이러한 규제가 점차 완화되고 있다.

부정기항공수송사업은 운항노선이나 운항시간표를 사전에 공표하지 않고 항공이용자의 요구가 있을 때 항공기를 운항하여 유상으로 특정 여객이나 화물을 수송하는 사업이다. 일반적으로 정기항공수송사업의 부대사업으로 운영하며 공공성이 약하기 때문에 정기항공수송사업보다는 정부의 규제가 약하다. 각국은 정기항공수송사업의 건전한 발전을 저해하지 않도록 부정기항공수송사업의 자격, 수송구간, 수송회수, 수송시간 및 사용공항 등에 대해 부분적인 규제를 한다.

정기항공수송사업의 경우 경쟁사와 같거나 비슷한 항공기를 사용하기 때문에 차별화가 어렵다. 운임도 모든 항공회사가 국제항공운송협회(IATA)가 인가한 동일한 운임을 적용한다. 따라서 정기 항공수송사업의 경우 경제성도 중요하지만, 지상에서의 예약·발권 서비스나 객실 내에서의 서비스 그리고 운항의 정시성과 안전성이 더 중요하다. 반면에 부정기항공수송사업의 경우에는 서비스나 정시성 보다는 경제성이 우선이기 때문에 좌석을 증대시켜 보다 많은 여객을 보다 저렴한 운임으로 수송하는 것이 중요하다.

(2) 수송대상에 의한 사업 분류

항공수송사업은 수송대상에 따라 항공여객수송사업, 항공화물수송사업으로 분류된다. 항공수송사업은 항공여객사업을 중심으로 성장해 왔고 부대사업으로 항공화물사업이 성장했다. 그러나 항공화물 전용 항공기의 출현과 대형화에 따른 생산성의 향상 및 수송원가의 저하로 항공화물사업도 하나의 독립된 사업으로써 지위를 굳혔다. 최근에는 항공화물사업의 성장률이 항공여객사업의 성장률을 상회하고 있다.

항공화물사업에는 항공우편물사업도 포함된다. 항공우편물사업은 항공화물사업에서 요구되는 신속성, 안전성, 정시성, 저렴성 외에 통신의 비밀 준수, 정기적 수송, 최우선 수송의 의무가 강하게 요구된다. 우편의 공공성 때문에 항공회사는 항공우편물을 여객이나 화물에 우선하여 수송하고 우편의 비밀을 지켜야 할 의무가 있다.[2)]

(3) 수송지역에 의한 사업 분류

항공수송사업은 수송지역을 기준으로 국내항공수송사업과 국제항공수송사업으로 분류된다. 국내항공수송사업은 항공수송사업이 자국의 영역 내(국내)에서만 이루어지는 항공수송사업으로 각국의 항공법이 적용된다. 국제항공수송사업은 2개국 이상의 영역에서 이루어지는 항공수송사업으로 국제항공에 관한 각종 조약과 당사국 간에 체결된 2국간 항공협정이 적용된다.[3)]

국내항공수송사업은 국가의 종합교통체계 속에서 공공교통기관으로서의 역할을 담당하고 있기 때문에 공공성이 매우 강하게 요구된다. 따

2) 항공우편물은 항공회사와 각국의 우편당국과의 계약에 의해 항공이 성립됨. 항공요율이나 요금(지불)의 정산은 만국우편조약에 의해 일반항공화물과는 별도로 결정됨. 또한 항공화물운송장(air waybill) 대신에 우편물의 인도명세서 (delivery lists : AV-7)를 사용함. 또한 요율의 산정에 필요한 국제공항간의 항공거리는 iata와 만국우편연합이 협의하여 항고우편거리표를 별도로 설정하여 사용하고 있음.

3) 바르샤바조약(warsaw convention)은 국제항공수송이란 출발지와 도착지가 2개의 체약국의 영역에 있는 지점간의 항공수송이라고 규정하고 있음. 즉 출발지가 A국이고 도착지가 B국인 항공수송의 경우, 도중에 중단이 있느냐 없느냐에 관계없이 국제항공으로 규정하고 있음. 예컨대 출발지가 서울로부터 부산을 경유하여 도착직가 동경인 항공은 서울과 부산 간도 국제항공이 됨.

라서 운항노선, 정기성, 정시성, 운임 등에 대해 정부의 규제를 받는 특성이 있다.

국제항공수송사업은 각국이 국제항공을 국가권익의 실현으로 간주하여 자국항공에 대한 보호주의적 입장을 견지하는 경향이 강하기 때문에 당사국 간의 항공협정에 의한 규제를 받는 특성이 있다.

2. 항공수송사업의 특성

항공수송사업의 상품의 품질은 운항하는 항공기, 운항노선, 운항빈도, 운항시간, 예약 · 발권 · 탑승수속 등의 지상 서비스, 기내서비스, 안전성, 정시성, 쾌적성 등에 의해 결정되며 다음과 같은 특성이 있다.

항공수송사업의 다각화 그림 7-1

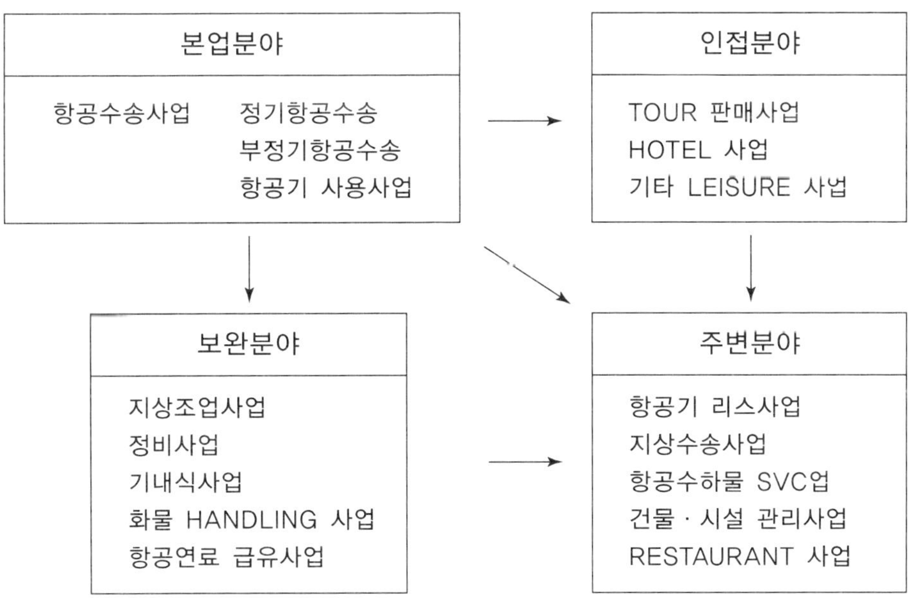

(1) 생산과 소비의 동시성

항공수송서비스 상품은 무형의 상품으로 생산과 동시에 소비되며 재고로서 저장을 할 수 없는 특성이 있다. 따라서 항공수송사업에서는 각 운항편마다 생산되는 좌석이나 화물공간은 항공기가 출발하기 전까지 판매되지 않으면 안 된다. 일반 제조사업의 유형의 상품처럼 판매되지 않은 상품 즉 빈 좌석이나 화물공간은 재고로 저장해 두었다가 나중에 수요가 생기면 판매할 수 없다. 항공기의 출발과 동시에 상품으로서의 가치가 없어지기 때문이다. 따라서 항공수송사업에서는 공급과잉이나 수요초과 등 수급의 불균형을 사전에 방지하기가 어렵다.

(2) 생산탄력성의 결여

생산과 소비의 동시성 때문에 항공수송사업은 생산탄력성이 거의 없다. 여객이 급증하거나 격감했을 때에 항공회사는 공급을 조절하는데 한계가 있다. 항공기나 승무원을 단기간에 수요에 맞추어 확보하고 양성하기 어렵기 때문이다.

항공수송사업은 이처럼 생산탄력성이 없을 뿐만 아니라 계절, 요일, 시간에 따라 수요의 증감이 심하게 변동하는 항공수요의 비연속성까지 겹쳐 경영을 어렵게 한다. 전형적인 예가 1월-2월은 겨울로 1년 중에 가장 여객수요가 적은 비수기이다. 그런데 매년 구정 연휴 전후가 되면 수요가 급증하는 것을 알면서도 운항승무원이나 항공기를 수요에 맞추어 늘이는데 한계가 있다. 항공회사가 할 수 있는 것은 계절적 변동에 대비한 운항스케줄을 계절별로 달리하거나 임시편을 운항하거나 성수기(peak season)와 비수기(off season)에 가격을 달리하여 항공수요를 분산시키는 정도이다.

(3) 상품 차별화의 한계성

항공수송서비스 상품은 동질적이며 차별화하기가 어려운 특성이 있다. 항공회사가 사용하는 항공기는 제조회사가 보잉과 에어버스 등 몇 개사 밖에 안 되고 제조되는 항공기도 단거리, 중거리, 장거리용 항공기를 한두 종류 밖에 제조하지 않기 때문에 항공회사들은 거의 같은 기재를 사용하고 유사한 수송서비스를 할 수 밖에 없다. 타사와 경쟁하기 위해 항공회사가 차별화할 수 있는 것은 좌석이나 기내식 등 항공수송서비스의 부가가치를 높이는 방법과 코스트를 삭감하여 운임을 내리거나 마일리지 혜택을 주는 방법정도이다. 이러한 특성 때문에 항공수송사업에 있어서 고객만족(customer satisfaction)전략과 서비스가 매우 중요하다.

(4) 대규모의 선행투자

항공수송사업은 고가의 항공기의 구입 등 방대한 규모의 선행투자가 필요하다. 대형 항공기의 가격이 기종에 따라 차이는 있지만, 최소 몇 천억 원이 넘고 막대한 금액이 소요되는 각종 부품을 예비로 확보해야 한다. 예비용 엔진만 하더라도 상당한 가격이다. 또한 고도의 기량이 필요한 소종사의 양성에도 많은 시간과 비용이 소요된다. 예컨대 대형여객기의 기장이 되기 위해서는 최소 20년이 소요된다. 최근에는 각종 컴퓨터시스템에 대한 투자가 증대하고 있다.

(5) 높은 고정비로 인한 비용절감의 한계성

항공기를 비롯하여 각종 부품이나 컴퓨터시스템, 공항용 특수 작업차량, 정비시설, 운항승무원의 훈련을 위한 플라이트 시뮬레이터 등 항공수송사업에는 고정자산이 많아 고정비가 차지하는 비율이 비교적 높다.

뿐만 아니라 항공연료, 환율의 변동에 따른 환차손, 공항 사용료, 각종 세금 등 항공회사가 컨트롤하기 어려운 고정비 성격의 변동비가 차지하는 비율도 높다. 항공기의 구입과 동시에 항공수송원가의 50% 이상이 결정되어 버리기 때문에 비용절감에 한계가 있다.

반면에 항공수송사업에 필요한 기본시설인 공항과 항공로에 대한 투자는 정부가 하기 때문에 이들 비용은 고정비가 아니라 착륙료나 시설이용료 등 변동비로 취급된다. 따라서 항공수송사업에서는 새로운 노선개설이나 신규시장의 진입에 있어서 초기비용의 부담이 상대적으로 적다. 이 때문에 노선개설이 비교적 쉬우며 매몰비용이 적어 철수하기도 쉽다.

(6) 국제적인 규제

국제항공수송사업은 국가 간의 항공협정의 체결이 전제조건이 된다. 국제항공노선의 개설뿐만 아니라 운항회수의 증가에도 관계국 간의 항공협정이나 허가가 전제가 된다.

자국의 국제항공수송사업의 건전한 성장과 발전을 위해서는 국가 간에 평등한 항공협정의 체결이 매우 중요하며 항공회사의 경쟁력도 항공협정에 의해 크게 좌우된다.

(7) 전문 인력

항공수송사업은 조종사. 객실승무원, 정비사, 운항관리사 등 전문 인력이 필요하다. 이 중 조종사, 정비사, 운항관리사는 국가자격이 있어야 한다. 특히 조종사와 정비사는 기종별 전문자격이 필요하다. 이처럼 항공회사는 많은 전문 인력으로 업무가 이루어지는 노동집약적인 측면이 강하다.

제2절 | 항공수송사업의 경영형태와 조직

1. 경영형태

각국의 사회 · 경제적 구조, 항공정책, 기업환경에 따라 항공회사는 다양한 경영형태를 이룬다. 1980년대 이후 세계적인 항공규제완화의 새로운 흐름에 따라 각국의 많은 항공회사들이 민영화되었다. 그러나 아직도 정부가 직접 또는 간접으로 출자하거나 재정적 지원을 해주는 국유나 국영형태의 항공사들이 많다.

자본구성을 중심으로 항공회사의 경영형태를 보면, 자본의 전부를 정부나 정부투자기관이 출자하여 운영하는 국유나 국영항공회사, 정부자본과 민간자본이 혼합된 형태로 운영하는 반관반민 항공회사, 자본의 전부를 민간이 출자하여 운영하는 민간항공회사로 분류된다. 특히 국제항공수송사업의 경우 항공수송사업 자체의 경제적 측면보다 외국자본의 배제나 자국 중심 국제교통망의 확장 및 국력신장 등 국익 측면이 더 크게 작용하기 때문에 정부소유의 경영형태가 많다.

일반적으로 러시아, 중국, 동구 여러 나라의 항공회사들은 국유였다가 지금은 국영기업으로 바뀌었다. 유럽 및 후진국의 항공회사들은 정부가 출자한 국영형태의 항공회사가 아직도 많다. 반면에 미국의 경우에는 전부가 그리고 중남미 국가의 경우에는 대부분이 민간소유의 경영형태로 운영되고 있다. 아시아의 경우 일본항공, ANA, 대한항공, 아시아나항공, 중화항공(대만), 캐세이패시픽항공(홍콩) 등이 민간소유의 경영형태를 이루고 있으나 에어 인디아(인도), 중국국제항공, 가르다 항공(인도네시아)은 완전 국가소유형태이며 싱가포르항공, 태국국제항공은 정부소유가 50% 이상, 필립핀항공, 말레이시아항공은 민간 소유가 50% 이상 경영형태로 운영되고 있다.

표 7-1 세계 주요항공회사의 소유형태

소유형태	항공회사
1. 100% 정부 소유	중국국제항공, 에어 인디아(인도), 가르다항공(인도네시아) 파키스탄항공, 에어 프랑스, 이베리아(스페인) 올림픽(그리스), 로얄 요르단, 아에로프로트(러시아) 사우디항공, 이집트항공, 이란항공 남아프리카항공, 에미레츠(아랍에미레이트)
2. 50% 이상 정부 소유	칸타스항공(호주), 싱가포르항공, 타이국제항공(태국) 사베나(벨기에), 아리탈리아(이탈리아), 루프트한자(독일) 터키항공, SAS(스칸디나비아)
3. 50% 이상 민간 소유	알젠틴항공, 페루항공, 말레이시아항공, 필립핀항공, 스위스항공, KLM(네덜란드)
4. 100% 민간 소유	아메리칸, 콘티넨탈, 유나이티드항공, 노스웨스트, 델타(이상 미국), 브라질항공, 에어 캐나다, 캐나디안항공, 에어뉴질랜드, 중화항공(대만), 케세이퍼시픽(홍콩), 일본항공, ANA(일본), 대한항공, 아시아나항공

경영형태에 관한 몇몇 사례를 보면 이란항공(Iran Air)과 같이 직접 정부가 100% 출자하고 있는 경우도 있지만, 캐나다항공(캐나다 국철 소유), 멕시코항공(국립은행 소유)과 같이 정부가 간접적으로 100%의 주식을 보유하는 경우도 있다. 이탈리아의 아리탈리아항공, 스페인의 이베리아항공의 경우는 정부출자의 지주회사가 출자하는 형태를 취하고 있으며, 독일의 루프트한자항공은 중앙 및 지방정부가 공동출자하고 있다.

에어 프랑스, KLM 항공사처럼 정부와 민간의 공동출자형태를 취하고 있는 항공회사도 많다. 또한 자메이카 항공, 파나마 항공과 같이 일부의 주식을 타국의 항공회사가 출자하는 기업이나 스칸디나비아 항공(SAS), 아프리카항공과 같은 다국적 기업의 형태도 있다.

2. 경영 조직

항공회사는 항공기의 효율적인 운항과 항공수송사업의 능률적인 경영을 위해 조직이 필요하다. 항공회사의 조직은 매우 복잡하고 거대하다. 항공회사의 규모에 따라 다르지만, 항공회사의 조직은 기본적으로 기획, 영업, 운항, 정비, 객실 서비스, 재무, 수입관리, 구매, 전산 기능을 전담하는 조직으로 구성된다.

항공회사의 기본조직 **그림 7-2**

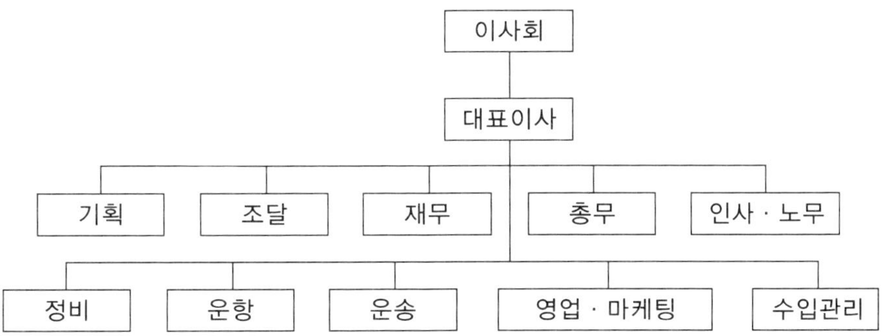

항공수송사업을 하기 위해서는 어디에 어느 정도의 수요가 있는지, 그 수요를 충족하기 위해서는 어떤 종류의 항공기를 어느 노선에 어느 정도 운항해야 하는지를 결정하고 사업규모와 수지규모, 투자규모를 어느 수준으로 할 것인지에 대한 중·단기 계획을 수립할 필요가 있다. 이러한 역할을 하는 것이 기획(planning)업무이며 이를 담당하는 조직이 기획부문이다.

도입할 항공기가 결정되면 항공기를 구매하거나 임차한다. 우수한 항공기를 적기에 유리한 조건으로 도입하는 것이 타사와의 경쟁이나 기업의 성장을 위해 중요하다. 그리고 항공기를 유지관리하기 위한 부품이나 기업을 운영하는데 필요한 여러 가지 자재의 구입도 필요하다. 이러한 역할을 하는 것이 구매 · 조달(purchasing)업무이며 이를 담당하는 조직이 구매 · 조달부문이다.

항공기를 자기자금으로 구매하는 것이 바람직하지만, 고가의 항공기를 전부 자기자금으로 충당할 수 없고 일부 자금은 외부로부터 차입한다. 또한 기업의 운영 자금도 항공수입으로 충당하는 것이 바람직하지만, 일부 운영자금은 외부로부터 조달하는 것이 불가피한 경우도 있다. 외부자금의 조달에는 여러 가지 방법이 있고 자금에 따라 코스트가 다르기 때문에 될 수 있는 대로 유리한 조건으로 자금을 조달하는 것이 중요하다. 이러한 역할을 하는 것이 재무(financing)업무이며 이를 담당하는 조직이 재무부문이다.

고도의 기술이 집약된 항공기를 안전하게 운항하고 기재품질을 유지관리하기 위해서는 항공기의 점검이나 정비가 필요하다. 이러한 역할을 하는 것이 정비(maintenance)업무이며 이를 담당하는 조직이 정비부문이다.

항공기를 운항하기 위해서는 조종사가 필요하다. 또한 조종사가 있더라도 비행루트나 비행정보를 정확하게 조종사에게 알려주지 않으면 조종사가 안전하게 항공기를 운항하기 어렵다. 이러한 역할을 하는 것이 운항(operation)업무이며 이를 담당하는 조직이 운항부문이다.

항공수송서비스를 고객에게 제공함에 있어서 경쟁사보다 유리한 조건으로 제공하기 위해서 판매가격을 결정하고 판매경로를 확보하고 인적판매와 판매촉진을 적극적으로 전개하여 많이 판매하지 않으면 안 된다. 이러한 역할을 하는 것이 마케팅(marketing)업무이며 이를 담당하는 조직이 영업부문이다.

항공기에 승객을 태우고 항공화물을 싣기 위해서는 공항에서 일정한 수속을 하고 여객을 항공기까지의 안내해주고 수하물이나 화물의 탑재가 필요하다. 이러한 기능을 하는 것이 운송(traffic service)업무이며 이를 담당하는 조직이 운송부문이다.

항공수송에 있어서 비행 중에 쾌적한 여행을 할 수 있도록 일정한 서비스의 제공이 필요하다. 이러한 역할을 하는 것이 객실서비스(cabin service)업무이며 이를 담당하는 조직이 객실서비스 부문이다.

수많은 여객과 화물을 수송한 대가인 수입금을 일일이 심사하고 관리하고 또한 다른 항공회사와 연결 수송에 따른 정산을 할 필요가 있다. 이러한 역할을 하는 것이 수입관리(revenue accounting)의 업무이며 이를 담당하는 조직이 수입관리부문이다.

항공기에 전자 및 정보 공학의 기술이 도입되고 또한 사업규모가 커지면서 방대한 업무가 컴퓨터화되고 있다. 더욱이 최근에는 예약, 항공권의 발권, 공항에서의 탑승수속 등 모든 대고객 업무가 전산화 되어 업무능률을 향상해주는데 그치지 않고 항공사 간의 경쟁수단이 되고 있다. 이러한 역할을 하는 것이 전산업부이며 이를 담당하는 조직이 전신부문이다.

최후로 이러한 업무들을 수행할 사람들을 확보하고 관리하지 않으면 안 된다. 이러한 기능을 하는 것이 인사 · 노무업무이며 이를 담당하는 조직이 인사 · 총무부문이다. 그밖에도 기업이미지를 홍보하기 위한 홍보조직이나 법무를 담당할 법무조직 등이 있다.

항공회사의 규모에 따라 약간씩 다르겠지만, 이상에서 본 것이 항공수송사업을 운영하기 위한 최소한으로 필요한 기본업무이며 조직이다.

제3절 | 항공수송사업의 사업계획

1. 사업계획

정기항공수송사업의 사업계획은 노선의 선정, 항공수요 예측, 경쟁력(시장점유율)의 판단 및 자사수요의 예측, 투입기종의 선정, 운항횟수의 결정(공급계획), 수입계획 · 비용계획 · 수지계획 등으로 성립된다.

(1) 노선계획

특정지점 간에 항공수송을 정기적으로 하기 위해서는 먼저 운항할 노선을 선정한다. 노선의 선정은 항공수요가 전제가 된다. 두 지점 간의 항공수요의 규모는 두 지점 간의 거리나 경제적 · 사회적 긴밀도와 깊은 관계가 있다. 원칙적으로 항공수요는 두 지점의 인구규모와 소득에 비례하고 두 지점 간의 시간거리와 운임수준에 반비례한다. 수요가 있으면 노선을 개설할 수 있으나 국제항공노선의 경우 2국 간의 항공협정이나 항공회사 간의 상무협정(commercial agreement)이 전제가 된다.

(2) 항공수요의 예측

운항노선이 결정되면 해당 노선에 대한 유효수요를 예측한다. 유효수요는 항공기의 기종선정 및 보유 대수의 결정과 운항횟수계획 등 사업계획의 기본방향을 결정하는 기초가 된다.

수요예측은 노선별, 객체별로 구분하여 예측하지만, 어느 정도까지 세분해서 예측하느냐 하는 것은 사업계획의 목적이나 대상노선의 중요성 혹은 자료의 수집 가능성에 따라 달라진다. 항공수요예측은 1차적으로 한일노선, 동남아노선, 태평양노선, 대서양노선, 중동노선, 구주노선 등 대노선별로 한다. 이것을 예컨대 한일 노선의 경우 서울-도쿄, 서울-오사카 등 다시 세분화하여 예측하고 여객, 화물, 우편물 등 객체별로로 예측한다. 여객의 경우 자국인과 외국인, 관광여행자와 비즈니스여행자, 개인여객과 단체여객, 1등 여객과 2등 여객 등으로 다시 세분화 하고 화물이나 우편물의 경우 방향별, 상품별로 세분화 하여 예측한다.

항공수요를 예측하기 위해서는 광범위한 시장조사와 수집한 자료를 기초로 시장을 분석하고 성장률을 예측하는 것이 기본이다. 자료에는 과거의 수송량의 동향만이 아니고 단체 · 개인 및 관광여행 · 업무여행 등의 여행형태, 직업, 남녀별, 연령층, 국민소득이나 GNP, 지출상황 등 각종자료를 수집하여 분석한다. 또한 국제민간항공기구(ICAO)나 국제항공운송협회(IATA) 등 항공관련 국제기관이나 각국의 정부가 발행한 각종의 통계 등 광범위하게 자료를 수집하여 수요예측에 활용하는 것이 필요하다.

항공수송의 사업계획 수립과정 그림 7-3

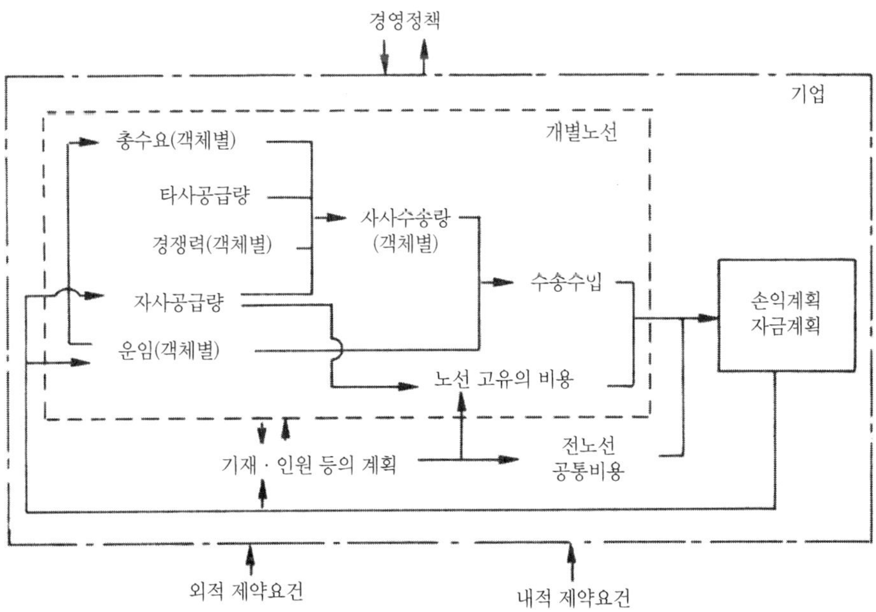

수요예측방법은 여러 가지가 있지만, 어느 방법이 가장 좋다고 단정할 수는 없다. 자사의 운항노선에 가장 적합한 수요예측 모델을 찾아내는 것이 중요하다. 일반적으로 항공회사들은 평균 성장률 방법이나 시계열법이나 회귀분석방법을 많이 사용한다.

(3) 총수요와 자사수요

항공수요는 각 노선의 총수요와 그 중에서 자사가 흡수할 수 있는 자사수요로 분류된다. 총수요는 각종 자료와 예측방법에 의해 추정되지만, 자사수요는 총수요 중에서 자사가 차지할 수 있는 시장점유율을 어느 정도로 보느냐에 따라 결정된다. 이론적으로 항공수송에 있어서 시장점유율은 공급점유율에 비례하는 것이 원칙이다. 그러나 실제로는 자사와 경쟁사와의 경쟁력에 의해 좌우된다. 시장점유율을 좌우하는 경쟁력(competition factor)은 운항스케줄, 운항 항공기의 기종, 운임수준, 노선구조, 객실 서비스, 안전성과 정시성 등이 중요한 요소로 작용한다.

(4) 공급계획

운항노선을 선정하고 각 노선별 자사수요가 예측되면 그 다음에 공급규모를 어느 정도로 할 것인가를 결정한다. 이것이 공급계획이다. 이것은 허용탑재량(좌석 및 화물실)의 규모와 속도 및 항속거리 등 항공기의 성능을 고려하여 어떤 기종을 투입하여 몇 회 운항할 것인가를 결정한다. 공급계획은 사용항공기의 수송력과 운항횟수에 의해서 좌우된다.

어느 정도 크기와 어떤 성능을 가진 항공기를 선정하느냐 하는 것은 항공기의 경제성이나 항공원가에 직접적으로 영향을 미치는 중요한 결정이다. 동일 노선에서도 사용하는 항공기의 기종에 따라 운항원가가 달라진다. 운항횟수는 주로 수요의 흡수율에 영향을 주는 요인으로서 일반적으로 운항횟수가 많을수록 고객에게 편의를 제공하게 되어 수요의 흡수에 유리하다. 예컨대 200인승의 항공기가 하루에 1회 운항하여 100인을 탑승시킬 경우와 100인승의 항공기를 하루에 2회 운항하여 매회 75인씩 합계 150인을 수송할 경우를 비교하면, 후자와 같이 운항횟수가 많은 경우가 오히려 총공급량은 같으면서 이용객의 증가를 도모할 수 있다. 운항횟수와 항공기의 고속성은 수요의 흡수 면에서, 그리고 항공기의 경제성은 원가 면에서 중요하기 때문에 이러한 영향을 종합하여 최종적으로 가장 높은 수익을 얻을 수 있도록 공급계획을 수립한다.

항공수요와 경쟁요소와의 관계 **그림 7-4**

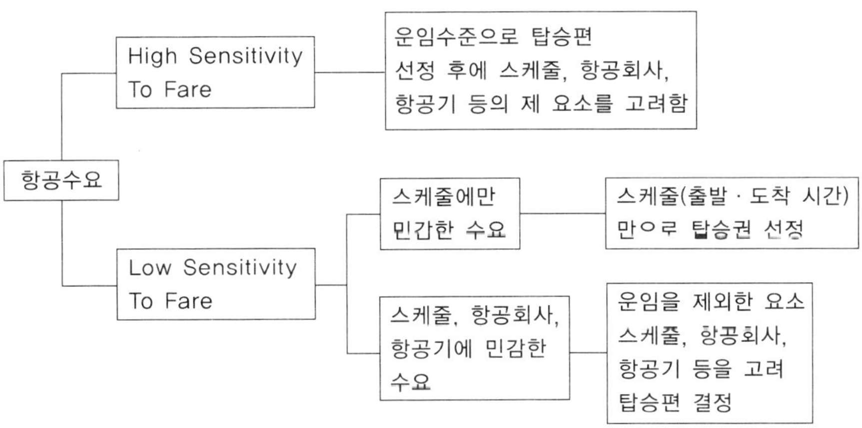

정기항공사업의 공급계획에 있어서 가장 중요한 것은 적정공급의 설정이다. 공급량을 과소하게 계획하면 이용률이 지나치게 높아져서 필요한 때 언제나 이용할 수 있어야 할 정기항공의 공공성을 해칠 뿐만 아니라 수익을 획득할 수 있는 기회를 상실하게 된다. 반대로 공급량을 과다하게 계획하면 이용률이 지나치게 낮아져 기업의 채산성을 악화시키는 원인이 된다. 항공화물사업의 공급계획에서 유의해야 할 것은 여객수요는 왕복 이용이 원칙이지만, 화물은 편도 이용이 원칙이기 때문에 항공화물의 경우 방향별로 수요에 차이가 난다. 따라서 한쪽 방향만을 고려하여 공급계획을 수립하면 반대 방향의 이용률이 극도로 낮아져 채산성을 악화시키게 된다.

대부분의 노선이 여러 항공회사가 경쟁하고 있기 때문에 공급계획을 수립할 때 총수요의 예측과 동시에 다른 항공회사의 예상 공급(운항기종, 횟수)도 충분히 고려하여 자사의 공급계획을 수립해야 한다.

(5) 운항횟수계획

운항횟수계획은 노선별 총수요가 예측되면 이 중에서 자사가 흡수할 수 있는 자사수요를 추정한 다음에 보유하고 있는 항공기 중 어느 규모의 항공기를 몇 회 운항할 것인가를 결정한다.

항공수요의 흡수율과 운항빈도는 밀접한 관계가 있다. 수송시간이 짧을수록 작은 항공기로 많은 운항횟수를 계획하는 것이 바람직하다. 항공회사는 공급계획을 수립함에 있어서 항공기의 크기와 노선에 대한 경제성이라는 두 가지를 고려하여 가장 경제적이고 수익성이 높은 항공기를 선정하고 운항횟수를 조절하여 결정한다.

2. 운항스케줄

항공수송사업에 있어서 운항스케줄은 항공수송상품의 중요한 요소이다. 운항스케줄은 각 노선에서 항공수요를 효율적으로 흡수할 수 있는 시간대로 설정하는 것이 바람직하지만, 동시에 항공기의 가동률도 고려하지 않을 수 없다. 이용자의 선호에 맞는 시간대로 운항스케줄을 설정하면 다른 항공회사와의 경쟁에는 유리하다. 그렇지만, 항공기의 가동률이 낮아져 항공수송원가의 상승원인이 되어 노선 수지가 악화될 수 있다. 따라서 상반되는 두 조건을 잘 조화시켜 운항스케줄을 설정하는 것이 중요하다.

운항스케줄의 설정에 있어서 고려해야 할 요소는 구간시간, 지상시간, 항공기의 가동시간 그밖에 정비 · 운항의 지원능력 등이다. 영업상으로는 여객이 희망하는 시간, 화물 및 우편물의 집하시간, 공항의 이착륙 허용시간, 공항에서 도심까지의 거리와 소요시간, 경쟁사의 운항스케줄, 기항지나 목적지에서의 타사 항공편의 연결 등도 고려해야 한다.

운항스케줄의 설정과정 **그림 7-5**

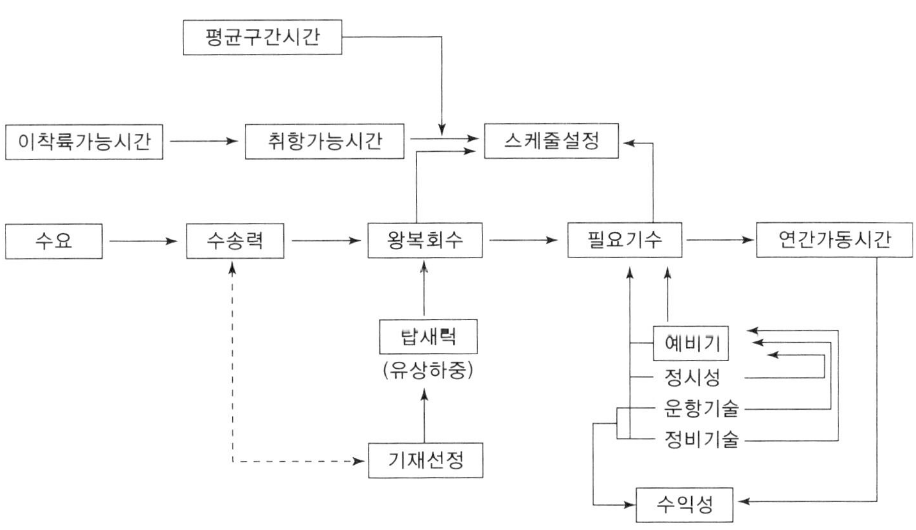

(1) 구간시간과 운항스케줄

항공기가 이륙해서부터 착륙할 때까지의 소요시간이 비행시간(flight time)이다. 여기에 출발 및 도착지 공항에서의 지상시간을 추가한 시간이 구간시간(block time)이다. 구간시간은 비행거리를 속도로 나눈 값에 지상시간을 합친 시간이다. 항공회사의 시간표(time table)에는 일반적으로 구간시간을 기준으로 표시한다.

비행시간은 항공기의 속도와 운항노선에서의 순항방식, 풍향, 풍속 및 목적공항에서의 항공교통관제의 착륙허가를 받기 위한 대기시간 등을 고려하여 산출한다. 계절에 따라 풍속에 의해 비행시간이 크게 차이가 나고 수요의 변동이 심하기 때문에 정기항공회사의 운항스케줄은 하계스케줄과 동계 스케줄의 두 가지로 설정한다.

운항스케줄의 구간시간을 지나치게 짧게 설정할 경우 풍속에 의해 실제 비행시간에 심한 차이가 나거나 교통관제로 인한 대기나 공항혼잡으로 인한 지연이 자주 발생하여 정시성을 유지할 수 없게 되며 항공기의 무리한 조업으로 안전성에도 영향을 미칠 염려가 있다. 반대로 지나치게 길게 설정할 경우 운항시간표에 제시된 소요시간이 경쟁항공회사보다 길어 영업상 경쟁력을 약화시킬 뿐만 아니라 항공기나 승무원의 배치계획에도 영향을 주게 되어 경제성에도 영향을 미치게 된다.

(2) 지상시간과 운항스케줄

출발공항, 기항공항, 목적공항에서의 급유, 기체의 정비, 기내청소, 기내용품의 탑재 등의 작업시간과 여객이나 화물의 탑승?탑재 시간을 합한 것이 지상시간(ground time)이다. 항공기의 효율적인 운영을 위해서는 지상시간도 구간시간 못지않게 중요하다. 중간 기항지가 많은 노선에서는 지상시간이 길어져서 결과적으로 전체 구간시간이 길어지는 결과를 가져온다.

(3) 가동시간과 운항스케줄

노선구조, 구간거리, 구간시간, 보유 항공기를 잘 조절하여 가동시간이 최대가 될 수 있는 운항스케줄을 작성하는 것이 중요하다. 항공기의 가동시간이 운항원가나 항공기의 생산성에 미치는 영향이 크기 때문이다. 따라서 가동시간과 구간시간은 긴밀한 관계가 있다. 구간시간이나 취항가능 시간대를 조금만 조정하여도 가동시간을 느릴 수 있기 때문에 운항스케줄을 작성할 때 여객에 대한 편의뿐만 아니라 가동시간의 향상에 대해서도 충분히 고려하여야 종합적으로 조정하여 작성하는 것이 필요하다.

한편 여객의 편의를 도모하기 위해서는 스케줄을 매일 같은 시간대에 운항하도록 설정해야 한다. 또한 운항횟수가 적어서 매일 운항하지 못하고 주 2회 또는 주 3회를 운항할 경우에도 발착시간이 동일하도록 운항스케줄을 작성하는 것이 영업뿐만 아니라 항공기의 가동시간의 향상에서도 중요하다.

항공기를 지나치게 많이 사용하여 가동시간을 늘이면 고객이 희망하는 시간대에 운항할 수 없게 되어 영업상으로 불리할 수도 있다. 반대로 영업만을 고려하여 여객이 희망하는 시간대만 선정하여 운항스케줄을 설정하면 가동시간이 평균 이하가 되어 원가상승의 원인이 되며 채산성을 해칠 수가 있다. 따라서 운항스케줄의 설정은 항공수송사업의 사업계획의 수립에 있어서 중요하면서 어려운 작업 중의 하나이다. 이것이 수지에 미치는 영향이 매우 크다는 것을 항상 염두에 두어야 한다.

제4절 | 항공수송사업의 수입과 원가

1. 항공수송사업의 수입

(1) 항공수송사업의 수입형태

항공기를 이용하여 좌석과 화물실의 공간을 제공하여 두 지점 간에 화객을 수송하여 얻는 대가가 항공수송사업의 수입이다. 항공수송수입(operating revenue)은 사업형태별로 정기항공수입, 부정기항공수입으로 분류되며 객체별로는 여객수입, 화물수입, 우편물수입, 초과수하물수입 및 기타 부대수입으로 분류된다. 또한 판매형태별로 보면 직접판매수입과 간접판매수입으로 분류되며, 간접판매수입은 다시 총대리점(GSA) 판매수입, 판매대리점수입, 인터라인(interline) 판매수입으로 세분된다.

ICAO 가맹 정기항공회사의 최근의 수입의 구성형태를 보면 여객수입이 76%, 화물수입 11%, 부정기수입 3%, 우편물수입 1% 기타 수입 9%로 항공수송수입은 여객수입이 절대적 우위를 점유하고 있으나 점차 항공화물수입의 점유비율이 높아지고 있다.

(2) 항공수송의 수입과 운임 · 요율

항공수송수입의 기준이 되는 것은 운임 · 요율이다. 운임(fare)은 항공회사가 여객수송의 대가로서 받는 1인당 금액이며, 요율(rate)은 화물수송의 대가로서 받는 단위당 금액이다. 항공수입은 기본적으로 항공기의 항공수송원가를 보전하고 적정이익을 얻을 수 있는 수준이어야 한다. 따라서 운임 · 요율도 그러한 수준에서 결정되는 것이 원칙이다. 또한 생산과 동시에 소비된다는 항공수송상품의 특성을 고려하면 생산된 상품은 가능한 한 많이 판매하여 수입을 극대화하지 않으면 안 된다. 그러기 위해서는 시장에서 수요를 최대로 흡수할 수 있는 다양한 가격정책과 수지을 유지할 수 있는 실수단가의 관리(yield management)가 중요하다.

항공수송사업의 경영과 원가와의 관계 **그림 7-6**

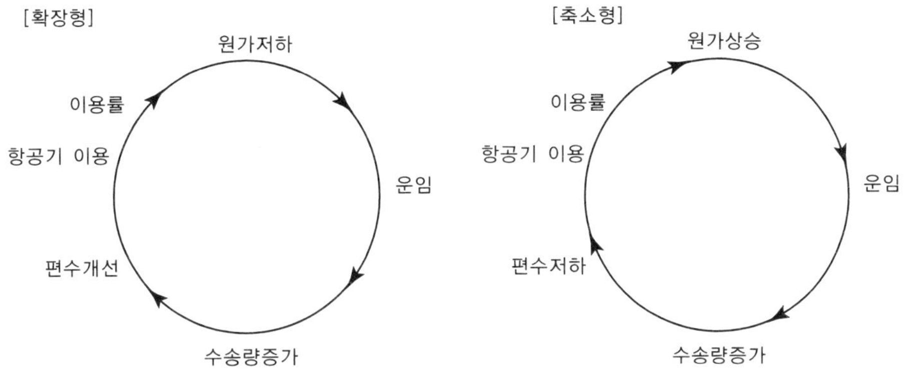

운임 · 요율은 여객이나 화물의 항공수송에 대한 대가로서 보상적 성격을 지니고 있지만, 항공회사는 수요와 공급을 고려하여 원가를 보전할 수 있는 수준에서 결정하는 것이 원칙이다. 그러나 항공수송사업은 자연독점적 성격이 강한 사업이이기 때문에 항공회사가 사업의 독점성을 이용하여 가격을 지나치게 높이는 것을 방지해야 할 공익상의 필요성 때문에 운임 · 요율의 결정에 정부가 개입하여 일정한 방식과 절차를 거쳐서 운임 · 요율을 결정한다. 다만 최근의 항공규제의 완화에 따라 각국은 운임요율을 자율화하거나 가격규제를 대폭 완화하고 있다.

2. 항공수송사업의 원가

(1) 항공수송원가의 구성

항공기를 운항하고 여객이나 화물을 수송하기 위해서는 항공기의 구입, 연료의 조달, 운항승무원 · 객실승무원 · 정비사의 양성 · 운용, 영업장의 설치 · 운영, 판매활동 및 선전 그리고 일반관리 등 여러 가지 비용이 소요된다. 이처럼 항공회사가 항공수송에 사용한 재화나 소비한 용역을 화폐가치로 표시한 것이 항공수송원가(operating expenses)이다.

그림 7-7F 항공수송원가의 구성요소

운항직접비(Direct Operating Cost)
- 운항승무원비(Crew Costs)
- 연료유류비(Aircraft Oil Fuel)
- 항공보험료(Flight Equipment Insurance)
- 항공기재 임차료(Rentals)
- 정비비(Maintenance and Overhaul)
- 감가상각비(depreciation)

운항간접비(Indirect Operating Cost)
- 공항비(Stations and Ground Operating)
- 여객서비스비(Passenger Service)
- 판매선전비(Commissions, Selling and Publicity)
- 일반관리비(General and Administration)

항공수송원가는 각 항공회사의 회계방식이나 관리절차에 따라 다소 차이가 있으나, 일반적으로 운항비, 정비비, 공항비, 화객서비스비, 영업비, 일반관리비, 감가상각비로 구성된다.

이들 원가요소는 운항직접비와 운항간접비로 대별된다. 운항직접비는 항공기를 운항하는데 직접 관계되는 비용으로 사용기종과 사용시간에 따라 달라진다. 운항간접비는 항공기의 운항과 직접 관계없고 여객이나 화물의 수송과 관계하여 발생하는 비용으로 사용기종의 영향을 받지 않다. 총비용 중에서 운항직접비와 운항간접비가 차지하는 비중은 항공회사에 따라 차이가 나지만, 일반적으로 각각 50%의 비율이다.

(2) 운항직접비

운항직접비(DOC : direct operating cost)는 운항승무원비, 연료·유류비, 정비비, 항공보험료, 항공기 임차료, 항공기 감가상각비 등 항공기를 운항하여 수송력을 생산하는데 소요되는 모든 비용이다. 그러나 객실승무원비, 항공기의 구입으로 발생하는 차입금의 이자나 항공기의 이착륙에 필요한 공항에서 발생하는 비용은 항공기의 운항에 직접 관련되는 주요한 비용이지만, 운항직접비에 포함되지 않고 운항간접비에 포함된다.

운항직접비는 항공기의 성능이나 특성에 의해 영향을 받는다. 항공기 성능이 진보하면 그것이 운항직접비를 증대시키는 원인이 된다. 따라서 항공수송의 경우 운항간접비보다는 운항직접비의 합리화와 절감이 중요하다. 운항직접비는 항공기의 종류, 성능 및 그 사용방법에 따라 많은 차이가 난다.

운항승무원비(crew cost)는 운항직접비 중에서 가장 큰 비중을 차지하는 비용이다. 항공기의 운항에 직접 종사하는 운항승무원의 급여, 여비, 체재비, 수당, 연금, 보험료, 기타 복리후생비 등이 포함된다.

연료·유류비(aircraft oil & fuel cost)는 연료의 단가와 소비량에 의해 결정된다. 연료의 소비량은 기종이나 엔진의 성능에 의해 달라진다. 기종이 동일하더라도 항공기의 중량, 순항고도 및 운항방식에 따라 달라진다.

정비비(maintenance & overhaul cost)는 항공기의 품질을 유지하고 향상하기 위해 소요되는 비용으로 직접정비비와 간접정비비로 분류된다. 직접정비비는 정비인건비(고정인건비, 정비관련 변동인건비), 위탁정비비, 정비재료비로, 간접정비비는 작업 및 시설의 관리비, 부품의 보관관리비 등으로 재분류된다. 정비비는 항공기의 크기, 기종의 구성, 항공기의 보유대수에 따라 달라진다.

항공보험료(flight equipment insurance)는 불의의 항공사고로 인한 손실을 최소한으로 줄이기 위해 가입하는 항공보험에 소요되는 비용이다. 항공보험에는 기체보험, 여객 · 화물 · 제3자 배상책임보험, 수색구조비보험 등이 있지만, 항행비에 포함되는 보험비용은 기체보험, 제3자 배상책임보험 및 수색구조비보험만이다. 여객배상책임보험은 여객비, 화물배상책임보험은 화물비에 포함된다.

항공기재의 감가상각비(depreciation cost)는 자본재인 항공기가 그 가치를 유지하고 항공기의 수명이 끝날 경우에 이를 대체하는데 필요한 자금을 사전에 확보해 두기 위하여 매년 일정액을 상각하여 적립해 두는데 소요되는 비용이다. 감가상각의 대상이 되는 항공기재는 항공기, 예비엔진, 예비부품이다. 상각연한은 국가에 따라 다소 차이가 있지만 일반적으로 10년~12년이며 상각방법은 정률법이나 정액법 중에서 택일한다. 잔존가격은 일반적으로 10%이다. 감가상각비는 각 항공회사가 감가상각의 기간이나 방법을 어떻게 채택하느냐에 따라 항공원가의 수준에 영향을 미치기 때문에 감가상각의 기준 설정에 신중을 기할 필요가 있다.

(3) 운항간접비

운항간접비(IOC : indirect operating cost)는 항공기의 운항과는 직접 관계없이 발생하는 비용으로 공항비, 화객비, 판매촉진비, 일반관리비로 구성된다. 운항간접비는 취항지점의 수나 수송량에 따라 발생하는 비용으로 항공기의 성능이나 운항방식과는 관계가 없다. 운항간접비는 항공회사의 노선구조, 운항편수, 여객 · 화물의 수송량, 영업정책 등 영업적 요인에 의해 크게 영향을 받는다.

공항비(stations & ground operating cost)는 공항을 중심으로 발생하는 비용으로 항공기의 안전운항을 위한 운항관리비(운항관리인건비, 운항관리비), 통신비, 항공기의 운항지원을 위해 필요한 공항시설의 이용료, 착륙료, 지상조업료, 위탁용역비, 보안검색비, 공항에 설치된 자사의 각종 시설의 유지관리비 등이 해당된다.

화객비(passenger & cargo service cost)는 여객 및 화물의 서비스를 위해 소요되는 비용으로 여객비와 화물비로 구분되며 항공수송서비스의 품질과 관계가 깊다. 여객비는 객실승무원의 인건비, 기내여객비, 지상여객비, 여객보험료 등이 포함된다. 화물비는 화물서비스와 관련된 비용과 그밖에 화물보험료가 포함된다. 객실승무원의 급여, 수당 및 교통비는 운항비에 포함되지 않고 화객비에 포함된다. 여객비 중에서는 기내음식비와 기내서비스비가 화객비의 50% 이상을 차지한다.

판매비(selling cost)는 항공수송상품을 판매하는데 소요되는 비용으로 영업계획 및 관리를 중심으로 한 본사업무비와 지점의 영입비가 해당된다. 판매비는 대부분의 비용을 인건비와 시설비가 차지한다.

광고 · 선전비(publicity cost)는 영업활동과 수입증진에 필요한 비용으로 주로 판매촉진비와 판매수수료가 차지한다. 일반적으로 수입규모에 비례하여 일정한 비율로 책정한다.

일반관리비(general & administration cost)는 항공회사의 서무나 일반관리기능을 수행하는데 필요한 비용이다. 일반적으로 일반관리비는 인건비와 기타 관리에 필요한 여러 비용이며 이 중에서도 인건비가 가장 큰 비중을 차지한다.

3. 항공수송사업의 수지

항공수송사업의 영업수입에서 영업비용을 뺀 것이 영업 손익(operating profit or loss)이다. 일반적으로 제조업의 경우 수입과 비용과 손익의 관계를 나타내는 지표로 손익분기점(break even point)을 사용한다. 이것은 수입과 비용이 균등하게 되어 손익이 제로가 되는 상태를 말한다. 항공수송사업에서는 수입과 비용과 손익의 관계를 나타내는 지표로서 손익분기 이용률(break even load factor)을 사용한다.

표 7-2 변동비와 고정비 구분

구 분		원 가 요 소	비 고
운송수입			발권처별 운송수입
변동비	운항변동비	Crew 인건비, 항공연료비, 영공통과료 정비재료비, 외주수리비, 착륙료 시설이용료, 지상조업료	
	화객변동비	개내여객비, 지상여객비, 화물비, 판촉비, 여객 · 화물 보험료, 여객 · 화물통신비	
한계이익			수입–변동비 =한계이익
고정비	지역영업비	인건비, 광고선전비, 기타 지역영업비	해당발생 지역에 원가 배부
	항공기 고정비	항공기감가상각비, 임차료, 보험료, 영업외 비용	
	기타	본사영업비, 인건비 및 기타 경비 (Crew 인건비, 지역영업비 제외)	

항공회사가 생산한 수송력 중에서 어느 정도 판매되면 이익을 낼 수 있는지를 나타내는 기준 즉 비율이 손익분기이용률이다. 손익분기이용률 이상으로 여객이나 화물을 판매하여 수송해야 항공회사는 이익을 얻을 수 있다.

손익분기 이용률의 산출 공식은 다음과 같다.

$$손익분기\ 이용률 = \frac{단위원가}{실수단가} \times 100$$

* 실수단가 = 영업수입 / 유상톤 · 킬로미터
* 단위원가 = 영업비용 / 유효톤 · 킬로미터

사업 전체나 노선별 변동비와 고정비와 수입을 손익분기점으로 분석하여 도표화 한 것이 [그림 7-8]이다. 항공수송원가 중에서 항공기의 가동시간에 의해 영향을 받지 않는 비용이 고정비(fixed cost)이며 영향을 받는 비용이 변동비(variable cost)이다. 고정비는 생산량의 증감에 관계없이 비용 총액이 일정하지만, 변동비는 항공기의 가동시간이나 생산량의 증감에 비례하여 비용 총액이 증감한다.

항공회사의 수지분석 그림 7-8

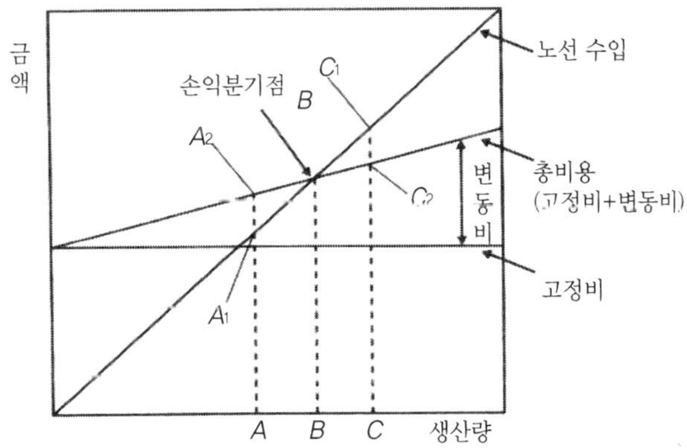

도표의 생산량 B에서 노선수입과 총비용(고정비 + 변동비)이 마주치고 있다. 이것이 수지가 적자도 흑자도 아닌 상태를 나타내는 손익분기점이다. 생산량 C에서는 노선수입 C1이 총비용 C2보다 크기 때문에 이익이 나고 반대로 생산량 A에서는 노선수입이 A1이 총비용 A2보다 작기 때문에 결손이 난다는 것을 알 수 있다.

특정노선에서 증수의 가능성이 없을 경우 수요에 맞게 공급을 조정하기 위해서 운항 기종을 소형기로 바꾸면 그 노선에 배분된 고정비를 낮아질 뿐만 아니라 변동비도 대형기보다 소형기가 작기 때문에 총비용선의 경사가 대형기보다 완만해져 적자노선을 흑자노선으로 바꿀 수 있음을 알 수 있다.

손익분기이용률은 항공여객의 경우 손익분기좌석이용률(break-even passenger load factor), 항공화물을 포함할 경우 손익분기 중량이용률(break-even weight load factor)을 사용한다. 손익분기 이용률이 낮을수록 수익력이 높기 때문에 이를 낮추기 위해서는 고정비 및 변동비를 절감하고 실수단가를 제고시키면 된다. 고정비의 단위당 비용을 절감하기 위해서는 항공기의 가동률을 높이는 것이 중요하다. 동일 항공기를 동일 노선에 투입하더라도 항공회사별로 손익분기이용률이 차이가 나는 이유는 항공기의 생산성인 가동시간과 적용운임(수입단위)이 다르기 때문이다.

제8장

항공여객수송사업

항공여객수송사업

YL-SBY

제 8장 항공여객수송사업

제1절 | 항공여객수송사업의 상품과 마케팅

1. 항공여객수송사업의 상품의 특성

항공회사는 항공수송상품을 생산 · 판매하여 수익을 얻는다. 다만 생산하는 상품이 항공기를 이용하여 여객을 특정지점에서 다른 지점으로 수송하는 무형재(無形財)의 서비스상품이다. 이 상품은 좌석으로서 구성된 물질적 서비스인 '고정적 상품'과 이를 유효화 시키기 위하여 제공되는 인적 서비스인 '유동적 상품'이 결합하여 비로소 상품으로서의 가치를 갖는 특성이 있다.

'고정적 상품'으로서의 좌석은 주로 항공기의 종류, 좌석 지체의 고유성, 객실의 규모, 항공기의 유지관리 등에 의해 좌우된다. '유동적 상품'으로서의 인적 서비스는 좌석의 예약, 항공권의 발권, 공항에서의 탑승수속, 기내 서비스, 목적지에 도착한 후의 수하물의 인도 등 출발지로부터 목적지까지의 항공수송에 관련된 모든 서비스가 포함된다. 항공수송상품의 품질은 기종, 노선구조, 운항스케줄, 운항시간, 운항속도, 운항빈도, 안전성, 정시성, 쾌적성 등에 의해 결정된다.

이 상품은 무형의 서비스상품으로 생산과 동시에 소비되어 버리는 특성이 있다. 항공기의 출발과 동시에 판매되지 않은 좌석은 재고로 저장해 둘 수 없고 상품으로서의 가치가 완전히 소멸해버린다.

또한 이 서비스상품은 공공성이 매우 강하다. 다른 교통기관이나 마찬가지로 항공도 일반대중의 발이 되어 사회생활의 기반이 되고 있으며 산업에 있어서도 중요한 역할을 하고 있어 정부에 의해 많은 규제를 받고 있다. 상품의 가격도 국제적 기구(IATA)에 의해 결정된다.

2. 항공여객수송사업과 마케팅

항공여객수송사업에 있어서 마케팅은 항공이용자가 만족하고 공감할 수 있는 항공수송서비스를 제공할 수 있는 상품을 계획하여 다른 항공사와의 차별화하고 가격정책, 판매경로정책, 판매촉진계획을 통해 판매수익을 극대화하는데 있다.

그림 8-1 항공회사의 마케팅

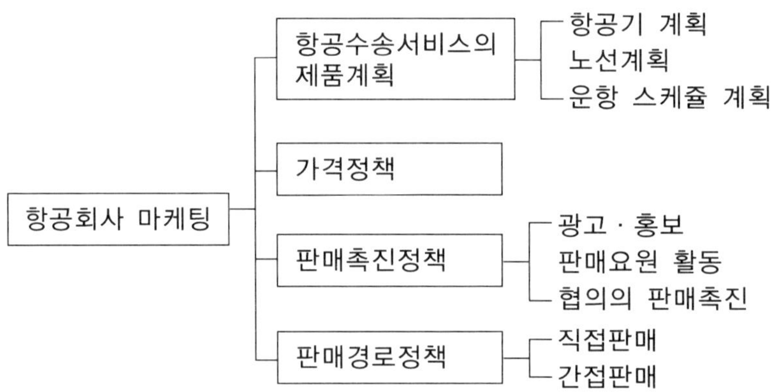

항공여객수송사업의 마케팅에 있어서 상품의 차별화는 운항기종, 운항노선, 운항회수, 운항시간, 가격, 예약의 편의성, 공항에서의 서비스, 기내서비스, 그밖에 안전성, 정시성, 쾌적성 등에 의해 결정된다. 그러나 기본적으로 항공수송서비스의 상품은 차별화가 매우 어려운 상품이므로 가격정책과 판매경로 및 기내 서비스가 차별화에 주요한 요소가 된다.

특히 가격정책은 항공수송서비스의 상품이 재고를 할 수 없는 특성을 고려하여 일률적인 할인정책을 실시하기보다는 노선별, 운항편별, 계절별, 요일별, 시간대별, 여행목적별로 다양한 가격정책을 설정하여 판매하여 수입을 극대화하는 실수단가관리 중심의 가격정책이 중요하다. 경쟁사의 가격정책에 대응하여 전략적인 가격설정을 신속 정확하게 할 필요가 있다. 특히 컴퓨터 예약시스템의 정보를 기초로 정상운임 이용자의 수요를 예측하고 남은 좌석에 대하여 각종 할인율과 이용조건을 결정하여 판매하는 것이 중요하다.

기내서비스는 항공수송서비스의 차별화에 매우 중요한 요소이다. 기내 서비스에 있어서 중요한 것 중에 하나가 좌석의 모양과 좌석의 간격, 좌석 수 그리고 배치이다. 같은 기종이너라도 항공회사에 따리 각 클래스별 좌석 수와 배치가 다르다. 그리고 기내 화장실의 수와 위치도 기내 서비스에 영향을 미친다.

그 다음으로 중요한 것이 객실승무원의 수와 기내식이다. 안전규칙에 의해 기종별 객실승무원의 최저 수가 정해져 있지만, 항공회사는 일반적으로 기내 서비스를 고려하여 법정인원보다 더 많은 수의 객실 승무원을 탑승시키고 있다.

3. 항공여객수송사업과 CS전략

항공회사는 유형상품으로서 좌석을 판매하는 것이 아니라 예약으로부터 목적지에 도착할 때까지의 항공수송서비스를 판매하고 있는 것이다. 고객이 항공회사에 대하여 기대하는 서비스는 안전성, 정시성, 수하물의 확실한 취급, 노선구조, 운항 편수, 운항 스케줄 등과 지상요원, 객실승무원의 대응, 공항 라운지, 기내식, 기내 엔터테인먼트 등 부가적인 서비스에 이르기까지 다양한 요소가 포함된다.

항공회사와 고객 사이에는 항공편의 좌석예약에서 시작하여 체크인 카운터에서의 탑승수속, 기내에서의 객실 승무원의 서비스, 착륙 후의 수하물의 인수까지 항공회사의 종업원이 고객의 접촉이 이루어진다. 항공수송에 있어서 서비스는 고객과 접촉하는 순간순간이 중요하며 한 순간이라도 고객에게 나쁜 인상을 주면 항공회사 전체에 대한 인상이 나빠질 수 있다. 특히 수하물의 분실, 항공편의 지연이나 취소 때 항공회사의 현장에서의 대응이 매우 중요한 인상을 남긴다.

항공수송에 있어서 고객만족전략(CSS : customer satisfaction strategy)은 항공회사가 제공하는 서비스에 대한 고객의 만족도를 높여 자사의 고정고객의 증대를 도모하는 전략이다. 고객에게 최대의 만족을 주는 것은 최대한의 효율성을 추구한 대량생산이나 대량판매가 아니고 고객 한 사람 한 사람에 대한 항공회사 독자의 고객만족전략이다. 고객은 항공회사에 지불한 운임에 비해 항공회사로부터 받는 가치의 차이가 고객만족이며 그 차이가 클수록 그 서비스를 선택한다. 다른 항공회사와의 경쟁에 있어서 다른 항공사의 이용자를 뺏어오는 것 즉 새로운 고객을 창조하는 것보다 자사의 상용고객을 계속 유지하고 이미 자사를 이용한 승객을 고정고객으로 만드는 것이 더 유효한 마케팅 전략이라는 것을 재인식할 필요가 있다.

고객만족 전략을 전개하기 위해서는 고객 데이터의 구축과 구축한 고객정보가 현장에서 언제나 활용할 수 있도록 되어 있어야 한다. 고객에 대하여 서비스가 제공되는 순간순간의 정보가 회사 전체에 전달되고 각 부문에서 공유되어 활용할 수 있어야 한다. 예컨대 고정고객에 대하여는 최근에는 언제 이용했는지, 좌석은 창문 쪽과 통로 쪽의 어디를 선호하는지, 드링크나 기내식의 기호는 어떤지 등의 살아 있는 정보를 고객서비스를 제공하는 순간순간에 현장에서 알 수 있어야 한다. 항공회사의 현장직원과 고객이 접촉하는 순간순간이 바로 SAS항공의 회장이 강조한 '진실의 순간'으로 그 순간의 고객만족이 회사의 이미지를 좌우하며 고정고객화 하는 핵심이다.

항공회사는 자사를 선호하고 자사에 로열티를 가진 상용고객을 얼마나 확보하고 있느냐가 안정수익의 확보에 큰 역할을 한다. 일류항공회사의 경우 상용고객 35%가 전체 매출의 60%를 차지한다. 마일리지제도(FFP)는 고정고객의 기반강화에 중요한 공헌을 하고 있지만, 상용고객의 축적된 데이터를 제대로 마케팅에 활용도록 해야 한다.

4. 항공여객수송사업과 판매경로

항공여객수송사업의 판매는 직접판매와 간접판매로 이루어진다. 직접판매(direct sales)는 항공기가 취항하고 있는 지역이나 그 주변의 주요 도시에 항공회사의 직영 영업장을 설치하여 직접판매 활동을 전개하고 예약을 받고 항공권 발행을 하는 활동이다. 최근에는 인터넷을 통한 직접판매도 증가하고 있다. 간접판매(indirect sales)는 총대리점, 대리점, 및 다른 항공사(인터라인)를 통한 판매이다.

그림 8-2 항공회사의 판매경로

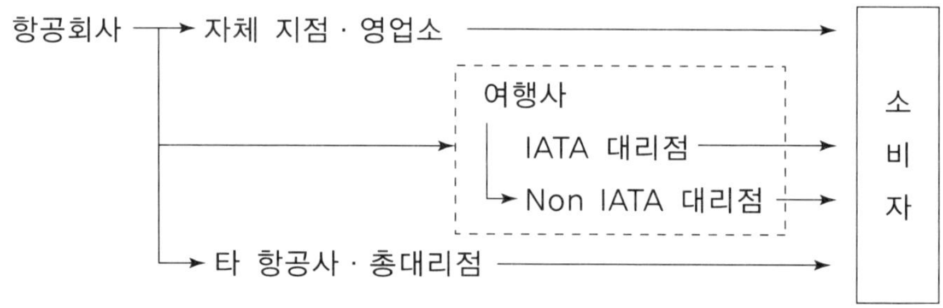

총대리점(GSA : general sales agent)은 자사의 직영 영업장을 설치하여 관리하기 어려운 지역에 판매를 항공회사를 대신하여 전담하는 총대리점을 두고 판매한다. 총대리점은 그 지역에 있어서의 판매활동뿐만 아니라 예약 및 발권, 지역 내 판매대리점의 관리와 판매대금의 회수, 공항에서의 여객의 탑승기능도 포함된다. 그 보상으로 부가수수료(overriding commission)를 추가로 받는다.

판매 대리점(sales agency)은 항공회사를 대리하여 판매, 예약 및 항공권의 발권을 담당한다. 항공회사는 자사 판매조직을 갖는 것보다 판매대리점을 두고 판매를 하는 것이 훨씬 경비가 절감되며 고객에게는 편리하다. 다만 최근에는 인터넷 판매가 증가되면서 판매 대리점의 이용이 낮아지고 있으며 항공회사는 판매수수료를 지급하지 않는 경향을 보이고 있다. 판매 대리점에는 IATA가 지정한 IATA 대리점과 그렇지 않은 Non-IATA 대리점으로 분류된다. IATA 항공회사는 IATA 대리점만을 판매 대리점으로 임명할 수 있다. 현재 IATA 대리점 수는 전 세계 5만개 정도가 된다. Non-IATA 항공회사는 IATA대리점뿐만 아니라 Non-IATA 대리점도 판매경로로 이용할 수 있다.

인터라인 판매(interline sales)는 항공회사 상호간의 판매이다. 다른 항공사가 자사의 운항구간을 판매, 예약, 발권해 주는 것을 말한다. 항공수송은 자사 항공권으로 다른 항공사의 운항구간을 이용할 수도 있고 다른 항공회사의 항공권으로 자사 운항구간을 이용할 수도 있다. 이처럼 자사가 다른 항공회사의 운항구간을 판매해주거나 다른 항공회사가 자사 운한구간을 판매해주는 것을 인터라인 판매라고 한다. 인터라인 판매는 항공회사 IATA의 연대항공수송협정에 가입함으로써 이루어진다. 인터라인 판매에 대하여는 판매 대리점과 같은 비율의 판매수수료를 지급한다.

제2절 | 항공운임과 항공권

1. 항공운임

(1) 국제선 항공운임

국제선 항공운임은 기본적으로 IATA(국제항공운송협회)의 운임조정회의 (tariff coordinating conference)에서 결정된다. IATA 운임조정회의는 세계를 제1지구(남북미), 제2지구(구주, 중동, 아프리카) 및 제3지구(아시아, 호주)의 세 지구로 구분하여 각 지구 내 및 각 지구간의 운임을 협의해 설정한다. IATA 운임조정회의의 정기회의는 2년 간격으로 개최하여 향후 2년간의 운임을 결정하지만, 필요에 따라서는 임시회의를 개최하거나 우편투표에 의해 운임을 결정하기도 한다. IATA에서 결정된 운임은 관계국 정부의 승인을 얻음으로써 발효된다. 예외로 2국간의 협정에 의해 쌍방의 정부가 승인하여 설정된 운임도 있다. 국제선 항공운임은 정상운임과 특별운임의 두 종류가 있다.

정상운임은 모든 운임의 기본이 되는 운임으로 1년의 유효기간, 편도운임과 왕복운임, 여정을 기준으로 설정된 주유여행용 운임, 도중하기, 여행일수 변경의 자유 예약취소의 자유, 경로변경의 자유 등의 특징이 있다.

즉 정상운임은 1년 전부터 예약할 수 있으며 예약을 출발 직전에 취소하더라도 취소료를 부담치 않는다. 여행의 도중에 자유로이 여정을 변경할 수 있다. 동일 운임 내에서의 여정변경이라면 항공회사를 바꿀 수도 있으며. 만일 이 경우에 차액이 발생하면 차액만을 지불하면 된다. 도중에서 내릴 수 있는 자유도 인정된다.

정상운임은 좌석의 넓이, 식사, 기타 서비스의 내용에 따라 퍼스트 클래스(first class), 비즈니스 클래스(business class), 이코노미 클래스(economy class) 등 클래스별로 운임이 설정되어 있다. 이코노미 클래스 운임은 적용조건에 제한이 없는 정상운임과 제한이 있는 특별 이코노미 운임이 있다. 특별 이코노미 운임은 정상운임보다 요금이 약간 싼 대신에 노선변경이나 다른 항공회사로 갈아타는데 제한이 있다. 정사운임은 1년 동안 유효하며 경유지나 목적지의 변경이나 환불이 자유로우며 도중에서 내리는 스톱오버(stopover)나 환승에 제한이 없다. 또한 두 지점간의 공시운임으로 여행할 수 있는 최대허용거리제(MPM : maximum permitted mileage)가 적용되어 그 구간의 실제거리보다 약 15~20%를 더 멀리 갈 수 있으며 경유지에서 스톱오버가 인정된다.

특별운임은 정상운임 이외의 모든 운임으로 여러 가지 제한조건이 붙는 대신에 할인의 혜택을 주는 운임이다. 특별운임에는 승객의 나이나 신분에 따라 할인이 되는 할인운임(discounted fare)과 승객의 다양한 여행 형태에 맞추어 개발된 판촉운임(promotional fare)이 있다.

할인운임에는 유아운임(infant fare), 소아운임(child fare), 학생운임(student fare), 선원운임(Ship's crew fare), 이민운임(immigrant fare), 회유운임(excursion fare)있다. 판촉운임에는 단체용 특별운임과 개인용 특별운임이 있다. 단체용 특별운임은 패키지 투어에 적용되는 IT운임과 수학여행운임 등이 있다. 개인용 특별운임은 팩스(PEX)운임, 에이팩스운임(APEX) 등 전 항공회사 공통의 IATA운임과 항공회사가 독자적으로 설정한 존(Zone)운임의 두 종류가 있다.

특별운임은 모든 구간에 적용되는 것이 아니고 구간마다 적용되는 특별운임으로 할인율도 각각 다르다. 연령이나 신분, 단체의 인원수, 체제일수, 여정, 도중하기 등에 대하여 제한이 있으며 특별운임의 종류에 따라 제한의 정도에 상당한 차이가 있다. 이 외에도 예약이나 항공권 구입기간의 지정, 취소의 제한, 탑승항공편 지정 등의 제한이 있다.

엠씨오(MCO : miscellaneous charges order)는 추가운임, 초과수하물요금, 호텔요금 지상운송비 등 여러 가지 용도에 사용되는 운송권으로 항공권에 대한 보완적 역할을 한다.

(2) 국내선 항공운임

국내선 항공운임은이전에는 인가제였으나 1999년 이후 자유화되어 항공회사의 사전예고제가 실시되고 있다. 항공회사는 국내선에 적용할 각 구간별 운임을 설정하여 20일 전에 사전예고하면 되는 자율제로 운영되고 있다.(항공법 제117조 제2항) 각 항공회사는 기본운임 외에 탄력운임제를 도입하여 비수기운임, 성수기운임으로 세분화하여 운영하고 있다.

2. 항공예약

(1) 항공예약

항공여객수송사업에 있어서 예약은 항공기가 출발하면 상품가치가 없어지는 특성을 가진 상품인 좌석을 효율적으로 재고관리하고 예약 · 판매하는 매우 중요한 기능이다.

예약 · 판매(reservation sales)는 항공회사의 지점이나 영업소를 중심으로 고객이나 판매 대리점 및 다른 항공회사로부터의 좌석의 예약을 받거나 운항 스케줄, 항공운임 등 항공여행에 필요한 각종 정보를 제공하는데 있다.

고객으로부터 예약신청을 받은 항공회사는 각 운항편에 대한 예약 조치를 하고 고객에게 즉시 회답을 한다. 예약 · 판매의 대상은 자사의 운항편만이 아니고 자사의 운항편과 연결되는 다른 항공회사의 운항편이나 도중의 기착지나 목적지에서의 호텔, 관광여행, 렌터카 등도 대상이 된다.

(2) 컴퓨터 예약시스템

항공회사는 자사 항공편의 전 좌석의 판매 및 공석의 현황을 즉시 알 수 있도록 예약관리를 신속하고 정확하게 할 수 있어야 한다. 종래에는 예약전화를 받고 수작업으로 관리했으나 대량수송시대의 개막과 함께 항공회사의 예약도 컴퓨터와 통신네트워크를 이용하여 관리하고 있다. 이것을 뒷받침해주고 있는 것이 컴퓨터 예약시스템(CRS : computer reservation이다.

이 시스템은 컴퓨터를 이용한 좌석의 예약판매 및 관리시스템으로서 컴퓨터 내에 저장되어 있는 각 운항편의 예약상황을 각 지점의 예약 단말기로부터 수시로 조회하여 즉각적으로 예약에 필요한 조치를 취할 수 있도록 되어 있다. 동시에 남은 좌석 수의 조정도 컴퓨터가 자동적으로 해 준다.

항공회사가 공공교통기관으로서의 사명을 다하고 기업으로서의 이익 추구를 도모하기 위해서는 좌석에 대한 예약관리를 효율적으로 운용하지 않으면 안 된다. 좌석관리의 역할은 각 항공편의 좌석 이용률의 향상으로 운임수입을 증대하고 수요에 부응하여 이용자에게 항공서비스를 공평하게 제공하는데 있다.

컴퓨터 예약시스템의 주요한 기능은 공석관리 등의 예약기능, 효율적 실수단가의 극대화 기능, 마케팅 기능 등의 세 가지로 대별할 수 있다. 예약기능 외에 컴퓨터 예약시스템의 또 다른 기능인 수입극대화 및 마케팅 기능은 다음과 같다.

첫째, 할인요금과 공석과의 최적조합을 통한 수입극대화 기능이다. 이 기능은 과거 실적자료의 분석 및 거래의 예약 추세를 예측하여 각 항공편 및 특정 구간별로 예약을 통제함으로써 초과예약을 효과적으로 활용하며 할인요금승객과 정상요금승객을 최적으로 조합하여 수입극대화를 도모하는 것으로 항공회사간의 경쟁이 치열해짐에 따라 더욱 주목받고 있는 예약관리시스템의 불가결한 기능이다.

둘째, 여행대리점의 업무지원기능이다. 이것은 고객관리, 손익계산, 청구서의 발행 등 여행대리점의 각종 업무처리를 예약관리용 단말기로 처리할 수 있도록 지원하는 기능을 말한다.

셋째, 다양한 정보제공기능으로서 호텔, 렌터카, 철도예약, 각종 행사 관련 기능이다. 현재 컴퓨터 예약시스템의 진가는 예약기능에 있다고 하기 보다는 바로 이러한 다양한 정보제공에 따른 마케팅, 즉 집객능력에 있다고 해도 과언이 아니다. 최근의 컴퓨터 예약시스템의 마케팅 기능은 여행관련 정보에서 일단 기업동향 정보에 이르기까지 점차 그 범위가 확대되는 추세에 있다.

컴퓨터 예약시스템이 항공권의 발권유통에서 위력을 발휘하기 시작함으로써 단순한 예약의 도구로서만이 아니고 항공수송사업의 영업에 없어서는 안 될 수단으로 그 위치를 굳히게 되었으며 항공수송의 마케팅의 중추가 되었다.

컴퓨터 예약시스템의 개발로 자국 내 여행대리점은 모든 항공회사들의 지역 간 · 대륙 간의 운항스케줄을 조회할 수 있게 되었고, 또한 대부분의 항공권 판매가 여행대리점의 컴퓨터 예약시스템을 통하여 이루어지고 있다. 그런데 미국의 경우 예약시스템을 통하여 이루어지고 있는 발권의 현황을 보면 전체 발권 중 약 75%는 컴퓨터 예약시스템의 단말기에 나타나는 항공편 중에서 첫 화면에 나타난 항공편으로 결정되고 있으며, 특히 첫 화면의 첫째 줄에 나타나는 항공편으로 결정되는 것만도 전체의 50%에 달한다. 따라서 대리점이 특정 항공회사의 컴퓨터 예약시스템을 우선적으로 사용할 경우에는 다른 항공회사는 대리점에 대한 통제력을 상실하고 막대한 수입손실을 입게 된다.

이와 같이 항공회사의 컴퓨터 예약시스템은 시장지배의 유력한 수단이 되고 있고, 자사에 유리한 컴퓨터 예약시스템을 개발, 확장시키는 것이 궁극적으로는 항공회사의 성패를 결정짓는 중요한 요인으로 작용하고 있기 때문에 컴퓨터 예약시스템의 확장과 관련된 항공회사간의 경쟁은 더욱 치열해 질 수 밖에 없다.

장차는 컴퓨터 예약시스템 경쟁의 결과에 따라 기업 간의 격차가 더욱 두드러지게 나타날 것이다. 이미 미국에서는 예약시스템의 우열이 시장점유율이나 판매수입에 상당한 영향력을 행사하고 있으며, 이러한 컴퓨터 예약시스템의 경쟁은 일단락이 난 상태에까지 와 있다. 그리하여 총 발권유통의 80%가 컴퓨터 예약시스템을 통하여 이루어지고 있고, 여행사 예약의 92%, 발권총액의 87%는 초대형 컴퓨터 예약시스템(mega-CRS)을 통하여 이루어지고 있다.

(3) 인터넷 판매경로

1990년대 이후 인터넷의 발달에 따라 항공회사는 고객에게 인터넷을 통한 예약기능을 제공하고 있으며 2000년대 이후에는 인터넷을 통한 항공권의 구매 기능까지 제공하고 있다. 종래의 판매 대리점을 통해 컴퓨터 예약시스템으로 예약을 받고 항공권을 판매하던 것을 인터넷을 통해 고객이 직접예약하고 항공권을 구입하는 제도로 바뀌고 있다. 항공회사는 인터넷을 통한 좌석 예약과 항공권의 판매를 촉진하기 위해 이제는 판매 대리점에게 판매수수료를 주지 않고 있다.

인터넷 예약·발권의 과정을 보면 항공회사의 홈페이지에 접속하여 희망구간의 공석상황, 운임을 조회하여 탑승편을 결정하면 예약을 하고 크레디트 카드로 결제를 한다. 항공권은 공항에 가서 항공회사의 카운터에 항공권을 받아 항공기를 탑승한다. 항공회사의 예약 센터에 예약하고 여행사에서 항공권을 구입하던 종래의 흐름이 변화하고 있다.

인터넷을 통하면 24시간 언제든지 항공회사의 운항스케줄, 출발·도착시간, 공석상황, 운임 등을 바로 알 수 있고 예약·구입·좌석지정을 이용자가 직접 할 수 있기 때문에 매우 편리하다. 인터넷 서비스의 확대로 항공회사는 고객을 자사의 예약 센터에서의 좌석예약으로부터 인터넷 예약 즉 무인체널로 유도함으로써 코스트 삭감과 고객만족의 향상을 도모할 수 있다.

3. 항공권

국제 항공권은 항공권과 엠씨오로 분류된다. 항공권의 기본역할은 항공회사와 여객이 체결한 운송계약의 증거서류이다. 그러나 국제선 항공권은 국제조약, IATA 결의 등 여러 가지 제약이 있으며 운송약관을 발췌해서 기재하도록 되어 있다.

항공권은 발권형태에 따라 일반항공권(manually issued ticket), 전자항공권(transitional automated ticket), 그리고 국내선용 자기부착 종이항공권(ATB 항공권 : automated ticket & boarding pass)이 있다.

국제항공수송은 1개 항공회사만으로 이루어지는 경우도 있지만 여러 항공회사가 연대수송을 할 경우도 많다. 이와 같은 연대수송이 원활하게 이루어지고 항공회사간의 운임수입의 정산이 원활하게 이루어지도록 하기 위해 항공권의 양식, 발권규칙, 예약이나 경로의 변경절차 등을 IATA가 결정하고 있다.

항공권에는 여객의 경로, 이용항공회사, 예약상황, 적용운임 등이 기입되어 있다. 또한 항공권은 연대수송의 항공회사 상호 간이나 항공회사와 판매 대리점 간에 이루어지는 운임수입의 정산이나 판매수수료의 계산에도 중요한 증거서류가 된다.

항공권은 여러 장의 쿠폰으로 구성된 책 형식으로 이루어져 있으며 표지 외에 항공회사명, 운송약관 발췌, 국제선 여객에 대한 책임한도 등 정보, 수하물에 관한 책임한도, 예약 재확인 등의 안내, 심사용 쿠폰(audit coupon), 발행소 쿠폰(agent coupon), 탑승용 쿠폰(flight coupon), 여객용 쿠폰(passenger coupon)의 순서로 되어 있다.

항공권에는 승객이름, 승객의 여정, 예약기록, 적용 운임, 무료수하물 허용량 표시, 단체 코드, 항공임의 지불수단, 제한사항, 출발지와 목적지, 항공권의 발행일과 장소 등이 기재되어 있다.

IATA는 세계 각지에 BSP(billing and settlement plan)이라는 기구를 설립하여 항공권의 배포로부터 정산처리에 이르기까지 그 지국의 IATA대리점에 의한 항공권의 판매에 관한 모든 처리를 일괄해서 집중적으로 관리하고 있다.

4. 여객운송서비스

여객이 항공기를 탑승하기 위해 공항에 도착해서부터 항공기에 탑승할 때까지의 여러 가지 서비스가가 여객운송서비스이다. 여객운송서비스는 크게 출발여객을 위한 탑승수속서비스와 도착여객을 위한 운송서비스로 분류된다.

(1) 출발 운송서비스

공항에 도착한 여객에 대한 출발 운송서비스는 카운터에서 탑승수속(check-in)부터 시작된다. 탑승수속은 여객이 소지하고 있는 항공권에 의해 이루어진다. 항공회사는 항공권이 유효한지를 확인하고 유효한 항공권인 경우 여객의 성명, 탑승구간, 편명 등에 의해 예약상황을 조회한다. 최근에는 전자항공권(e-ticket)의 보급으로 항공권을 소지하지 않은 여객이 많은데 그러한 여객에 대하여는 컴퓨터 내에 보관되어 있는 전자항공권으로 탑승수속을 한다. 예약이 안 된 여객(go-show)은 공석이 있으면 바로 탑승수속을 하고 그렇지 않은 경우에는 공석대기(stand-by)로 처리한다. 수하물은 여객의 탑승수속과 동시에 접수한다. 국제선 여객의 경우에는 탑승수속과 동시에 여권이나 비자의 유효성을 확인한다.

항공권의 체크인이 끝나면 좌석을 지정하고 탑승권을 발행한다. 최근에는 자동체크인시스템이 개발되어 공항에 설치된 자동체크인장치(SCM : self check-in machine)을 이용하여 승객이 직접 탑승수속을 할 수도 있다.

탑승수속서비스는 항공권을 인수하고 좌석을 지정하여 탑승권(boarding pass)을 발행하고 수하물을 수탁하는 서비스이다.

(2) 도착 운송서비스

도착한 승객에 대한 운송서비스 중에서 가장 중요한 것이 수하물 인도 서비스이다. 여기서 가장 문제가 되는 것이 수탁수하물의 분실과 파손이다. 수하물의 분실에는 미도착으로 인한 일시적 분실과 완전 분실이 있다. 다른 목적지로 보내는 등 일시적 분실은 최근에는 컴퓨터를 이용하여 즉시 찾을 수 있으며 찾은 수하물은 단시일 내에 보내와서 자택으로 배송해준다. 파손되었을 경우에는 수리를 해주거나 같은 제품의 가방으로 교환하거나 아니면 운송약관에 따라 배상 처리한다.

제9장

항공화물수송사업

항공화물수송사업

제9장 항공화물수송사업

제1절 | 항공화물의 특성

1. 항공화물의 대상

항공화물(air cargo)은 지난 20년 동안에 평균 6.6.%의 높은 성장을 해 왔다. ICAO에 의하면 2025년까지 항공화물의 성장률이 항공여객보다 더 높을 것으로 예측되고 있다. 항공화물의 급성장 이유는 국제적인 임금격차를 이용한 생산의 국제 분업의 발달과 각국의 수입제한의 완화로 인한 화물수요의 증대, 대형 화물전용기의 개발에 따른 수송력의 증대, 항공기술의 진보로 단위당 운항원가의 저하와 운임의 하락, 기업의 물적 유통관리(물류)의 도입으로 상품의 수송원가를 운임만으로 비교하지 않고 운임 이외에 재고비, 창고료, 포장비, 보험료 등 유통 전체 코스트가 해상수송이나 육상수송보다 더 절감될 수 있다는 기업의 국제물류의 확대, 육해공 복합운송의 발달 등에 있다.

현재 항공수송의 대상이 되는 화물은 ① 화물의 성질상 부패하기 쉬운 화물, 긴급수송이 필요한 화물, 가벼우면서 고가인 화물, 장시간의 수송을 견디기 어려운 화물, 취급하기나 저장하는데 비용이 많이 드는 화물,

② 수요를 예측하기 곤란한 화물, 유행성이나 계절성이 강한 화물, 승객과 함께 수송되어야 할 화물 ③ 유통과정에 있어서 도난이나 훼손되기 쉬운 화물, 유통에 있어서 보험 코스트나 포장 코스트가 높은 화물, 특별한 주의를 필요로 하는 화물, 항공수송으로 재고비를 크게 절약할 수 있는 화물 등이다.

그림 9-1 항공화물 대상 품목

(1) 생동물	(2) 식류 및 가공품	(3) 고급과일 · 야채
(4) 어패류 및 그 가공품	(5) 사탕 · 과자류	(6) 초콜릿류
(7) 담배류	(8) 커피 · 차 · 코코아	(9) 실크
(10) 의약제품	(11) 염료	(12) 은 · 광석
(13) 향료류	(14) 피혁제품	(15) 피혁
(16) 모피 · 의류	(17) 방적사(紡積絲)	(18) 목면직물
(19) 직물류	(20) 자수(刺繡) 제품	(21) 유리그릇류
(22) 도자기	(23) 귀금속류	(24) 보석류
(25) 발전기	(26) 사무기기	(27) 금속가공기계
(28) 직기 · 피혁기계	(29) 건축 · 광산기계	(30) 기타 특수기계
(31) 전기기기	(32) 수송기계 · 부품	(33) 여행용구
(34) 의류	(35) 악기	(36) 측량제어장치
(37) 사진 · 영화용 자재	(38) 영화필름	(39) 시계
(40) 녹음기 및 부품	(41) 인쇄물	(42) 플라스틱 제품
(43) 미술 · 공예품	(44) 완구 · 수렵 운동구	(45) 금 · 지금(地金)
(46) 장신구 · 금은장품	(47) 고급우산 · 파라솔	(48) 화장품
(49) 보청기 · 의족류	(50) 기타 공업제품	

2. 항공화물수송의 특성

항공화물수송의 특성은 해상수송이나 육상수송에 비교해볼 때 다음과 같은 특성이 있다. 첫째, 항공화물수송은 고속성이 특징인 항공기를 이용하여 화물을 광범위한 지역에 신속하게 수송할 수 있기 때문에 재고량을 감소시킬 수 있다. 뿐만 아니라 재고투자, 보관비, 창고비의 삭감을 기대할 수 있으며 또한 수익을 빨리 얻을 수 있어 투하자본의 조기회전이 가능하다.

둘째, 항공화물수송은 상품의 경쟁력을 유지할 수 있고 시장의 확대를 도모할 수 있다. 상품 디자인의 변화나 유행의 변화 같은 시장변화에 대하여 항공기를 이용함으로써 신속하게 대처할 수 있어 판매의 기회를 놓치지 않고 고객을 확보할 수 있다. 유행품, 계절품과 같이 판매기간이 매우 짧은 상품도 항공수송으로 납기를 단축하면 현지의 생산자와 경쟁하여 판매할 수 있다. 또한 해산물, 야채, 과일, 특수의약품 등 지리적인 제약적으로부터 벗어나서 광범위하게 유통될 수 있어 적극적인 시장의 확대를 기대할 수 있다.

셋째, 항공화물은 수송 중에 진동이 심하지 않고 또한 안전도가 높기 때문에 항공수송에 적합한 최소한의 포장만으로 수송할 수 있다. 따라서 재료비, 인건비 등 포장에 소요되는 비용이나 시간을 대폭 절감할 수 있다.

넷째, 항공화물은 수송시간을 단축할 수 있기 때문에 다른 수송에 비해 위험을 줄일 수 있다. 또한 항공수송 중에 진동이나 충격이 작으며 온도, 습도 기타 물리적인 호소선 하에서 수송이 이루이지고 비행 중에는 항공기의 화물실이 외부와의 접촉이 없기 때문에 수송화물의 손상, 분실, 도난의 위험이 거의 없다. 또한 사고가 적기 때문에 그만큼 보험료도 저렴하다.

한편 항공화물수송은 항공여객수송과 비교해보면 다음과 같은 특성이 있다. 첫째, 항공화물은 고가의 기계를 임대차하거나 수리의 목적하는 경우나 반제품으로 출하한 것이 완제품이 되어 반송될 경우의 왕복수송을 제외하고는 대부분이 편도수송이다. 둘째, 항공화물은 여객과는 달리 화물의 고객은 화물을 반복하여 계속적으로 출하하는 고정화주가 대부분이다. 셋째, 항공화물수송은 여객처럼 스스로 이동할 수 없기 때문에 항공수송 이외에 공항과 시내터미널간의 육상수송, 항공화물의 적하작업 등 전문화된 지상조업이 필요하다. 넷째 생선식품, 화훼류, 생 버섯, 특정의 의류 등은 계절에 따라 변동이 심하지만, 일반화물은 대부분이 여객에 비하여 계절적인 변화가 거의 없다.

그 외에도 많은 점에서 화물수송은 우회수송이나 경로변경 등 다소의 불편이 생기더라도 여객만큼 민감한 반응은 보이지 않지만, 일단 화주를 잃게 되면 한 사람의 여객을 잃는 것보다 심한 손해를 입기 때문에 이 점에 특별히 유의할 필요가 있다.

제2절 | 항공화물수송시스템

1. 항공화물기

항공초기에는 항공화물은 여객편의 여유 스페이스를 이용하여 수송했다. 여객기의 화물 스페이스는 대형화물이나 중량화물을 수송하기에는 적합하지 않아 항공화물수송에 제약이 많았으며 항공화물의 대상도 제한되었다. 대형 항공화물전용기의 출현으로 항공화물 수요가 크게 늘었으며 수송대상도 다양해졌다. 항공화물의 수송기에는 화물전용기인 미국 보잉의 B-747F 외에 여객기로도 화물기로도 사용할 수 있는 화

그림 9-2 대형 화물전용기의 화물실

객겸용항공기, 그밖에 여객기와 화물기의 중간에 콤비(combi)라고 불리는 화객혼용화물기(combination aircraft)가 있다. 여객기의 바닥의 강도를 강화하여 객실에 화물도 실을 수 있게 하여 여객용과 화물용으로 나누어 사용할 수 있다. 항공화물 전용기에는 화물 스페이스를 최대로 이용하기 위해 기내에 화물자동반입시스템이 갖추어져 있다.

항공화물수송이 더욱 성장하기 위해서는 현재보다 탑재력이 훨씬 크고 수송비용이 저렴한 항공화물전용기의 개발이 필요하다. 장래 개발이 예상되고 있는 항공화물전용기로 속도가 느리지만 탑재력이 크고 운항코스트가 저렴한 거대한 비행선, 동체뿐만 아니라 날개에도 화물을 탑재할 수 있는 1,000톤 이상의 탑재력을 가진 스팬로더기(Spanloader Aircraft), 40피트의 대형 컨테이너와 해운화물 수송에서 이용되고 있는 피기(piggy)방식처럼 화물을 적재한 벤 트럭을 그대로 화물기에 탑재하여 수송할 수 있는 초대형 화물전용기의 개발이 구상되고 있다.

대형 화물전용기 B-747F **그림 9-3**

2. 항공화물 터미널 시설

항공화물수송이 원활하게 이루어지기 위해서는 공항에 항공화물 전용터미널이 필요하다. 항공화물수송은 오늘 발송한 화물이 목적지에서 다음날 아침에 배송되도록 이루어지기 때문에 출발지에서 저녁 5시-7시경에 화물을 탑재한 트럭이 집중되어 터미널이 대혼잡을 이룬다. 이처럼 특정시간에 집중되는 항공화물을 효율적으로 신속하게 항공기에 적재하기 위해서 터미널에서의 작업은 항공화물의 분류장치나 운반하역기기 및 화물의 보관시설 등 대부분이 자동화와 기계화 되어 있다. 터미널에서의 화물의 접수, 서류작업, 요금계산 및 징수, 적하의 검량 분류, 해당 운항편의 배치 등은 대부분이 전산화 되어 처리되고 있다.

3. 유닛수송

항공화물의 수송방식에는 유닛수송(ULD : unit load device) 방식과 벌크수송(bulk loading) 방식이 있다. 항공화물의 유닛화는 벌크 수송보다 항공화물을 싣고 내리는 작업이 신속하고 능률적이다. 항공화물의 유닛화를 위해 팔레트(pallet)나 컨테이너(container)를 이용한다.

팔레트는 일반적으로 나무나 플라스틱으로 만든 간단한 대위에 여러 가지 화물을 적재하는 방식이다. 터미널 내에서의 화물의 이동이나 항공기의 싣고 내리는데 있어서 팔레트를 사용함으로써 포크리프트, 팔레트 로더, 팔레트 트랜스포터 등의 하역기계를 이용할 수 있어 신속한 조업이 가능하다. 컨테이너는 국제적으로 표준화된 규격 및 모양의 일정한 알루미늄 상자를 사용하는 방식이다.

항공회사는 팔레트나 컨테이너의 이용으로 항공화물의 지상조업시간의 단축, 인건비의 절약, 항공기의 운항회전시간의 단축, 기내공간의 효율적 이용, 절도 및 훼손의 방지, 터미널 공간의 절약을 도모할 수 있다.

항공회사로서는 화주나 혼재업자도 컨테이너를 사용하는 것이 가장 바람직하기 때문에 컨테이너 단위로 항공수송을 의뢰하는 항공화물에 대하여는 요율의 할인 혜택을 준다. 반면에 항공회사는 화주의 협조를 받아 빈 컨테이너의 반송비용이 발생하지 않도록 해야 한다.

제3절 | 항공화물수송사업과 마케팅

1. 항공화물요율과 항공운송장

(1) 항공화물요율

항공화물의 요율은 일반화물요율(general commodity rate), 특정품목요율(specific commodity rate) 및 품목분류요율(exception commodity classification rate)의 세 가지로 분류된다. 일반화물요율은 가장 기본적인 항공화물의 요율이다. 특정품목요율은 식료품, 섬유제품 및 기계류 등과 같이 대량수송의 가능성이 높은 품목을 특정하여 설정된 요율이다. 이에 대하여 품목분류요율은 생동물, 귀금속 및 정기간행물 등 특수한 취급이 필요한 화물에 적용되는 요율로 일반화물요율보다 높은 요율이 적용된다.

(2) 항공운송장의 발행

항공회사나 화물대리점은 화물의 수탁과 동시에 항공운송장(air waybill)을 발행한다. 항공운송장은 항공화물을 수송할 때 항공회사가 발행하는 운송권이다. 이것은 화물의 항공수송을 보증하는 기본적인 운송계약서로 ① 운송계약체결의 증거서류, ② 운송물품의 수령증, ③ 운송 요금의 명세서 및 청구서, ④ 화물취급의 지시서, ⑤ 화주 보험에 관한 보험계약체결의 증명서 ⑥ 세관신고서류 등의 기능을 갖는다.

항공운송장에는 항공화물의 출발지, 경유지, 목적지에서 필요한 처리를 할 수 있도록 하송인과 하수인의 이름과 주소, 화물의 품목과 중량개수, 신고가액, 운송경로와 사용항공회사, 하주보험의 부보유무, 적용운임과 운임의 지불방법, 특별취급사항. 취급대리점의 주소와 이름 등을 기재한다.

2. 항공화물의 판매

(1) 항공화물의 판매경로

항공화물의 판매는 항공회사가 자사 영업장을 통해한 직접판매와 항공화물 판매 대리점, 총대리점, 혼재업자, 다른 항공사를 통한 간접판매가 있다. 항공화물의 판매는 대부분의 경우 간접 판매가 중심이 되어 이루어진다. 항공화물 판매 대리점은 항공회사를 대신하여 항공화물을 집화 · 판매하는 전문업체이다.

항공화물 판매대리점은 항공화물의 판매 외에 화주를 대신하여 공장에서부터 공항까지의 육상수송을 비롯하여 항공화물의 집화, 항공운송장의 발행, 항공화물 운임의 징수, 화물실 공간의 예약, 화물 반입의 수배 등 여러 가지 부수적인 업무도 담당한다. 항공회사는 이에 대한 보수로서 일정한 판매수수료를 지급한다. 항공화물대리점은 화물혼재업, 세관화물취급업, 자동차운송업, 창고업을 겸업하는 경우가 많다.

총판매대리점(GSA)은 항공회사를 대신하여 특정지역의 항공화물의 판매를 전담시키는 판매방식이다. 총판매대리점은 특정지역 내에서 항공화물을 판매할 뿐만 아니라 판매 자료의 배포, 선전활동, 예약취급, 지역 내 항공화물대리점의 수입금의 회수 등의 업무를 항공회사를 대리하여 수행하고 그 보수로서 부가수수료(overriding commission)를 일반대리점수수료에 추가해서 받는다.

(2) 항공화물혼재업자

항공화물혼재업자(air cargo consolidator)[1]는 항공화물대리점이 단독으로 혹은 몇 개 대리점이 협력하여 여러 화주로부터 다양한 화물을 집하하여 하나의 혼재화물로 종합하여 항공회사에 수송을 위탁하는 방법이다. 목적지에서는 수송되어 온 혼재화물을 개개의 화물로 해체하여 각 화물의 수취인에게 인도한다. 항공화물혼재업자는 송하인으로부터 화물을 인수하여 수하인에게 인도할 때까지의 집하 · 입출고 · 선적 · 운송위탁 · 보험 · 보관 · 배달 등 일체의 업무를 주선한다. 혼재업자는 독자적인 운임, 독자적인 운송약관, 독자적인 항공운송장(air waybill)을 갖고 있는 것이 특징이다. 화주의 계약상대는 항공회사가 아니고 혼재업자이다.

항공복합운송(multimodal transport goods)은 화물을 출발지부터 목적지까지 항공기와 해상이나 육상 수송수단을 함께 이용하여 수송하는 것으로 종합물류에서 중요한 지위를 차지한다. 화물복합운송의 형태로는 에어 앤드 시(air & sea), 에어 앤드 랜드(air & land)가 있다. 미국의 FEDEX, UPS, DHL 능 스몰 파키시(small package)를 수송하는 항공사가 대표적인 사례이다. 화물항공복합운송인은 이서양도가 가능한 복합운송증권을 발행할 수 있다. 이것은 선하증권과 동일한 유가증권이다.

1) 일반적으로 항공화물 주선업자(air freight forwarder)라고도 하며 항공법에서는 이용항공운송업자라고 규정하고 있으며 미국에서는 간접항공사(indirect air carrier)라고 함.

그림 9-4 항공화물 대상 품목

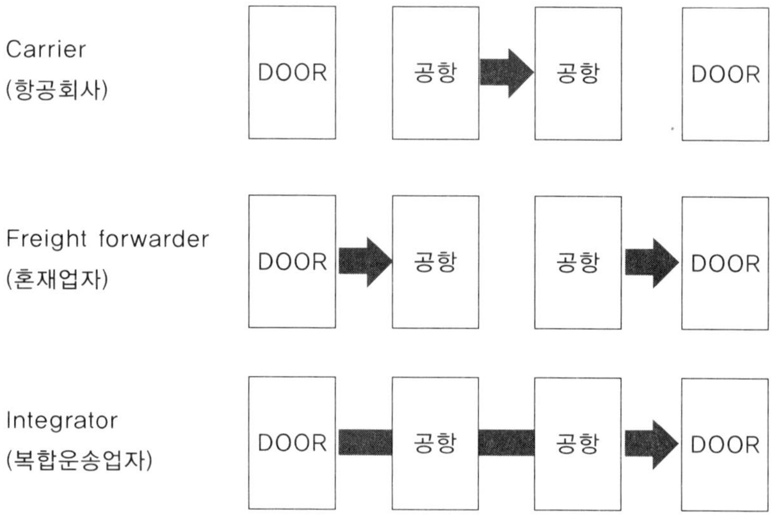

항공화물은 다른 항공회사(interline sales)를 통해 판매할 수도 있다. 이러한 판매는 연대수송으로 이루어지는 경우가 많다. 항공화물이 여러 항공회사를 이용하여 연대 수송될 경우에 화물운송장의 발행한 항공회사(issuing carrier)는 항공화물을 승계하여 수송하는 항공회사(receiving carrier)로부터 해당 운송구간에 대해 판매를 해주는 것이므로 일반 대리점과 동일한 판매수수료를 받는다. 이를 인터라인 판매(interline sales)라고 한다. 항공회사간의 판매는 대부분의 경우 수동적으로 이루어지지만, 항공회사 간의 적극적인 협조로 매우 활발하게 판매가 이루어지는 경우도 있다.

제10장

국제항공수송체제

국제항공수송체제

YL-BBY

제10장 국제항공수송체제

제1절 | 국제항공수송체제

1. 시카고 · 버뮤다 체제

제2차 대전 이후 국제항공수송체제는 국제항공에 관한 다국간 조약, 2국간 항공협정, 국제민간항공기구, 국제항공운송협회로 구성된 '시카고 · 버뮤다 체제' 에 의해 운영되어 왔다.

(1) 시카고 조약

1944년 말, 미국 시카고에서 열린 국제민간항공회의[1]에서 다국간 조약으로 국세항공에 관힌 기본조약인 국제민간항공조약(convention on international civil aviation)[2]과 부대조약인 국제항공업무통과협정(international air transport agreement) 및 국제항공운송협정(international air service transit agreement)[3]이 체결되었다. 또한 국제항공을 관리하기 위한 기구로 국제민간항공기구(ICAO)와 국제민간항공운송협회(IATA)가 설립되었다.

'시카고 조약' 이라고도 불리는 국제민간항공조약은 1919년의 파리조약에서 확립된 각국의 영토의 상공에는 그 국가의 주권이 미친다는 영공주권(national sovereignty)을 재확인했다. 따라서 외국의 하늘은 그 국가의 승인 없이 비행할 수 없다는 완전 · 배타적 원칙이 재확립되었다. 그 결과, 시카고 조약에서 국제항공수송은 당사국 간에 별도 항공협정을 체결하거나 상대국의 개별허가를 얻어야만 행사할 수 있도록 했다.[4]

(2) 다국간 조약과 하늘의 자유

'시카고 · 버뮤다 체제' 는 국제정기항공에 필요한 운수권은 국제항공운송협정에서 '다섯 가지 하늘의 자유(five freedoms of the air)' 라는 형태로 아래와 같이 분류하여 인정하고 있다.[5]

제1의 자유 : 타국의 영역을 무착륙으로 횡단 비행하는 자유

제2의 자유 : 수송 이외의 목적으로 타국의 영역에 착륙하는 자유

제3의 자유 : 자국의 영역에서 화객을 타국으로 수송할 수 있는 자유

제4의 자유 : 타국의 영역에서 화객을 자국의 영역에 수송할 수 있는 자유

제5의 자유 : 타국의 영역에서 화객을 제3국의 영역으로 수송할 수 있는 자유

1) 시카고 회의라고 불림
2) 1944년 개최된 시카고 회의에서 국제민간항공의 질서있는 발달과 국제민간항공의 건전한 발전을 위해 체결된 다국간 조약. 1944년 12월에 체결, 1947년 발효, 2001년 현재 185개국이 체결.
3) 국제항공운송협정은 가입을 인준하는국가가 적어 사실상 실효되고 대신에 운수권은 2국간 협정에 위임되었음.
4) 국제민간항고조약 제6조
5) 국제항공운송협정 제1조
6) 국제항공업무통과협정 제11조 1항

다섯 가지 하늘의 자유 **그림 10-1**

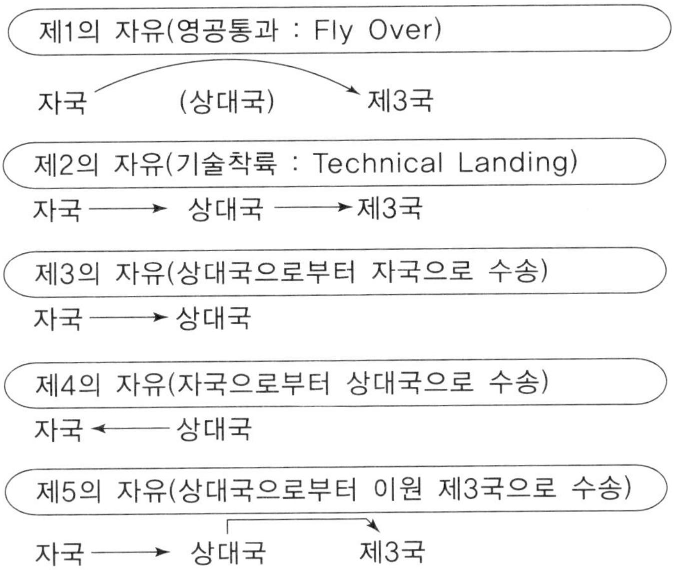

시카고 · 버뮤다체제는 경제권리가 아닌 영공통과권(fly-over right)인 제1의 자유와 급유 등을 위한 기술착륙권(technical landing right)인 제2의 자유는 다국간 조약인 국제항공업무통과협정에 의해 체약국 간에 상호 허용하고 있다.[6] 그리고 국제항공운송협정이 인정한 여객이나 화물이 수송을 목적으로 하는 경제적 권리인 운수권(traffic right)인 제3의 자유(set-down right), 제4의 자유(bring-back right)와 이원권(beyond right)인 제5의 자유는 조약의 가맹국이 12개국밖에 안 되어 의미가 없게 되었고 운수권은 별도의 2국 간 항공협정에 의해 행사할 수 있게 되었다.

그림 10-2 국제항공의 시카고 · 버뮤다체제

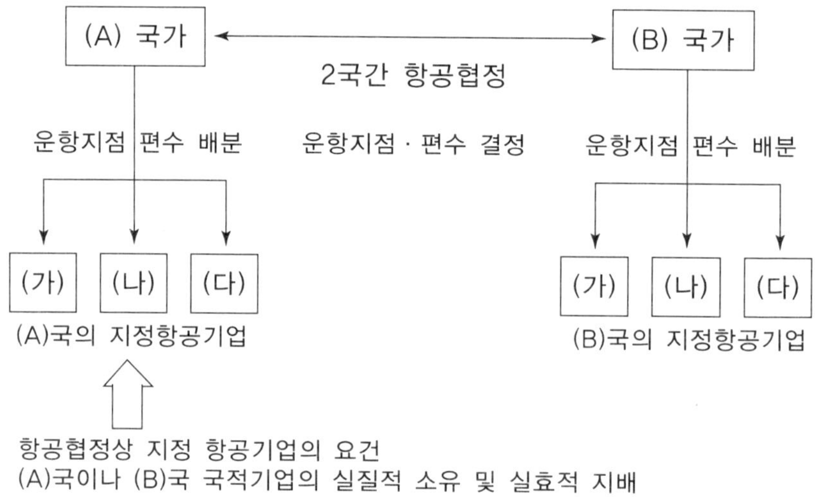

(3) 2국간 항공협정

2국간 항공협정은 특정 두 국가 간에 국제항공수송을 제공하기 위해 필요한 운수권을 상호 인정하기 위한 쌍무협정(bilateral agreement)이다. 시카고 조약이 국제항공수송의 다국간 조약의 체결에 실패하고 2국간 협정에 위임하였기 때문에 각국의 항공회사가 국제항공수송을 하기 위해서는 해당 국가 간에 2국 간 항공협정의 체결이 선행되어야 한다. 2국 간 항공협정은 시카고 표준형식에 의해 1946년에 버뮤다에서 미국과 영국 간에 체결된 '버뮤다 협정'이 협정의 표준이 되고 있다.

2국 간 항공협정에서 해당 국가는 어떤 권리를(운수권), 어떤 조건으로(유보조건), 어떤 절차를 밟아서(규칙준수), 어느 항공회사에 의해(지정항공회사), 어떤 기재와 어느 정도의 편수로(제공 수송력), 어느 노선에(운영노선) 상호 허용할 것인가를 기본적으로 정한다. 우리나라는

2000년 말 현재 77개국과 2국간 항공협정을 체결했다. 국제항공수송은 2국간 항공협정에서 인정된 노선을 지정된 항공기업만이 운항할 수 있으며 항공기업의 지정은 각 노선별로 인정된다.

(4) 시카고 · 버뮤다체제의 특징

시카고 · 버뮤다체제의 특징은 「2국간 제한체제」와 「국내규제체제」에 있다. 「2국 간 제한체제」에 의해 국제항공노선의 개설에 필요한 운수권은 원칙적으로 2국 간 협정을 통해서 얻도록 제한하고 있다. 2국 간 협정에 의해 비로소 항공시장(노선), 수송규모(운항편수), 운임 및 지정항공기업 등 항공회사가 국제항공서비스를 제공하는데 필요한 모든 것이 결정된다.

「국내규제체제」에 의해 외국의 항공회사는 각국의 국내시장에서 항공회사를 설립하거나 국내항공수송서비스를 할 수 없게 제한하고 있다. 뿐만 아니라 항공회사는 소속 국가의 국민이 실질적으로 소유(national ownership)하고 또한 유효하게 지배(effective control)하지 않으면 안 된다는 국적주의를 채택하고 있다. 외국항공사에 대한 자본참여도 국가별로 다소의 차이는 있으나 일반적으로 25%로 제한하고 있다.

2. 국제민간항공기구와 국제항공운송협회

현행 국제항공수송제제는 영공주권을 인정한 국제민간항공조약을 기본으로 하여 국제항공수송을 위한 노선과 편수 등 운수권은 2국 간 항공협정에, 안전 등 항공수송에 있어서의 기술 및 법적 문제는 국제민간항공기구에, 그리고 운임 등 경제적 문제는 국제항공운송협회에 위임하고 있다.

(1) 국제민간항공기구

국제민간항공기구(ICAO : Intenational Civil Aviation Organization)는 시카고 회의에서 설립이 결정된 UN의 전문기관으로 가입 · 탈퇴는 시카고 조약의 가입 · 탈퇴와 동시에 이루어진다.

그림 10-3 ICAO 조직

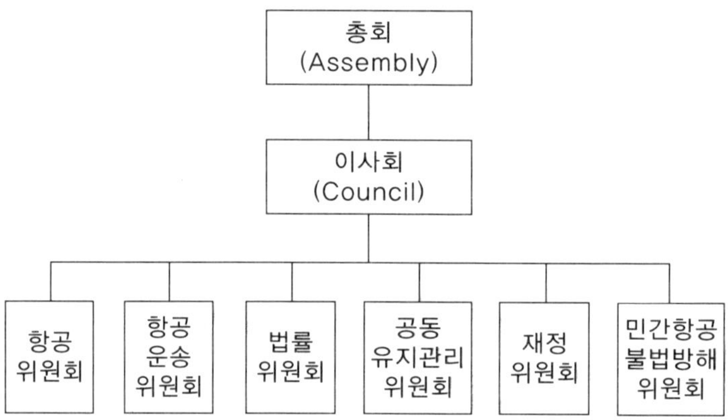

국제민간항공기구의 기능은 크게 법적 분야와 기술적 분야로 분류된다. 전자는 국제민간항공에 관한 기준을 통일하고 법규화 하는데 있다. 대표적인 예가 항공교통관제의 국제적인 표준화, 출입국 및 세관 수속의 국제표준화, 항공기의 국적 · 등록번호의 국제표준화, 항공 운송인의 책임한도액의 인상 등이 있다. 후자는 기술요건의 국제적 통일 즉 시카고 조약의 부속서에 규정되어 있는 국제표준 · 권고 방식의 작성 및 개정이다. 대표적인 예가 항공기의 내공성이나 항공종사자의 기능증명 등 항공의 안전에 관한 규칙의 국제적 통일이다. 국제민간항공기구는 항공행정의 세계적 통일에 큰 역할을 하고 있으며 최근에는 그 기능에 경제적 분야가 추가되고 있다.

국제민간항공기구의 조직으로는 최고기관인 총회(assembly)가 있고 상설집행기관으로 이사회가 있다. 집행기관으로서는 항공위원회, 항공운송위원회, 법률위원회, 공동유지위원회, 재무위원회, 사무국이 있다. 2005년 현재 189개국이 가입하고 있으며 우리나라는 상임이사국이다. 국제민간항공기구의 본부는 캐나다 몬트리올에 있다.

(2) 국제항공운송협회

국제민간항공기구에는 국제항공운임 등 실제 항공회사의 운영에 관한 상업적 사항에 대한 기능이 포함되지 않아 1945년에 항공회사로 구성된 국제항공운송협회(IATA : International Air Transport Association)를 설립했다.

IATA 조직 **그림 10-4**

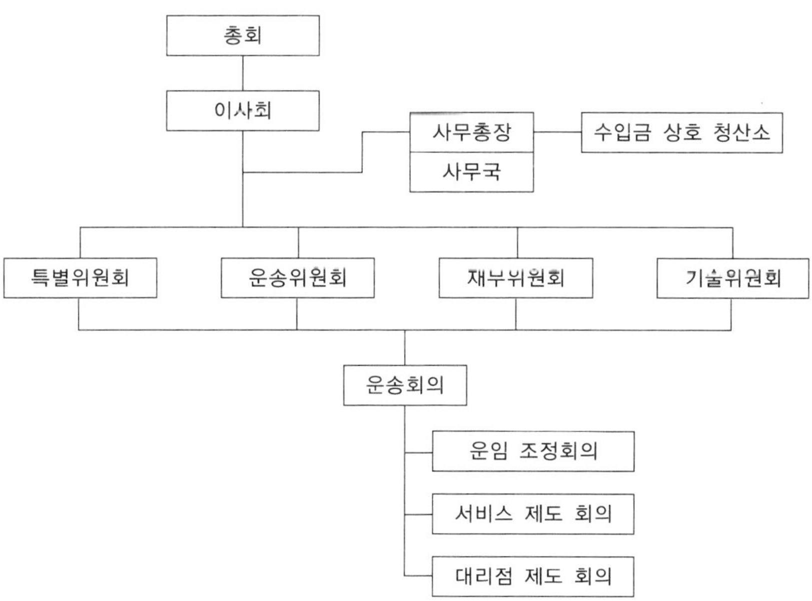

설립 당시 32개국의 61개 항공회사가 참가했으며 2009년 말에 현재 140개국에 225개 항공회사가 가맹하고 있다.[7)]

국제항공운송협회의 설립목적은 항공수송의 안전성 · 확실성 · 경제성의 촉진, 항공회사 간의 협력 강화, 국제민간항공기구 및 기타 국제단체와의 협력을 도모하고 국제항공수송의 상업적 기준 및 조건의 국제표준의 설정과 유지관리 하는데 있다.

국제항공운송협회의 조직은 집행기관이 이사회, 운송회의, 운송 · 기술 · 재무 · 법률 등 4개 상설위원회, 청산소, 사무국으로 구성되어 있다. 본부는 ICAO와 같은 캐나다 몬트리올에 있으며 전 세계 150개국에 사무소가 있다.

운송회의는 여객 및 화물의 운임 등 상업적 사항을 결정하는 기구로 국제항공운임을 결정하고 조정하는 역할을 한다. 그 밖에 항공권 · 화물운송장 등 운송권류의 표준화, 운임의 산정방법, 통화에 관한 규칙, 특정운임에 의한 서비스 조건, 무료수하물의 허용량, 초과수하물 초과요금, 대리점 수수료 등을 결정한다. 청산소는 항공회사간의 운송수입의 정산업무를 담당하고 있다.

3. 국제항공수송체제의 변화

전통적으로 국제해상수송은 '해운자유의 원칙'이 확립되어 있어 국제항로의 개설을 자유롭게 할 수 있다. 그런데 국제항공수송은 '항공자유

7) 대한항공은 1989년, 아시아나항공은 2002년에 가입

의 원칙' 이 확립되어 있지 않아 국가간에 쌍무협정을 체결하거나 각국 정부의 개별허가를 받아야만 국제항공노선을 개설할 수 있다. 이러한 국제항공수송체제의 영향을 받아 국제항공시장은 개방적인 경쟁을 추구하지 않고 엄격한 규제 하에서 제한적인 경쟁만 허용하는 규제시장이다. 다만 최근에 세계 경제사회의 자유화, 글로벌화, 네트워크화의 영향을 받아 국제항공수송체제나 국제항공시장도 규제완화와 함께 경쟁시장으로 바뀌고 있다.

(1) 2국간 항공협정의 변화

가장 이상적인 국제항공수송체제는 국제해운처럼 국제적으로 아무런 규제가 없는 자유로운 항공수송체제이다. 각 항공회사가 각국 정부로부터 아무런 제한을 받지 않고 자유로이 국제항공시장에 진입하여 노선을 개설할 수 있고 수요에 맞게 공급을 조절하고 경쟁적인 운임을 설정할 수 있는 체제이다. 그러나 현재 그러한 개방적이고 자유주의적인 국제항공수송체제는 존재하지 않을 뿐만 아니라 가까운 장래에 그러한 체제로 바뀔 가능성은 매우 희박하다.

제2차 대전 이후 국제항공수송체제를 지배해온 규제체제는 1980년대 이후, 보다 자유로운 국제항공수송체제로의 전환이 나각적으로 추구되고 있다. 전통적인 2국 간 협정을 준수하고 있는 국가들도 지정항공기업을 복수지정으로 바꾸는 등 부분적으로 변화하고 있다. 항공회사들은 2국간 항공협정의 영업상 제약을 해소하기 위해 공동운항협정, 동일편명을 공동으로 사용하는 코드공유(code-sharing)[8]협정 등 항공회사 간의 전략적 제휴를 하고 있다.

1980년에 국제항공경쟁법(IATCA : International Air Transportation Competition Act)을 제정하여 국제항공의 자유화를 적극적으로 추구하고 있는 미국은 각국과 자유주의적 2국 간 협정(liberalized air agreement)의 체결을 강력히 추진하고 있으며 우리나라도 1994년에 체결했다.[9] 이 협정의 특징은 무제한의 복수항공회사의 지정, 미국 내 모든 지점에서부터 상대국과 그 이원에 있어서의 운수권(이원권)의 인정, 수송력-편수-사용 항공기의 자유로운 결정, 미국을 경유하여 제3국에 화객을 수송할 수 있는 권리인 제6의 자유에 대한 제한 철폐, 국제항공운송협회의 운임조정에 의거하지 않고 자주적인 저운임 설정의 인정 등 항공규제를 대폭 완화하고 있는데 있다.

미국의 영향을 받아 영국도 자유화협정을 확대하고 있다. 유럽연합(EU)은 1993년에 지역 내 항공자유화협정을 체결하여 역내의 제3, 제4, 제5의 자유는 물론 국제선과 연결되는 국내선인 제7의 자유인 캐보타쥐(cabotage)[10]노선에서 수송력을 제한 받지 않고 자유로이 운항 할 수 있는 역내 항공자유화를 실현하고 있다.

8) 서로가 운항하는 항공기의 일정부분을 할당받아(block space) 자사가 운항하는 것처럼 그 좌석을 자사의 이름으로 판매하는 것을 말하며, 운항편명 공동사용이라고도 함.
9) 미국과 자유주의적 2국간 협정을 체결한 국가는 네덜란드, 이스라엘, 서독, 벨기에, 코스타리카, 싱가포르, 피지, 대만, 태국, 핀란드, 호주, 영국, 브라질, 필리핀, 뉴질랜드, 엘살바도르, 캐나다, 한국 등 121개국임.
10) 캐보타쥐는 국내 제지점감의 항공수송사업은 자국의 항공회사만이 할 수 있도록 다른 국가의 항공기가 자국의 영역에서 할 수 없다는 국내수송권을 말함.(국제민간항공조약 제7조)

(2) WTO의 항공자유화 움직임

최근 항공자유화와 관련해서 주목해야 움직임이 세계무역기구(WTO)의 국제무역과 서비스 무역에 관한 일반협정(GATT/GATS)이다.[11] 보다 자유로운 무역체제와 서비스체제를 확립하기 위해 설립된 WTO는 지적재산권에 관한 협정(TRIPS), 정보기술협정(ITA), 기본통신협정(BTA)과 함께 증권, 은행, 보험, 전기통신, 여행, 운송 등 서비스 무역에 관한 일반협정(GATS)을 성립시켰다. 이 협정에서 항공수송서비스도 자유화 원칙이 적용되는 다국간 체제로의 전환을 시도하고 있다.[12]

현재 국제항공수송을 실질적으로 지배하고 있는 2국 간 항공협정은 국가 간에 2천 개 이상의 협정이 체결되었다. 그런데 이들 협정들은 표준적 협정 외에 부속문서나 단서가 많아 각 협정의 투명성이 결여되어 있다. 만일 GATS방식을 적용한다면 항공수송사업의 면허기준이 세계적으로 통일되어 국제항공시장에의 진입이 보다 자유로워질 뿐만 아니라 항공의 국제관계가 투명해진다. 더욱이 항공회사의 설립이나 항공시장에의 진입, 수송력의 조정, 운임의 설정 등이 자유로워지며 궁극적으로는 소비자의 편익을 향상할 수 있게 된다.

11) WTO(World Trade Organization) : 1955년에 설립된 세계무역기구
GATT(General agreement on Tariffs & Trade) : 관세장벽과 수출입 제한을 제거하고, 국제무역과 물자교류를 증진키 위해 1947년 제네바에서 미국을 비롯한 23개국이 조인한 다국간 관세. 무역에 관한 일반협정
GATS(General Agreement on Trade in Service) : 1955년에 조인한 서비스 무역에 관한 일반협정.

12) WTO협정 부속서 1-B 서비스 무역에 관한 일반협정(General Agreement on Trade in Service GATS)의 제2부 면제에 관한 부속서에서 "항공운송서비스에 관한 부속서"로서 규정하고 있음.

동시에 현재의 항공회사에 대한 외국자본의 배제나 제한이 철폐되어 항공회사의 기업체질 강화와 글로벌 네트워크화를 도모할 수 있다. WTO의 GATS체제에 의한 항공자유화는 현재로서는 이렇다 할 진전이 없다. 그러나 장기적으로는 2국간 협정에 의한 규제 장벽을 허물어 각 국의 이해를 조정한 통일적인 시스템(universal system)으로 전환되어 국제항공수송도 급속히 진행되고 있는 정보 경제(information economy), 글로벌 경제(global economy), 네트워크 경제(network economy) 등 신경제(new economy)에 적응할 수 있는 체제로 변모하게 될 것이다.

제2절 | 항공규제의 완화

1. 항공규제

항공수송시장은 기본적으로 다른 시장에 비해 정부의 간섭이나 규제가 심한 전형적인 규제시장이다. 더욱이 국제항공수송은 국익과 직결되기 때문에 국제조약이나 항공협정에 의해 더 엄격하게 규제되고 있다. 또한 국내항공수송은 공공교통으로서의 공공성이 강한 반면에 시장에 대한 독과점성이 강하기 때문에 정부의 규제를 받는다. 항공규제는 신규진입이나 운임 등의 경제적 규제와 안전 등의 기술적 규제로 분류된다.

(1) 기술적 규제

기술적 규제(technical regulation)는 안전성 확보에 대한 규제이다. 항공수송은 안정성이 강하게 요구된다. 항공기술의 진보로 항공기사고율은 획기적으로 줄었지만. 항공기의 대형화로 일단 사고가 나면 희생자의 규모가 커졌기 때문에 안전성의 확보가 매우 중요하며 그 만큼 기술적 규제가 광범위하며 엄격해졌다.

기술적 규제는 ① 항공기에 관한 규제, ② 운항종사자에 관한 규제, ③ 운항에 관한 규제, ④ 항공관제에 관한 규제, ⑤ 공항에 관한 규제로 분류된다. 이들 규제 가운데 ①~③은 항공회사에 대한 규제이다.

항공기에 관한 규제는 소음기준적합성에 관한 증명을 제외하고는 모두 안전에 관한 규제이다. 이는 주로 항공기 그 자체에 대한 기술기준적합성에 관한 내공증명(耐空證明), 항공기의 수리 · 개조에 관한 검사, 장비품의 예비품 증명, 수리 경우 정비사의 확인 등을 들 수 있다.

항공기는 각국의 정부가 인정하는 유효한 감항증명이 없으면 항공수송용으로 사용할 수 없다. 또한 사용기종에 대하여도 각국 정부의 인가가 필요하다. 항공기 소음을 규제할 목적으로 소음기준적합증명제도를 도입하는 국가도 있다. 그밖에 안전성 확보를 위한 규제로서 노선면허, 운항 개시전 검사. 운항규정 인가, 사업계획 인가. 기장의 노선자격의 설정, 입회검사 등이 항공법에 의해 규제되고 있다.

항공종사자에 관한 규제는 항공종사자의 기술증명이나 항공신체검사증명 등이 주된 내용이다. 운항에 관한 규제는 주로 승무원에 관한 규제, 운항관리에 관한 규제, 운항방법에 관한 규제 능이다.

(2) 경제적 규제

경제적 규제(economic regulation)는 항공수송사업의 건전하고 질서있는 발전을 도모하고 항공회사 간의 과당경쟁을 배제하기 위한 규제로서 시장구조, 시장행동, 시장성과에 대한 규제로 분류된다.

시장구조규제는 시장진입에 대한 규제로 항공시장의 구조를 결정하는 역할을 한다. 특정 국가의 항공시장에 진입하기 위해서는 국가간의 항공협정이 필요하다. 우리나라의 경우, 항공수송사업을 경영하기 위해서는 노선별로 정부의 허가가 필요하다. 허가기준으로서는 해당해 노선의 수급균형, 허가신청자의 사업수행 능력, 사업계획의 경영상 및 보안상 적정성 등의 요건을 갖추어야만 사업면허를 받을 수 있다. 또한 사업의 양도, 합병 및 상속에 있어서도 사업면허와 동일한 기준에 의한 인가가 필요하다. 사업을 휴지하고나 폐지할 경우에도 인가를 받아야 한다.

또한 항공시장의 진입규제로 항공시장이 독과점적인 시장조건이 되기 때문에 항공회사에 대하여 항공법은 운임을 규제하고 있다. 항공운임의 인가 기준으로서는 항공회사의 이윤과 공정보수 이내로 한정되며 동시에 과당경쟁에 의해 안전성이 저해되는 것을 방지하고 있다.

시장성과에 대한 규제는 항공회사의 사업 결과가 공공복지를 저해할 경우 사업계획의 변경, 운임의 변경, 운송약관의 변경, 항공기 기타 시설에 대한 개선 등을 명령하는 권한을 정부가 갖고 있다. 항공회사에 대한 정부의 규제는 공공교통사업으로서의 공공의 이익에 기여해야 한다는 항공회사의 사명과 안전성의 확보를 근거로 하고 있다.

2. 항공규제의 완화

최근 항공기의 운항이나 항공수송에 있어서 각종 규제가 세계적으로 완화되고 있다. 항공규제완화(deregulation)는 크게 항공관제상의 규제완화와 항공수송시장에 있어서 경제상 규제완화가 있다.

(1) 관제상 규제완화

항공기의 안전성과 신뢰성의 향상에 따른 규제완화이다. 대표적인 예가 3발기와 4발기만이 운항할 수 있었던 장거리 해양항공로에 쌍발기도 운항할 수 있게 되었다. 이것을 ETOPS라고 부른다. 그밖에도 정기항공수송에 사용할 수 있는 항공기, 비행방식, 조종사의 자격 등에 대한 규제가 완화되고 있다.

(2) 경제규제완화

항공시장의 자유화 움직임에 따라 경제적 규제가 적극적으로 완화되고 있다. 대표적인 예가 미국의 경우 국내항공수송시장에서 모든 규제가 없어지고 사실상 완전히 자유화되었다. 따라서 항공회사의 항공수송시장의 신규진입이나 철수가 자유로워져 경쟁이 격심해지고 운임인가 제도의 폐지되고 항공회사가 운임을 임의로 설정할 수 있게 되면서 각종 할인운임이 증가되었다. 이러한 규제완화는 각국으로 확산되고 있으며 국제항공수송시장에서도 규제가 완화되고 있다.

제3절 | 국제항공시장

1. 국제항공시장의 변화

미국의 국내항공규제폐지(ADA)[13]와 국제항공의 자유화(open sky)[14]의 추진이 계기가 되어 1980년대 이후 항공수송시상은 종래의 규제를 전제로 한 제한적 경쟁시장에서 규제완화에 따른 완전한 경쟁시장으로 바뀌었다. 경쟁시장에서 살아남기 위해서 항공회사들은 경쟁력을 상화하지 않을 수 없다. 그러기 위해 항공회사들은 규모를 대형화하고 항공수송서비스의 글로벌화와 네트워크화를 도모하고 있다.

13) Airline Deregulation Act of 1978
14) 국제항공운송경쟁법(IATCA : International Air Transportation Competition Act)

그 결과, 노선구조의 합리화 및 항공수송원가를 절감하기 위한 헙 앤드 스포크 시스템이라고 불리는 '수레 바퀴살 구조'의 노선운영, 항공회사의 중요한 상품인 좌석의 재고관리와 판매가능 좌석을 리얼 타임으로 알 수 있는 컴퓨터예약시스템의 강화, 자사 탑승고객의 확대를 위한 상용고객우대제도, 저원가 · 저운임으로 기존항공회사와 경쟁하는 새로운 경영스타일의 저코스트 항공회사 등의 새로운 비즈니스 모델이 탄생했다.

그림 10-5 항공수송시장의 변화

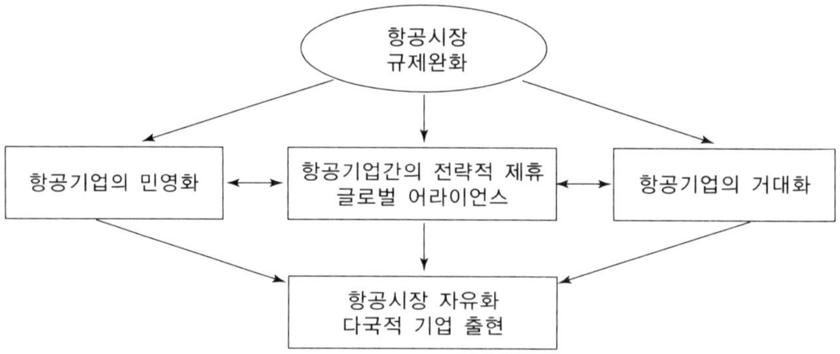

뿐만 아니라 항공수송의 정보화 네트워크화가 본격적으로 전개되고 있다. 항공자유화의 흐름으로 국제항공시장의 경쟁이 격화되면서 항공서비스의 적극적인 확충이 중요한 경쟁력이 되었다. 그러나 항공회사가 단독으로 항공기를 대량으로 확보하고 노선망을 확충하는 것은 투자부담이 크기 때문에 글로벌 어라이언스라고 불리는 항공회사 간의 전략적인 제휴 · 연합이 적극적으로 형성되고 있다.

2. 항공수송의 글로벌 네트워트화

(1) 헙 앤드 스포크 시스템

헙 앤드 스포크 시스템(hub & spoke system)은 항공노선망을 자전거의 수레 바퀴살에 비유한 것으로 차축에 해당하는 허브공항(거점공항)으로부터 방사선으로 노선망을 구축하는 노선운영시스템이다. 항공회사의 노선 네트워크의 구성 방법에는 라인형 네트워크(line net work system), 그리드형 네트워크(grid network), 헙 앤드 스포크형 네트워크(hub & spoke network)의 세 가지가 있다. 라인형 네트워크는 철도 노선망처럼 항공기가 여러 지점을 직선으로 차례로 연결해 가는 노선구조이다. 그리드형 네트워크는 각 공항을 격자형으로 직접 연결하는 노선구조로 지역수요를 특화한 네트워크이다.

헙 앤드 스포크시스템 노선 구조 그림 10-4

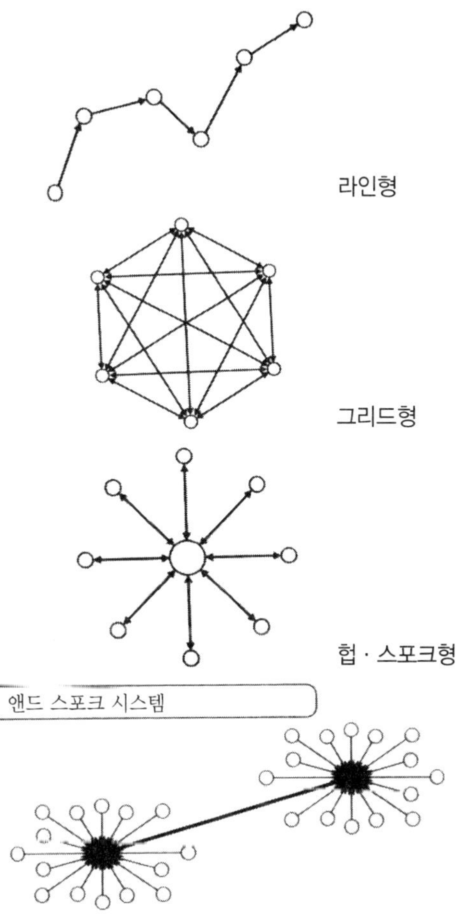

헙 앤드 스포크 네트워크는 항공기의 효율적인 운영을 위해 거점공항(허브)으로부터 거점공항까지 대형기로 운항하고 지방공항은 자전거의 바퀴살 모양으로 거점공항으로부터 사방으로 자사 또는 제휴사의 중소형 항공기로 연결 운항하는 형태의 노선구조이다. 작은 운항회수로 많은

지역의 여객을 수송할 수 있는 장점이 있다. 현재 대형 항공회사의 대부분이 헙 앤드 스포크형의 노선구조를 채택하고 있다.

(2) 컴퓨터 예약 · 발권시스템

컴퓨터 예약시스템(CRS : computer reservation system)은 항공회사의 항공편의 좌석예약 및 발권 기능을 담당해주는 컴퓨터시스템이이다. 항공회사의 상품인 항공좌석은 생산과 동시에 소비되어 버리기 때문에 판매가능좌석을 즉시 알 수 있도록 관리하지 않으면 안 된다. 더욱이 항공기가 대형화 되고 노선이 많아짐에 따라 컴퓨터를 이용한 예약관리가 불가피하다.

처음에는 컴퓨터를 이용하여 자사 좌석의 예약만을 관리하기 위해 도입되었던 것이 지금은 좌석예약 외에 운항 스케줄의 조회, 복잡한 항공운임의 자동계산, 항공권의 자동발권, 호텔 및 렌터카의 예약기능, 항공편의 좌석지정 등에 에 이르기까지 그 기능이 확대되었다. 항공회사의 좌석 예약 기능은 자사뿐만 아니라 전 세계 정기항공회사의 운항 스케줄을 조회하여 좌석예약을 할 수 있는 기능도 있다. 규제완화 시장에 있어서 중요한 마케팅 수단이 되고 있다.

현재 전 세계에 8개의 CRS가 운영되고 있다. 그 중에 GDS(Global distribution system)이라고 불리는 세계적 규모의 네트워크를 가진 컴퓨터예약시스템으로는 유럽의 아마듀스(Amadeus), 월드스판(Worldspan), 미국의 갈릴레오(Galieo)와 세이버(Sabre)가 있다. RDS(regional distribution system)라고 불리는 지역을 한정하고 있는 컴퓨터예약시스템으로는 일본의 인피니(Infini)와 악세스(Axess), 아시아 지역의 아바쿠스(Aabacus), 중국의 트래블 스카이(Travel Sky), 대한항공이 개발한 한국의 토파TM(Topas)[15]가 있다.

최근에는 여행사나 항공회사의 카운터를 통하지 않고 인터넷으로 여객이 예약하고 전자항공권(ticketless system)으로 발권하는 시스템이 도입되고 있다.

(3) 상용고객우대제

상용고객우대제도(FFP : frequent flyer program)는 자사 탑승여객의 확대 및 반복이용을 도모하기 위해 여객이 탑승한 비행거리를 축적하여 무료항공권이나 업그레이드 등의 혜택을 제공하는 제도이다.

원래는 다른 항공회사와 경쟁하기 위한 수단으로서 도입하여 고정고객의 획득과 이용의 빈도를 높이기 위해 자사 항공편의 이용여객에 한정한 제도였다. 이제는 코드 셰어 항공편이 증가되고 세계적인 항공회사의 전략적 연합(어라이언스)이 이루어지면서 제휴 항공사간에 공동으로 이용하는 FFP가 증가하여 이용범위가 다른 항공사의 항공편에까지 확대되고 있다. 혜택의 범위도 호텔, 관광여행, 렌트카 등으로 확대되고 있다.

(4) 글로벌 어라이언스

글로벌 어라이언스(global alliance)는 항공수송의 글로벌 네트워크화를 위해 세계 항공사 간의 전략적 제휴 · 연합을 통한 항공 동맹체이다. 이는 항공회사들이 제휴를 통한 규모의 경제와 범위의 경제를 추구하기 위한 수단으로 이용되고 있다. 글로벌 어라이언스의 특징은 각 항공회사들이 개성을 살려가면서 합병에 가까운 효과를 목표로 하는 전략적 제휴이다.

15) 우리나라에는 1975년 대한항공이 CRS를 처음 도입했으며 1984년에 여행사에 보급되기 시작했음. 아시아나는 아시아 지역의 아바카스(Aabacus)를 사용하고 있음.

현재 국제항공수송제도는 2국간 항공협정에 의해 외국에 취항할 수 있는 노선권이 규제되고 있어 세계적인 항공노선 네트워크를 구축하는 데 많은 제약이 따른다. 뿐만 아니라 국제항공시장에 있어서 경쟁이 치열해지면서 항공수송 네트워크의 확장이 불가피하나 이를 항공회사 단독으로 구축하기에는 너무 방대한 투자가 선행되어야 하기 때문에 사실상 불가능하다. 더욱이 국익 우선과 독점금지법의 장벽으로 항공회사 간의 기업합병이 힘들어 이미 취항 중인 항공회사들과의 전략적 제휴와 연합의 방식으로 글로벌 어라이언스가 전개되고 있다.

항공회사들은 글로벌 어라이언스를 통해 노선망을 제휴확대하고 항공회사의 좌석 일부를 배분받아 판매하거나 양 항공회사가 좌석을 공동판매한 후에 수익을 나누는 방법으로 영업범위를 확대하고 있다. 두 항공회사 간의 좌석공유(code sharing)나 상용고객 우대제도(FFP)를 교환하는 단순한 항공회사간의 협력체제를 넘어 코드 셰어, 예약기능, 운임, 상용고객우대제, 수하물 일관 체크인, 공항 라운지의 공동이용, 항공기의 정비, 기내식, 지상조업, 연료 · 부품 · 기재의 공동구입, 공동 스케줄, 공동 마케팅에 이르기까지 항공수송사업 전반에 걸쳐 광범위한 제휴와 연대를 도모하여 사실상 단일 항공회사가 운영하여 항공수송서비스를 제공하는 다자간 기업연합체의 성격을 띠고 있다. 2009년 말 현재 구성되어 있는 주요 글로벌 어라이언스는 원월드(Oneworld), 스카이 팀(Sky Team), 스타 어라이언스(Star Alliance)의 셋 연합이다. 3대 글로벌 어라이언스의 가맹회사가 전 세계의 정기항공회사가 공급하는 총 좌석 수의 80%를 점유하고 있다.

아메리칸 항공(AA)과 영국항공(BA)이 중심이 되어 형성된 원월드 어라이언스는 정회원 10개사에 135개국의 700개 도시를 운항하고 있으며 매일 2,000대 이상의 항공기가 하루 8천 편 이상을 정기운항하고 있으며 연간 3억 명의 여객을 수송하고 있다.

미국의 델타항공과 에어 프랑스와 대한항공이 중심이 되어 형성된 스카이 팀 어라이언스는 정회원 10개사에 162개국의 856개 도시를 운항하고 있으며 매일 2500대 이상의 항공기로 하루 1만 5천 편을 정기운항하고 있으며 연간 약 5억 명의 여객을 수송하고 있다.

미국의 유나이티드 항공과 독일의 루프트한자 항공이 중심이 되어 형성된 스타 어라이언스는 정회원 24개사로 175개국에 1,077개 도시를 운항하며 매일 3,900대의 항공기로 하루 1만 9천편을 정기운항하고 있으며 연간 약 6억 명의 여객을 수송하고 있다.

글로벌 어라이언스에 참가하고 있는 항공회사들은 사업전반에 대한 전략적인 제휴와 연대를 통한 경비절감, 수입증대, 그리고 고객에 대한 서비스 향상으로 각사가 연간 1,000억불 이상의 효과를 얻고 있다.

(5) 저 코스트 · 저 운임 항공회사

저 코스트 항공사(LCC : low cost carrier)는 새로운 경영스타일의 항공회사이다. 그 특징은 낮은 원가와 높은 생산성에 저 운임으로 비교적 단거리의 특정 도시 간(point to point)을 중·소형 제트기를 사용하여 셔틀서비스처럼 많은 운항회수를 운항하여 항공수송서비스를 제공하며 기존 항공사에 비해 코스트는 50% 낮고 운임은 60~70%가 낮은데 있다.

글로벌 어라이언스 점유비 **그림 10-5**

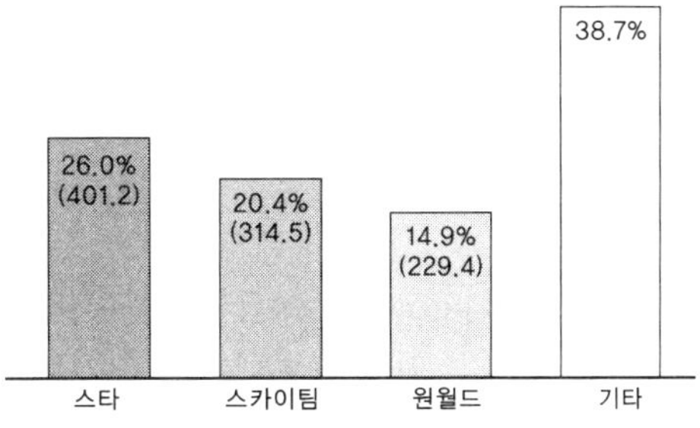

저 코스트 항공사(LCC : low cost carrier)[19]는 가격이나 편리성을 중요하게 생각하는 고객층을 대상으로 노선의 운영을 중간에서 갈아타지 않는 직행노선을 기본으로 한다. 운임이 기존항공회사보다 매우 저렴하고 운임구조가 매우 단순하고 이용자가 알기 쉽다.

저렴한 운임으로 이익을 내기 위해서 수송원가의 철저한 삭감에 중점을 둔다. 유통경비를 절감하기 위해서 예약이나 항공권은 판매 대리점을 이용하지 않고 직접 판매를 기본으로 하며 특히 인터넷을 통한 직접판매가 75%를 점유한다. 조종사를 비롯하여 객실 승무원까지 급여가 대형항공사의 절반 수준이며 지상요원은 1인 2역을 하도록 운영하고 있다. 대형항공사가 추구하고 있는 허브 앤 스포크 시스템 대신에 포인트 투 포인트의 그리드형 노선구조로 단순왕복운항을 원칙으로 노선운영을 하고 있다. 공항은 도시의 주요공항을 사용하지 않고 공항사용료가 저렴한 교외의 제2공항을 이용한다.

항공기는 단일 기종을 사용하여 정비비를 절반으로 삭감하고 있으며 중소형 항공기를 사용하여 운항회수를 빈번히 하고 좌석이용률을 최대로 높이는데 중점을 둔다. 지상에서의 조업시간을 대폭 단축하여 고가의 항공기의 가동시간을 높여 단위 원가를 낮춘다. 마일리지 프로그램도 매우 단순화하고 있으며 객실은 이코노미 클래스에 좌석지정제도가 없으며 기내서비스는 유료이거나 아예 서비스를 하지 않는다.

19) 우리나라에서는 항공운임이 저렴한 항공사라는 뜻으로 저가항공사(低價航空社)라고 불리고 있음.

저가항공사의 특징 **그림 10-4**

	기존항공회사	저코스트항공회사
운임수준	상대적으로 높음	낮음
노선구조	중·장거리 둥심 헙 앤드 스포크 노선구조	단거리 두 지점 단구간 노선구조
기내 서비스	기내서비스 있음 좌석지정	기내 서비스 없음 좌석지정 없음
판매	여행사 이용한 간접 판매	인터넷 이용 직접 판매 E-항공권
마일리지	있음	없음
사용항공기	노선구조에 따라 기종 다양	단일기종
사용공항	각 도시의 주요 공항	각 도시의 2차 공항
정시성	상대적으로 낮음	매우 높음

호텔의 로고가 들어 있는 볼펜을 사용할 정도로 사무용품까지도 절감하고 있다. 예약요원은 재택근무를 원칙으로 하여 사무실 비용을 대폭 절감하고 있다. 업무를 극도로 단순화하여 컴퓨터화 함으로서 컴퓨터에 대한 투자를 대폭 삭감하고 있다. 뿐만 아니라 판매와 동시에 수입금이 입금되기 때문에 자금사정도 매우 양호하며 자금차입을 최대한 억제하고 있다.

현재 미국의 경우 20여개의 저 코스트 항공회사가 진출해 있다. 이 중 가장 대표적인 저 코스트 항공사는 1971년에 창업한 이래 지금까지 40년 동안 성장을 계속하고 있는 미국의 사우스웨스트 항공회사(Southwest Airlines)이다. 현재 B-737 제트 항공기 550대를 보유하고 있으며 35개 주의 69개 도시에 1일 3300회를 운항하고 있다. 유럽은 영국의 이지 제트(Easy Jet) 항공회사가 대표적인 저 코스트 항공사이다.

제11장

항공안전과 항공운송인의 책임

항공안전과 항공운송인의 책임

YL-SBY

제11장 항공안전과 항공운송인의 책임

제1절 | 항공안전과 항공기 사고

1. 항공수송과 항공안전

안전성은 항공수송만의 문제가 아니다. 모든 교통기관에 요구되는 가장 중요한 요소이다. 그러나 교통에 있어서 절대적인 안전은 있을 수 없다. 항공기, 자동차, 철도, 선박 등 교통기관의 안전성은 어디까지나 상대적인 것으로 안전성의 최저기준을 규정하는 것 자체도 어렵다.

항공수송의 안전성은 항공기, 공항시설, 항행원조시설, 항공교통관제, 운항승무원의 기량 등 여러 가지 시설 및 기술적 원인이나 기상과 같은 자연적 요인과 밀접한 관계가 있다. 항공 초기에는 약간의 기후 변화만 있어도 항공기는 운항할 수 없었고 항공기 사고로 연결되기도 했다. 그래서 안전성이 매우 낮았다. 그러나 항공기술의 진보로 항공기 자체의 안전성의 향상, 조종사의 기량의 향상에 따른 항공기 운용기술의 진보, 항공정비기술의 향상, 항공엔진의 신뢰성 향상, 통신 및 항행원조시설 등의 발전으로 항공수송의 안전성이 크게 향상되어 왔다.

그 중에서도 항공수송의 안전성의 향상에 크게 기여한 것은 항공기의 파괴억제구조(fail-safe structure)와 각종 시스템의 다중구조 그리고 컴퓨터에 의한 비행 및 조종관리 등이다. 페일 세이프 구조는 항공기의 어느 일부분에 결함이나 고장이 생겼더라도 그 영향이 다른 부분에 미치지 않도록 되어 있는 항공기의 안전구조를 말한다. 또한 항공기의 운항에 필요한 엔진, 날개, 전기, 유압 등 모든 시스템이 2중 3중으로 돼 있다.

최근에 개발된 '제4세대 제트 항공기'의 경우 유압장치가 3중 4중으로 돼있다. 뿐만 아니라 고온고압의 압착공기로 작동하는 펌프가 있어 어느 하나가 고장이 나더라도 항공기의 운항에는 지장이 없다. 또한 계기착륙장치나 관성항법장치 등의 발달로 공항이나 항공에서의 안전성도 크게 향상되었다.

항공기 사고는 이전에 비하면 발생건수가 크게 감소되었다. 다만 B-747과 같이 항공기가 대형화되면서 일단 사고가 발생하면 그 규모가 커서 많은 희생자를 내는 경우가 많다. 이 때문에 항공수송은 교통 중에서 가장 안전함에도 불구하고 정당한 평가를 받지 못하고 있다.

항공수송의 안전성을 나타내는 지표로서 여러 가지가 있으나 연간 항공사고 건수, 항공기 사고에 의한 사망자 수, 1억 비행 킬로미터 당 사고발생률, 1억 여객 킬로미터 당 여객 사망자발생률, 10만 비행시간 당 사고발생률, 착륙 10만회 당 사고발생률 등이 사용된다.

ICAO 자료에 의하면 항공수송 사고의 사망자 수는 1940년대에 1억인의 여객을 1킬로미터 수송하는데 3.0인으로 거의 승용차와 같은 수준이었다. 1970년대는 0.15인 그리고 1990년대는 0.04인 수준으로 저하되어 승용차의 10분의 1수준으로 감소되었다. 이것은 여객기가 서울-뉴욕 간 약 1만km의 비행거리를 12만 5천 번 왕복했을 때 한 사람이 사망하는 정도의 사망률이다. 항공기의 전손사고(全損事故)가 발생하는 빈도는 매년 평균 20건 정도이다. 이것은 여객기가 100만 회를 비행했을 때 1회 정도의 사고가 발생하는 수준이다. 매일 비행기로 1왕복하는 사람을 가정하면 1,400년에 1회 정도 항공기 사고를 당하는 것이 된다.

2. 항공기 사고의 원인과 대책

항공기 사고의 상당 부분이 항공기의 이륙 · 상승 때와 진입 · 착륙 때 발생한다. 1991년부터 2000년까지의 20년 동안의 항공기 사고통계에 의하면 운항단계별 사고발생 현황은 [그림 11-1]과 같다. 착륙, 이륙, 상승, 최종진입 순서로 사고발생률이 높다. 전체 비행시간 중에서 불과 4% 밖에 안 되는 항공기의 최종진입-착륙 때 51%, 이륙-상승 때 17%의 항공기 사고가 발생했다.

비행단계별 사고발생 수와 사망자 수(1991~2000년) **그림 11-1**

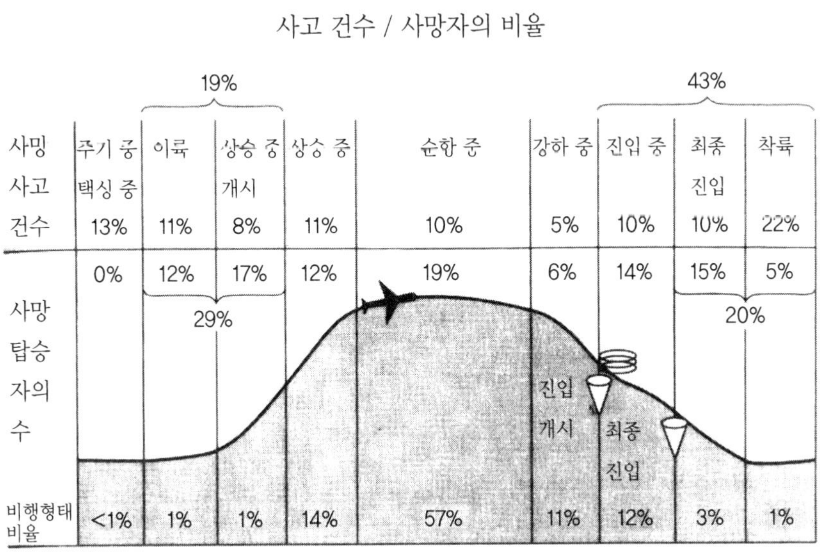

항공기 사고는 운항승무원의 판단 및 조작 미스, 공항시설, 항공기(고장, 정비 등), 항행원조시설, 통신, 기상 등 여러 가지 원인에 의해 발생하지만, 이 가운데 운항승무원의 판단 · 조작 미스가 60~70% 차지한다.

항공수송에 있어 중요한 안전성의 확보를 위해 항공기를 실제로 운항하는 항공회사를 비롯하여 정부, 공항당국, 항공기 제조회사 그리고 ICAO 등 국제기관에 이르기까지 다각적인 노력을 기울이고 있다. 항공기의 설계, 운항지원, 정비기술, 안전관리기법, 요원훈련 등의 지속적인 개선으로 항공안전이 크게 향상되고 있다.

특히 ICAO와 IATA가 중심이 되어 항공안전의 확보를 위해 항공안전의 최저기준으로 항공기에 관한 감항기준(airworthiness standards), 운항을 위한 운항기준, 그밖에 필요한 각종 기준을 설정하여 권장하고 있다.[1] 또한 각 국은 항공법 등 법규로 안전기준을 설정하여 감독한다.

미국 연방항공청(FAA)은 항공기 사고를 사전에 방지하고 항공안전의 향상을 위해 1992년부터 미국에 운항하고 있는 항공회사가 소속하고 있는 국가에 대한 국제항공안전점검제도(IASAP : international aviation safety assessment program)를 도입하여 2년마다 점검하고 있다. 항공기 사고는 각 항공회사에 책임이 있지만, 그러한 항공회사를 감독하는 정부의 책임도 크다는데 착안한 것이다. 또한 ICAO는 1997년부터 범세계적 항공안전감사제도(USOAP : universal safety oversight audit programme)를 도입하여 186개 회원국에 대한 항공안전감사를 2년마다 실시하고 있다.

1) 국제민간항공조약 The convention on internatiional civil aviation의 부속서 제6부 항공기운항 Annex 6: Operation of aircraft 및 부속서 제8부 항공기 감항성 Annex 8 : airworthiness for aircraft

제2절 | 항공운송인의 책임

1. 항공운송인의 책임

항공운송인은 자사의 항공기로 여객이나 화물 및 우편물을 목적지까지 안전하게 수송을 할 책임이 있다. 뿐만 아니라 항공운송인은 항공수송으로 여객이나 화주가 손해를 입었을 경우 그 손해에 대한 배상책임이 있다.

항공기는 사람이 만든 기계이며 그 항공기를 조종하고 정비하고 관제하는 것도 모두 사람이다. 그러기 때문에 절대적 안전이나 항공기 사고가 일어나지 않는다는 보장은 없다. 항공기 사고로 여객이나 화물에 손해가 발생하면 당연히 항공운송인에게 배상책임이 따른다. 현행 제도에서 항공운송인의 책임은 국제항공수송과 국내항공수송에 적용되는 기준이 다르다. 국제항공의 경우에는 국제조약이 적용되고 국내항공일 경우에는 국내법이 적용된다.

우리나라는 항공운송인의 책임에 관한 법률이 없다. 그렇기 때문에 상법의 육상운송인에 관한 규정이나 민법의 채권 및 불법행위에 관한 규정을 준용할 수밖에 없다. 실제로는 항공운송인의 운송약관이 가장 큰 비중을 차지한다. 국제항공수송의 경우 1929년에 체결된 '바르샤바 조약' 및 1955년에 개정된 '헤이그 의정서'가 유효한 조약으로서 적용되어 왔으나 1999년에 새로운 조약으로서 '몬트리올 조약(Montreal Convention)'이 체결되었다.

2. 국제항공운송인의 책임

(1) 바르샤바 체제

국제항공수송에 있어서 항공운송인의 책임은 1929년에 체결된 '바르샤바 조약(Warsaw Convention)'[2]을 기본조약으로 하고 그 후에 개정된 1955년의 '헤이그 의정서', 1965년의 '몬트리올 협정', 1971년의 '과테말라 의정서'가 적용되었다. 그러나 1999년에 '몬트리올 조약'이 체결되면서 새로운 바르샤바 조약체제가 확립되어 적용되고 있다.

바르샤바 조약 체제는 항공기 사고로 인해 발생한 인적 또는 물적 손해에 대해 항공운송인의 과실추정책임주의와 유한책임주의를 채택하고 있다. 동 조약에 따르면 항공기 사고가 발생하면 원칙적으로 항공운송인에게 과실이 있다고 추정하여 책임을 지도록 되어 있다. 다만 과실여부에 대한 거증책임은 항공운송인에게 있기 때문에 항공운송인은 과실이 없다는 것을 증명하지 못하면 책임을 면할 수 없다.

이것은 고도의 기술의 집합체인 항공기의 사고에 대하여 항공운송인의 과실을 여객이나 사망자의 유족이 입증하는 것이 사실상 불가능하기 때문에 과실여부에 대한 입증책임을 항공운송인이 지도록 한 것이다. 그 대신에 항공운송인은 실제 손해와는 관계없이 일정한 책임만 지는 유한책임제를 도입하였다. 동 조약에 따르면 항공운송인의 책임한도는 여객은 1인당 12만 5천 골드 프랑, 수하물과 화물은 1kg 당 250골드 프랑으로 제한하고 있다.

2) 폴란드이 수도 바르샤바에서 체결된 '국제항공수송에 관한 규칙의 통일에 관한 조약(the convention for the Unification of certain rules relating to international Transportation by air)' 1933년 발효

항공운송인에게 고의나 중과실이 있는 경우에는 책임한도액은 적용되지 않고 항공운송인이 무한책임을 진다. 이 경우 항공운송인의 고의 또는 중과실의 입증책임은 여객이나 그 유족에게 있다.

바르샤바 조약의 항공운송인의 책임한도액은 1955년의 '헤이그 의정서' 에 의해 2배로 인상되어 25만 골드 프랑이 되었고 1966년의 '몬트리올 협정' 에 의해 출발지나 도착지나 기항지가 미국 영역 내에 한 지점이라도 있는 항공수송에 대하여는 항공운송인의 책임의 한도액이 여객 1인당 7만 5천불로 개정되었다. 항공운송인의 배상책임한도액은 '바르샤바 조약' 이 개정될 때마다 피해자의 보호를 위해 상향되어 왔다. 그리고 손해배상한도액의 통화단위가 '바르샤바 조약' 에서 금본위제인 골드 프랑이었으나 1975년의 '몬트리올 추가의정서' 에서 국제통화기금의 통화단위인 특별인출권(SDR : special drawing right)[3] 제도로 개정되었다. 그 뒤 바르샤바 조약의 과실추정책임주의는 1971년에 체결된 '과테말라 개정의정서' 에 의해 항공운송인에게 과실이 없더라도 책임을 지는 무과실책임주의(절대책임주의)로 개정되었다.

'바르샤바 조약체제' 는 2개의 조약과 6개의 의정서로 구성되어 있어 매우 복잡했다. 이 때문에 1999년 5월에 국제항공운송인의 민사책임에 관한 조약을 체결하여 「바르샤바 조약체제」를 근본적으로 개혁한 새로운 통합조약인 '몬트리올 조약(Montreal Convention)' 이 2003년 11월 3일에 발효되었다. 우리나라는 2007년에 새로운 조약에 가입했다.

3) SDR은 국제통화기금이 정한 특별인출권으로 1SDR은 미화 1.58달러에 해당

'몬트리올 조약'은 항공운송인의 책임을 10만 SDR[4]까지는 무과실책임주의로 하고 이를 초과하는 손해에 대해서는 항공운송인이 무과실을 입증해야 하는 과실추정주의가 도입되었다.

(2) 국제여객운송약관

항공권의 구입과 동시에 항공운송인과 이용자 간에 체결된 항공운송계약이 운송약관(conditioning of carriage)이다. 항공운송인이 항공기를 이용하는 많은 여객이나 화주와 일일이 개별계약을 체결하는 것이 현실적으로 불가능하다. 이 때문에 항공법은 정부의 인가를 전제로 항공수송조건을 사전에 정하고 이를 공시하여 여객이나 화주가 항공권을 구입하거나 화물운송장을 발급받으면 항공운송인의 운송약관의 계약조건에 동의하여 계약을 체결한 것이 된다. 따라서 운송약관에는 항공기 사고로 인한 항공운송인의 손해배상 책임에 대한 조건을 반드시 명시하도록 되어 있다.

3. 국내항공운송인의 책임

국내항공수송에 있어서 항공운송인의 책임은 각국의 국내법이 적용된다. 국내항공운송인의 책임을 규정한 국내항공운송법을 제정하여 적용하는 국가도 있고 별도로 국내항공운송법이 없는 대신에 민법이나 상법을 준용하거나[5] 항공운송약관에 항공운송인의 책임을 명문화하여 적용하고 있다.

4) 국제통화인출권 10만 SDR은 원화로 환산하면 1억 4454만원에 해당됨.
5) 상법 제148조 및 제150조 준용

우리나라의 경우 아직까지 상법에 항공운송인의 책임에 관한 법조항이 없으므로 민법상의 채권 및 불법행위에 관한 규정과 항공운송약관이 적용된다.

제3절 | 항공보험

1. 항공보험이란

항공보험(aviation insurance)은 항공기로 인해 발생하는 모든 위험을 포괄적으로 담보하는 보험이다. 항공보험의 대상이 되는 위험에는 출발공항을 출발한 항공기가 이륙, 상승, 순항, 하강, 착륙하여 목적공항에 도착할 때까지 발생할 가능성이 있는 항공기의 사고위험이나 제3자에 대한 사고위험 그리고 지상에 주기해 있는 항공기에 대한 사고위험이 포함된다.

항공보험은 항공운송인이 사업을 안정적으로 운영할 수 있도록 항공기 사고로 인해 입게 될지도 모르는 위험으로부터 막대한 규모의 항공기의 재산적 가치를 보전하고, 여객이나 화주나 지상의 제3자에 대한 손해배상책임을 담보하는데 목적이 있다.

항공기술의 발달로 항공기의 안전성이 크게 향상되었다. 그렇다고 해서 불의의 항공기 사고의 발생이 완전히 방지되거나 배제될 수는 없다. 항공기 사고는 일단 발생하면 그 규모가 커서 항공운송인의 부담이 매우 커질 수밖에 없다. 그러나 항공운송인은 이러한 위험을 스스로 부담할 능력이 사실상 없기 때문에 그러한 손실을 최소화하고 사업의 안정성을 확보하기 위해서는 항공보험에 의존할 수밖에 없다.

항공보험의 특징은 인수하게 될 위험이 크다는 점에 있다. 최신 대형 항공기일 경우 그 가격이 몇 천 억 원에 이르고 여객이나 제3자에 대한 손해배상책임의 규모도 거액이 될 수 있다. 항공보험이 보전해야할 한도액이 거액이다 보니 인수하게 될 위험도 거대해질 수밖에 없다. 그러기 때문에 항공운송인이 그 손실을 스스로 보전하는 자가보험제도는 아예 생각할 수 없고 제3자 보험에 의존할 수밖에 없다. 또한 항공운송인만이 아니라 보험회사도 항공기 사고로 인해 인수하게 될 위험을 해소하기 위해서 국제적 규모의 재보험으로 위험을 분산할 수밖에 없다.

정기항공수송사업에 종사하는 항공기는 모두 국내 보험회사에 의해 외국의 보험회사와 재보험계약이 체결되어 있다. 따라서 항공보험의 보험요율이나 보험계약의 조건이 해외 재보험시장의 영향을 받는다. 재보험은 주로 영국의 로이즈(Lloyd' s)와 미국의 AAU나 USAIG에 속해 있는 언더라이터들이 인수하는 보험시장으로 형성돼 있다. 항공보험은 국제적으로 통일된 약관이나 보험계약 조건이 적용된다. 국가에 따라서는 항공보험에 관한 특별법을 제정하고 있는 국가도 있다. 항공보험 보험료의 산정의 기초가 되는 전 세계의 항공기 사고(주로 사고율)가 수시로 변하기 때문에 항공보험의 계약기간은 1년 단위로 계약하는 것이 원칙이다.

항공보험은 일종의 강제보험이다. 대부분의 국가가 항공운송인에게 항공수송사업을 허가할 때 항공기를 운항하면서 발생할 수 있는 위험에 대비한 항공보험의 부보를 의무화하고 있다. 일부 국가에서는 자국에 취항하는 외국 항공회사에도 항공보험의 부보를 의무화하고 있다

1999년 5월에 성립한 신 통합조약인 '몬트리올 조약' 은 당사국은 자국 항공운송인에게 조약상의 책임을 담보하는 적절한 보험의 부보를 요구해야 한다고 규정하고 있다. 또한 당사국은 그 국가에 취항하는 항공

운송인에게 조약상의 책임을 담보하는 적절한 보험부보의 증명을 요구할 수 있다고 규정하고 있다.[6)]

2. 항공보험의 종류

항공보험의 대상이 되는 위험은 그 범위가 매우 광범위하지만, 원칙적으로 항공기 사고가 발생했을 때 항공운송인이 부담해야 할 실제 손해를 그 대상으로 한다. 손해의 형태에 따라 항공기에 관한 보험, 항공운송인의 책임에 관한 보험, 그리고 전쟁보험으로 분류된다. 그 밖에 항공운송인은 항공기 사고가 발생했을 때 항공운송인이 필요로 하는 여러 가지 경비의 보상을 목적으로 하는 보험도 있다.

항공기에 관한 보험은 항공기보험과 항공기의 장비품 · 예비부품보험이 있다. 항공운송인의 책임에 관한 보험은 여객배상책임보험, 화물배상책임보험, 제3자 배상책임보험이 있다. 전쟁보험은 전쟁이나 하이자크 등에 의한 위험을 담보하기 위한 특별보험이다.

항공운송인이 부보해야 할 보험과는 별도로 여객이나 화주가 부보 하는 보험이 있다. 항공여행상해보험, 화물항공보험이 이에 해당한다. 항공여행상해보험은 항공여행 중에 여객이 입을 위험이 있는 손해를 담보하는 상해보험이며 화물항공보험은 화물의 손해를 담보로 하는 보험이다.

6) 몬트리올 조약 제50조 참조

(1) 기체보험

기체보험은 항공기에 대한 보험으로 기체뿐만 아니라 엔진, 프로펠러 기타 장비품이 포함된다. 기체보험료는 각 항공기별로 결정된다. 부보액은 일반적으로 항공기의 구입가격이나 시장가격이나 미상각잔고를 부보액으로 한다. 보험료율에 대해서는 일정한 기준율이 없으며 원칙적으로 항공기의 기종 및 항공운송인의 과거의 사고기록을 근거로 결정된다. 항공기가 동일하더라도 전년에 사고가 있었느냐에 따라 보험료율이 크게 달라진다. 보험금은 항공기 전체가 손상되었을 때는 전액, 부분적으로 손상되었을 때는 그 수리비가 보상된다.

항공기가 손상을 입으면 항공운송인은 항공기를 수리하기 위해서 사용할 수 없게 되어 예정되었던 수입을 얻지 못하게 된다. 이러한 손해를 전보하는 보험으로 항공기사용불능손해보험이 있다.

(2) 여객배상책임보험

항공기의 추락, 불시착, 폭발 등에 의하여 발생한 여객의 사망 또는 상해(신체적 손상) 등의 손해나 수하물의 멸실 또는 훼손으로 인하여 생긴 손해에 대하여 항공운송인이 법률상 지불책임이 있는 배상액을 보상하는 보험이 여객배상책임보험이다. 책임을 담보하는 보험이므로 보험금 지불의 전제로 항공운송인의 책임 조건이 된다.

보험조건은 기체보험과 같다. 다만 배상책임의 한도를 정부가 승인한 운송약관에 의해 결정되기 때문에 부보액은 운송약관의 한도액과 기타 조건을 고려하여 결정한다. 국내선은 국가에 따라 배상책임한도액에 상당한 차이가 있으나 기본적으로 정부가 승인한 한도액을 적용한다. 국제선은 몬트리올 조약 등 국제조약에 의해 배상책임한도액이 국제적으로 통일돼있다. 보험료율은 기체보험의 경우와 동일하게 결정되지만, 1좌석당, 1사고 당 보험가입금액을 정하여 보험에 가입하며 1좌석당의 보험가입금액은 여객운송약관의 책임한도액보다 높아야 한다.

(3) 제3자 책임보험

제3자 책임보험은 지상 제3자의 생명이나 신체를 해치거나 재물에 손해를 준 것에 대하여 피보험자가 법률상의 손해배상책임을 부담함으로서 생기는 손해를 담보하는 보험이다. 항공기 사고로 제3자에게 손해를 입힌 경우, 항공기가 추락하거나 공중으로부터 화물이 떨어져 제3자에게 손해를 준 경우, 지상에서 다른 항공기나 공항의 지상시설이나 사람에 손해를 준 경우, 공중충돌에 의해 다른 항공기 및 항공기에 탑승한 여객에게 손해를 준 경우가 있다. 일반적으로 제3자 배상책임보험도 여객배상책임보험처럼 사고 당 보전할 한도액이 정해져 있다.

피보험자는 실제로 항공기를 운항하는 자가 되지만, 항공기의 소유자와 운항자가 다른 경우에는 누군가가 보험계약자 혹은 피보험자가 되어 다른 쪽을 주가(공동) 피보험자로 한다. 피보험자가 복수인 경우, 피보험자 간의 상호 배상책임은 원칙으로서 보험금지불의 대상이 되지 않지만, 이 상호의 배상책임을 담보하기 위해 교차책임특약을 체결할 수 있다.

(4) 화물 및 우편물 배상책임보험

이 보험은 항공화물운송장에 기재된 화물이 수송 중이던 지상에 보관중이던 관계없이 항공운송인의 관리 하에 있는 동안에 멸실, 훼손, 지연 기타 취급상의 오류로 손해가 발생했을 때 입은 화주의 손해에 대하여 항공운송인이 법률상 지불책임이 있는 배상액을 보상하는데 목적이 있다. 보험의 조건은 기체보험과 동일하며 부보액은 사고 건수에 대한 최고한도액을 정하여 부보 한다.

항공우편물은 항공운송인과 우편당국과의 계약에 의해 이루어진다. 항공우편물에 대하여 우편당국의 책임은 우편법에 규정되어 있기 때문에 항공운송인의 배상책임은 이를 전제로 부보 한다. 보험계약은 항공화물보험과 별도로 체결한다.

(5) 전쟁보험

전쟁보험은 전쟁만이 아니고 내란, 혁명, 폭동, 동맹파업, 소요, 노동쟁의, 하이자크 등의 이상사태로 인하여 항공기가 멸실되거나 손상을 입을 경우, 또는 제3자에 대한 배상책임이 발생할 경우 이를 담보하기 위한 보험이다. 일반적으로 보통 보험에서는 이러한 이상사태에 대하여는 면책조항이 있기 때문에 별도로 전쟁보험을 부보하지 않으면 보험금을 받지 못한다. 전쟁보험의 보험료는 세계의 정세에 따라 상당한 차이가 생기며 기타 항공보험과는 완전히 독립하여 변동하는 것이 특징이다.

(6) 수색구조비보험

이 보험은 항공기의 사고 때문에 발생한 항공기의 수색, 여객 · 화물의 구조에 소요된 비용을 보상하는데 목적이 있다. 항공기의 조난 장소가 명확하지 않을 경우에는 수색이 필요하며 조난 장소를 알고 있는 경우에도 구조가 곤란할 경우가 있다. 이와 같은 경우 수색이나 구조에 많은 비용이 소요된다. 이러한 비용을 담보하기 위한 것이 수색구조비보험이다. 보험의 조건 및 부보 액은 항공기보험과 동일하며 보험료율은 부보액에 대한 확정률로 결정된다.

제12장

항공수송과 항공기공해

항공수송과 항공기공해

YL-BBY

제 12장 항공수송과 항공기공해

제1절 | 항공기 소음

1. 항공기공해

근대 산업의 발달과 인류의 생활수준의 향상에 크게 기여해온 석유 · 석탄 등 화석연료(化石燃料)의 소비량의 가속적인 증대로 최근에 지구의 온난화, 산성 비, 오존층의 파괴, 열대림의 소실, 사막화, 대기 · 수질 · 토양의 오염 등이 심각해지고 있다.

그 원인 중의 하나가 교통의 발달이다. 현재 지구상에는 약 5억대의 교통기관이 움직이고 있다. 그 중 약 4억대가 자동차이며 항공기는 군용기까지 포함해서 약 40만대에 이른다. 이렇게 볼 때 항공기가 지구환경에 미치는 영향은 그다지 크지 않지만, 항공기가 화석연료를 태워서 운항을 계속하는 한 항공기공해(aircraft noise & air pollution)도 역시 문제가 된다. 대표적인 항공기공해는 항공기 소음과 배기가스에 의한 지구 온난화와 대기 및 해양 오염이다.

프로펠러 항공기 시대에도 항공기의 소음이 문제가 되었다. 그렇지만 제트기 시대에 들어와서 항공기의 소음이 공항 주변의 주민에게 심각한 사회문제로 부상되고 있다. 제트 항공기의 소음이 인체에 미치는 영향이 프로펠러 항공기의 소음보다 훨씬 심각하기 때문이다.

2. 항공기 소음의 발생

항공기 소음(aircraft noise)은 크게 항공기가 이착륙할 때 생기는 운항소음과 지상에서 엔진을 시운전 할 때 발생하는 엔진소음으로 분류된다. 항공기의 운항소음은 운항 중인 항공기의 엔진에서 발생하는 엔진소음(jet noise)과 항공기가 대기 중을 비행할 때 바람을 가르면서 발생하는 기체의 공력소음(aerodynamic noise)이 있지만, 엔진소음이 항공기 소음의 대부분을 차지한다. 항공기 소음은 소음이 크고 고음부터 저음까지 주파수의 폭이 넓은 것이 특징이다.

그림 12-1 터보팬 엔진의 팬 소음발생

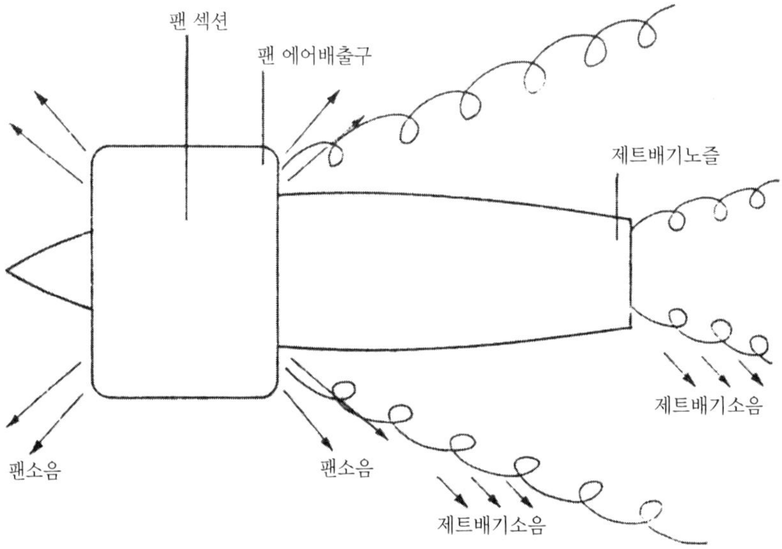

공력소음은 물체가 공기 중에서 움직이면 반드시 공기를 진동시켜 소리를 발생시킨다는 소리의 기본속성에 따라 발생하는 소음이다. 이 소음은 항공기가 공중을 비행할 때 날개의 끝부분이나 플랩 주변 혹은 바퀴 등의 돌출부가 바람을 갈라 기류에 혼란을 일으키면서 생기는 공기의 저항으로 인해 발생하는 소음이다. 엔진으로부터 나오는 제트소음에 비하면 매우 낮다. 그러나 제트소음도 초음속 여객기(SST)처럼 비행속도가 빨라지면 충격파(sonic boom) 와 같은 큰 공력소음이 발생한다. 제트소음은 착륙할 때 가장 심하며 공력소음은 이륙할 때 가장 심하다.

제트 항공기의 소음 개선 **그림 12-2**

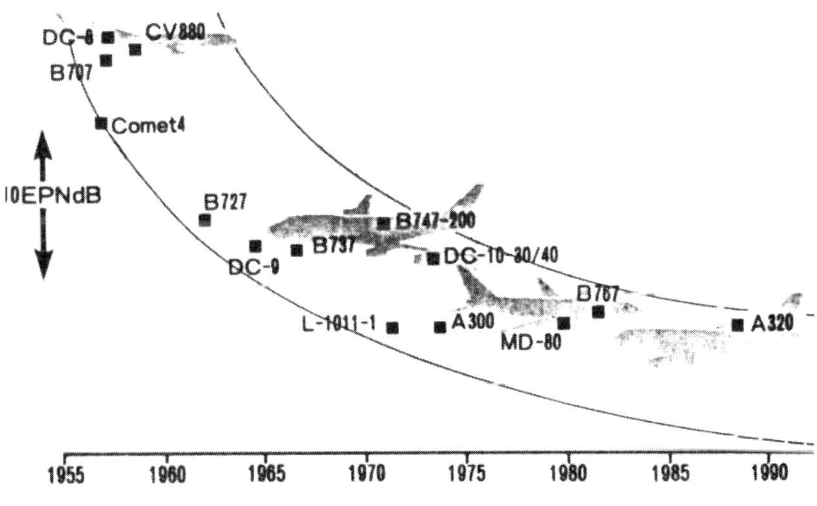

제트엔진은 흡입·압축한 공기에 연료를 혼합하여 연소시켜 생기는 가스를 배출하면서 추력을 얻는다. 엔진소음은 엔진이 공기를 흡입하거나 배출하면서 발생하는 소음이다. 마치 가정의 환기통이나 냉방장치에서 발생하는 소음과 같다. 엔진소음은 제트 항공기가 발생시키는 소음 중에서 가장 큰 소음으로 항공기 소음의 80%가 엔진소음이다. 이러한 엔진 소음은 [그림 12-1]에서 볼 수 있듯이 공기가 팬에 부딪히면서 엔진의 앞쪽에서 팬 소음(fan noise)이 발생하지만, 흡입된 공기가 팬을 지나서 공기에 다시 섞여 들어가면서 엔진의 뒤쪽에서 제트배기소음이 발생한다.

팬 소음은 엔진 내의 팬이 회전하면서 발생하는 소음으로 제트배기소음에 비해 소음이 고주파이다. 팬을 대형화하여 팬을 지나가는 공기의 량을 제트엔진에 흡입되는 공기량보다 많게 하여 팬 소음을 줄이고 있다. 제트배기소음은 배기노즐로부터 고속으로 분출되는 배기가스가 대기와 부딪히면서 발생하는 저주파 소음으로 소음의 확산지역이 넓다. 엔진 배기노즐에서 발생하기 때문에 이 소음을 줄이는 것은 사실상 어렵다. 엔진의 뒤쪽에 국화 모양의 배기 닥터를 장비하여 줄이고 있다. 제트배기소음은 항공기가 이륙할 때 가장 크고 착륙할 때는 줄어든다. 엔진을 개량하여 항공기 소음을 줄이기 위해 여러 가지 개선을 해오고 있다. 그 결과, 최근에 사용되고 있는 제트엔진은 엔진추력은 커지면서 소음은 작아지고 있다.

3. 항공기 소음의 규제와 대책

(1) 항공기 소음의 규제

항공기 소음을 규제하기 위해서 ICAO는 항공기 소음 대책기준을 정하여 적용하고 있다.[1] 이에 따라 미국을 비롯하여 영국, 프랑스, 일본, 한국 등 대부분의 국가들이 ICAO 기준에 따른 소음증명제도(noise certification)를 도입해 적용하고 있다.[2]

1) 국제 민간항공조약의 제16부속서(ICAO Annex 16)
2) 항공법 제13조 2항

공항주변의 항공기 공해대책 **그림 12-3**

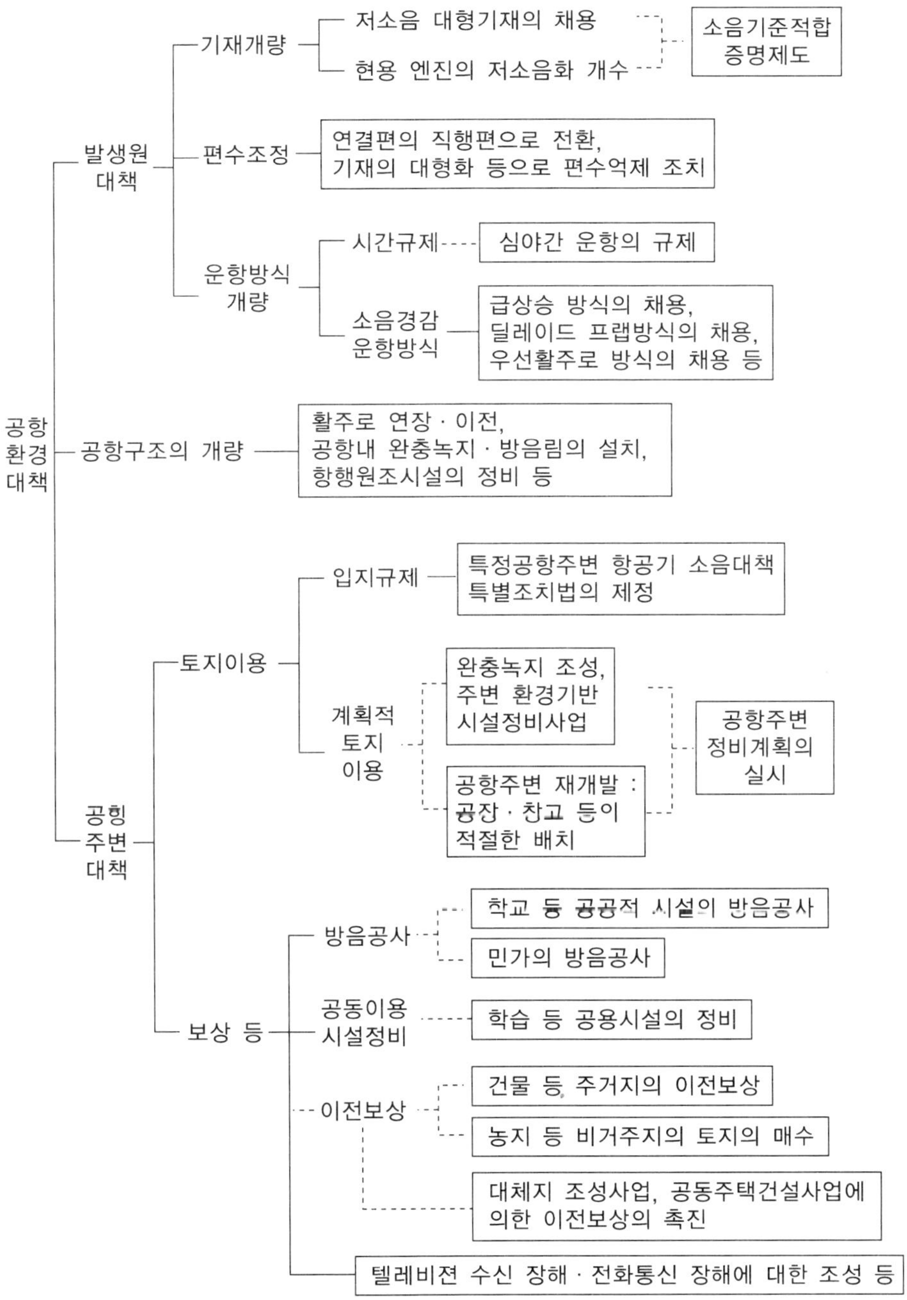

소음기준에 적합한 항공기는 소음기준적합증명을 교부한다. 이 소음증명에 있어서 소음의 기준은 항공기의 종류, 장비한 엔진의 종류, 최대이륙중량에 따라 다르다.

(2) 항공기 소음의 대책

항공기 소음대책에는 사전 예방을 위한 규제조치와 사후의 피해에 대한 구제조치가 있다. 사전 예방규제조치에는 소음의 발생량 자체를 감소시키기 위한 소음증명제도의 도입, 소음을 줄이기 위한 항공기재의 개량, 야간비행 제한, 운항회수의 조정, 소음경감운항방식(noise abatement operating procedure)의 개선 등이 있다. 피해에 대한 구제조치에는 비행장 및 그 주변지역의 소음의 영향을 감소시키기 위한 항공기의 운항규제, 소음방지공사의 국가차원에서의 지원, 비행장 주변지역의 토지이용 규제 등의 공항구조의 개량대책 등이 있다.

제2절 | 항공기의 대기오염

항공기공해는 항공기 소음 외에 항공기의 대기오염(air pollution)이 문제가 된다. 대기오염 중에서 항공기가 차지하는 비율은 대기오염 전체의 2-3% 수준으로 자동차의 38%에 비하면 그 비중이 매우 낮다. 그러나 전체에서 점유하는 비율이 낮다고 해서 이것을 방치해 둘 수 없는 심각성이 있다. 항공기의 대당 배기가스의 배출량이 자동차 등과 비교할 때 매우 크기 때문이다: 최신 대형기인 B-747이 정상적으로 이착륙하거나 지상 활주를 할 때 공항주변에 배출하는 대표적인 유해성분인 질소산화물의 배출량은 소형 승용차의 약 3천 대분에 해당한다.

1. 제트엔진의 배기가스

대기오염에 제트엔진의 배기가스가 영향을 미치는 것은 그 속에 포함된 일산화탄소(CO), 탄화수소(HC), 질소산화물(NOX) 등이다. ICAO 자료에 따르면 항공기의 엔진이 방출하는 배기가스 중에서 유해오염물질의 양은 일반적으로 총배출량의 1%가 안 된다. 특히 대기 중에 방출되는 질소산화물 중에서 약 2%가 항공기의 배기가스가 차지한다. 제트엔진의 배기가스 중에서 육안으로 볼 수 있는 것은 검은 연기로 이것은 연소할 때 생기는 탄소미립자가 혼합된 것이다. 발생의 원인은 연소실 내의 1차 연소구역과 2차 연소구역 사이에 약간의 산소부족 현상이 생겨서 연료 함유성분 중에 탄소가 남기 때문이다. 이것은 연료의 분사방법을 개선하면 상당히 줄일 수 있다. 이미 여객기의 엔진은 매연이 나지 않도록 의무화 하고 있다

가장 문제가 되는 것은 자동차의 경우와 마찬가지로 보이지 않는 오염물질인 일산화탄소, 탄화수소 및 질소산화물이다. 이중 일산화탄소와 탄화수소는 최근의 제트엔진에서는 대폭 개선되었다. 일반적으로 항공기의 엔진은 지상에서 추력을 낮추었을 때는 일산화탄소와 탄화수소가, 그리고 높은 추력을 낼 때는 질소산화물을 방출하는 비율이 높다. 이 때문에 항공기가 방출하는 대기오염물질은 비행 중보다는 공항 내와 그 주변에서 그 비율이 높다. 따라서 오염물질의 방출량을 감소하기 위해서는 공항 내에서 항공기가 서서히 움직이는 것을 피하도록 해야 한다.

2. 배기가스의 감소대책

배기가스를 작게 발생하도록 하기 위해서 연료에 첨가물을 섞는 방법과 엔진연소장치를 개선하는 방법이 있다. 이 중에서 첨가물을 섞는 방법은 엔진 자체에 해를 끼칠 우려가 있어서 실용화되지 못하고 있다.

연소장치의 개선방법으로서는 연소실이나 연료분사 노즐의 설계변경으로 가능하다. 즉 배기가스의 발생 원인이 연소실 내에 있는 연료의 혼합가스 때문에 생기는 것이라면 대량의 공기를 들여보내서 혼합가스를 엷게 해주면 된다. 그러나 그렇게 할 경우에는 연소가 불안정하여 비행 중에 불이 꺼져서 엔진이 정지될 위험이 있고 연소실 내의 온도분포가 변화하여 부품의 내구성을 악화시킬 염려가 있다.

항공기 엔진의 배기가스의 감소대책으로서는 환경에 적합한 최신 항공기의 도입, 비행거리의 최소화에 의한 연료소비량의 절감, 지상 활주거리의 단축, 보조동력장치(APR : auxiliary power unit)의 사용 억제, 전기자동차의 도입, 항공기의 운항속도의 최적화, 항공기의 중량경감 등을 들 수 있다.

제13장

항공수송과 IT기술

항공수송과 IT기술

제 13장 항공수송과 IT기술

제1절 | IT기술과 항공수송의 변화

1. 항공수송에 있어서 IT기술의 역할

1980년대 후반 이후 개발된 하이테크 항공기는 외관상으로는 큰 변화가 없으나 그 내부는 고도의 정보(IT)기술이 도입되어 항공기를 '하늘을 나는 컴퓨터시스템' 이라고 할 정도로 활용되고 있다. 뿐만아니라 항공우송전반에 컴퓨터, 인터넷, 소프트웨어 등의 IT기술이 여러 가지 목적으로 활용되고 있다.

항공수송은 IT기술의 도입으로 항공기의 조종, 정비, 객실 서비스, 항공편의 예약, 항공권의 발권, 탑승수속 등에 엄청난 변화를 가져오고 있으며 컴퓨터 등 IT기술이 중요한 역할을 하고 있다. 비행조종에 있어서 IT기술의 도입으로 조종사의 역할이 크게 바뀌고 있다. 예컨대 관성항법시스템(INS)의 도입으로 대형 항공기도 2인 승무원제로 바뀌었으며 비행관리시스템(FMS)의 도입으로 조종사의 조종조작을 컴퓨터시스템이 분담해 주고 있다. 반면에 조종사의 역할이 조종에 끝나지 않고 거대하고 복잡한 컴퓨터시스템이나 전자기기 등 대한 지식과 IT기술이 필요하게 되었다.

더욱이 항공기의 IT기술의 도입으로 정비방법도 변화하고 있다. 기계나 전기 혹은 무선통신만의 정비가 아니라 항공기의 각종 계기나 시스템의 컴퓨터화로 컴퓨터의 하드웨어와 소프트웨어에 대한 지식이 정비에도 필요하게 되었다.

항공기의 이용자는 인터넷을 통한 좌석의 예약이나 전자티켓이 활용되고 있으며 기내에서는 각 좌석마다 장비되어 있는 액정 디스플레이나 다양한 프로그램 등의 새로운 서비스와 기내에서의 인터넷 접속 등 컴퓨터와 정보통신기술을 활용할 수 있게 되어 객실 내에서 새로운 서비스가 제공되고 있다.

2. 항공수송과 컴퓨터시스템의 활용

항공수송에 있어서 여러 업무분야의 컴퓨터화는 원래는 업무의 효율성을 향상을 위해 이용되었으나 이제는 그 단계를 넘어서서 컴퓨터시스템의 이용자체가 중요한 경쟁수단이 되고 있다.

현재 항공수송을 지원하고 있는 컴퓨터시스템은 관리 분야에는 대표적으로 경리시스템(acounting system), 재무시스템(financial system), 매출관리시스템(sales and marketing reporting system), 구매시스템(purchasing and inventory control system), 자재관리시스템(material control system), 실수단가 관리시스템(yield management system), 수익관리시스템(profitability analysis system), 급여시스템(payroll system) 등이 있다.

운항 · 정비 분야에는 비행제어 시스템(flight control system), 기재배치계획시스템(flight planning system), 운항 통제시스템(flight scheduling system), 비행계획시스템(flight plan system), 기상시스템

(air weather information system), 승무원관리시스템(crew tracking system), 기내서비스시스템(in-flight service system), 비행분석시스템(flight & traffic statistic system), 항공기정비시스템(maintenance system), 연료관리시스템(fuel management system) 등이 있다.

영업 · 운송 · 객실 분야에는 컴퓨터예약시스템(computer reservation system), 발권시스템(ticketing system), 공항 체크인시스템(airport check-in system), 항공화물시스템(air cargo system), 상용고객관리시스템(frequent flyers customer royalty system), 고객관리시스템(customer relationship management system) 등이 있다. 그밖에도 많은 분야에 컴퓨터시스템이 항공수송을 지원하고 있다.

제2절 | 항공기와 컴퓨터시스템

1. 글라스 칵핏

현재 정기항공수송을 위해 운항하고 있는 항공기는 모두 항공관제관의 지시에 따라 계기비행방식(IFR)으로 비행하기 때문에 복잡한 항공로를 야간이나 기상이 나쁠 때도 항공기는 안전하고 경제적으로 운항할 수 있다. 이를 위해 항공기에는 비행제어시스템이 도입되어 컴퓨터를 이용하여 항공기의 각부의 시스템을 통합하여 고도의 컨트롤 하고 있고 공항에는 착륙시스템이 개발되어 항공기의 운항이나 이착륙을 지원하고 있다.

제트 항공기는 [표 13-1]과 같이 4단계로 진화되어 왔다. '제1세대 제트 여객기의 진화' 에서 '제3세대 제트 항공기' 까지는 전파유도 등의 전자기술과 속도, 고도 등을 계산해 주는 항공 데이터 컴퓨터(ADC : air data computer)라고 불리는 아날로그 컴퓨터가 활용되었다.

표 13-1 제트 여객기의 진화

연대	제1세대 1950년대	제2세대 1960년대	제3세대 1970년대	제4세대 1980년대 이후
대표적 기종	B-707, DC-8	B-727, B-737 DC-9	B-747, L-1011 DC-10, A-300	B-747-400, MD-11, B-767 A-320, B-777
항법	전파항법	토플러 레이더항법	관성항법(INS)	관성기준항법(IRS) 전지구항법(GPS)
착륙시스템	계기착륙(ILS) 카테고리 I	계기착륙(ILS) 카테고리 II	자동착륙	MLS/GPS
비행제어 컴퓨터시스템	항공데이터 컴퓨터(ADC)	성능조언시스템 (PAS)	성능관리시스템 (PMS)	비행관리시스템(FMS) 전기신호식 비행조종 제어시스템(FBW) 통합비행관기시스템 (AIMS)
조종실시스템 승무원수	계기식 3명	계기식 2~3명	집합계기 2~3명	color CRT/LCD 2명

1980년대 후반 이후 개발된 '제4세대 제트 항공기'는 겉모양은 이전 세대의 제트 항공기와 거의 변화가 없으나, 항공기의 내부는 여러 분야에 IT기술이 도입되어 여러 컨트롤시스템이 디지털 컴퓨터화되었다. 예컨대 겉모양은 B-747-300과 B-747-400은 크게 차이가 없지만, 항공기의 내부는 관성항법시스템과 비행제어 컴퓨터시스템을 도입한 '제4세대 제트 항공기'인 B-747-400은 출발해서 목적지에 도달할 때까지 전 항공로의 운항을 비행관리시스템(FMS)이 컴퓨터로 관리해준다. 그 결과, 조종실 내의 많은 계기류가 브라운관(CRT)으로 바뀌었고 1,000여 개의 계기, 램프, 스위치를 감시하면서 조종해야했던 부담이 줄어들고 조종사 업무의 일부를 컴퓨터가 도와주고 일부는 자동화 되어 대형기인데도 2명의 운항승무원으로 운항하고 있다.

가장 변화한 것은 각종 전자계기 표시장치를 도입한 항공기의 조종실이다. 종래의 조종실은 조그만 숫자와 바늘로 구성된 수많은 기계식 계기들이 장비되어 있었고 조종사가 일일이 확인해야 했다. 글라스 칵핏(glass cockpit)이라고 불리는 최신 항공기의 조종실은 기계식으로 된 계기를 종합하여 컴퓨터로 컨트롤하는 퍼스널 컴퓨터와 같은 컬러 브라운관(CRT)이나 액정디스플레이(LCD)로 된 몇 개의 화면만 주시고 있으면 비행에 필요한 모든 정보를 조종사가 얻을 수 있다. 더욱이 에어버스사의 A-320의 글라스 칵핏은 종래의 핸들처럼 된 조종타 대신에 사이드스틱(side stick)이라고 불리는 자동차의 변속 레버처럼 된 조종타를 도입하여 단순화함으로서 조종사로 하여금 가장 중요한 작업에 열중할 수 있게 했다.

글라스 칵핏의 기본장비 **그림 13-1**

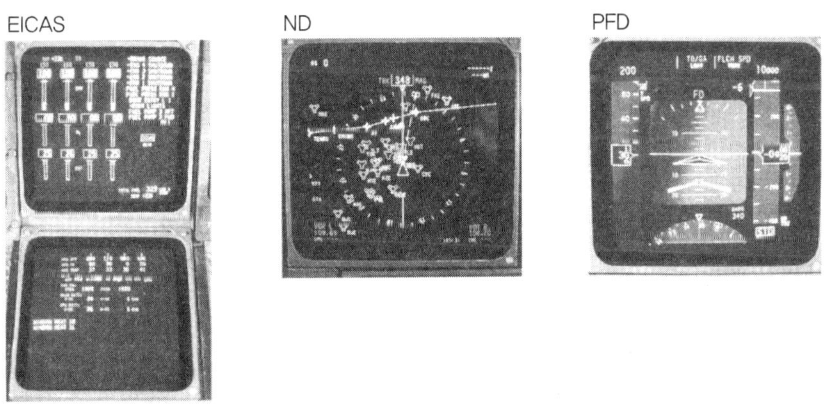

글라스 칵핏의 가장 기본적인 장비는 전자계기비행시스템(PFD : primary flight display)과 아이캬스라고 불리는 엔진표시 및 쿠루 경고장치(EICAS : engine indications and crew alerting system)와 항

법계기(ND : navigation display)라고 불리는 3개의 스크린이 조종석과 부조종석에 한 개씩 이중으로 6개가 장비되어 있다.

전자계기비행시스템은 항공기의 자세와 속도, 자동조종장치 등의 동작을 표시해서 알려준다. 아이캬스는 조종사에게 엔진 상태와 다른 각종 시스템의 동작 상태를 종합적으로 표시해주고 동시에 각종 시스템의 동작을 감시하여 이상이 발생하면 알려준다. 항법계기는 항공기의 현재의 위치와 비행경로 등 항법의 정보를 시각적으로 표시해주어 항공기가 비행경로에서 벗어나지 않고 비행경로를 따라 비행할 수 있도록 조종해준다. 글라스 칵핏은 에어버스의 A-320, 보잉의 B-777, B- 747-400 등 '제4세대 제트 항공기' 가 채택하고 있다.

2. 플라이 바이 와이어

종래 항공기의 조종계통은 조종사의 조종조작을 케이블을 통해 유압제어장치에 전달되어 항공기의 자세를 방향키나 승강키나 보조날개 등 각 조종익면을 움직이는 방식이었다. 이것이 최근에는 조종석에서 조종하는 신호를 컴퓨터가 해석하여 전기신호로 바꾸어 와이어(전선)로 연결된 전기-유압시스템에 전달하여 각 조종익면을 움직이는 방식으로 바뀌었다. 이러한 전기신호식 비행조종제어 조종간이 플라이 바이 와이어(FBW : Fly-By-Wire)이다.

플라이 바이 와이어는 조종사의 조종조작의 전달만이 아니라 비행제어 자체를 컴퓨터가 해주고 있어 조종사의 업무량을 크게 감소시켰으며 조종사의 조종미스를 방지해준다. 또한 기계적인 연결 구조물 대신에 전선을 사용하기 때문에 중량이 크게 줄어들어 연료소비량을 감소시켜 준다.

1981년에 B-767이 처음으로 도입한 플라이 바이 와이어(FBW), 1982년에 A-310이 도입한 비행관리시스템(FMS), 그리고 B-777이 도입한 기체정보관리시스템(AIMS : aircraft information management system)에 의해 자동조종장치(autopilot system), 자동추력조종장치(auto-throttle system), 자동착륙장치(automatic landing system)와 연대하여 항공기의 이륙으로부터 착륙까지 항법, 조종, 추력조종, 유도 등이 항법 데이터베이스(NDB : navigation data base)에 의해 자동 컨트롤되어 최적의 루트를 최적의 시간으로 비행할 수 있게 되었다. 항법 데이터베이스에는 비행루트, 세계 공항에 관한 데이터, 무선국 데이터 등을 내장하고 있어 조종실의 항법계기(ND)에 비행루트, 현재의 위치와 비행경로, 풍향 등이 시각적으로 표시된다. 소프트웨어 기술이 항공기를 컴퓨터로 제어하는데 큰 역할을 해주고 있다.

3. 비행제어 컴퓨터시스템

최신 항공기의 비행제어 컴퓨터시스템은 센서시스템, 비행관리시스템, 조종시스템, 보수시스템, 칵핏시스템, 통신시스템 등 여러 컴퓨터시스템이 연대하여 고도의 비행제어를 하고 있다.

센서시스템(sensor system)은 항공기의 현재의 위치, 속도, 비행자세와 기내의 각종 시스템의 동작상태의 데이터를 수집하는 시스템이다. 비행 중인 항공기의 현재의 위치는 관성기준시시스템(IRS)이나 최근에는 전지구측위시스템(GPS)을 사용한다. 고도나 속도는 측정기로부터의 데이터를 컴퓨터로 처리한다. 이 컴퓨터는 항공기 주변의 대기의 상태를 측정해주는 센서와 접속해 있다 해서 대기(大氣)자료 컴퓨터(ADC : air data computer)라고 한다.

비행관리시스템(FMS : flight management system)은 항법의 자동화와 효율화를 도모하기 위해 항공기의 비행을 감시하고 필요한 지시를 주어 조종사를 보조하여 적절한 운항을 하도록 한다. 이 시스템은 이륙하기 전에 조종사가 비행계획의 데이터를 입력하면 착륙할 때까지 속도, 승강률, 경로, 추력 등을 컨트롤하여 거의 자동으로 최적의 속도, 최적의 고도, 최적의 비행루트, 최적의 강하개시 지점, 최적의 연료소비, 최적의 비행시간으로 비행하도록 해준다. 이 시스템은 비행관리컴퓨터(FMC : flight management computer), 자동비행시스템(AFS : auto flight system), 위성항법시스템(INS/GPS navigation system inc- luding), 전자식 비행계기시스템(EFFS : electronic flight instrument system)으로 구성되어 있다.

그림 13-2 B-777의 비행제어 컴퓨터시스템의 구성

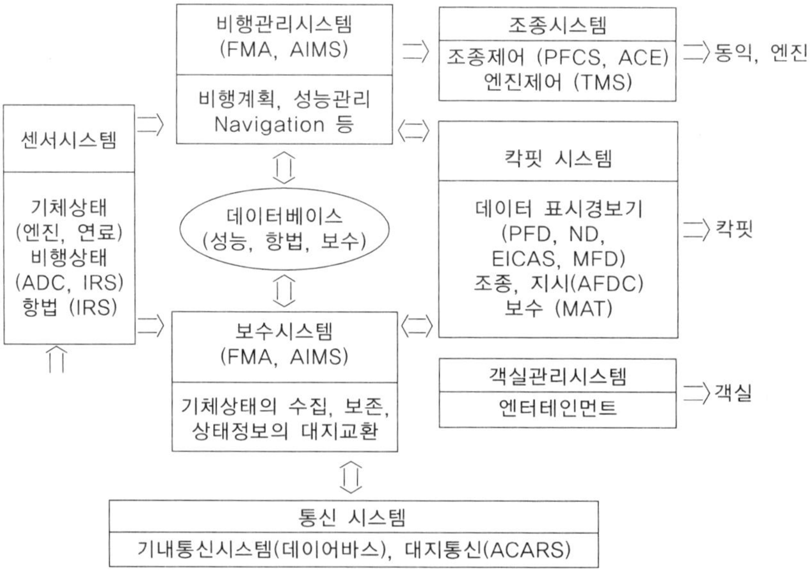

조종시스템은 비행관리시스템이 계획한 루트를 따라 비행하도록 하는 지시나 조종사의 조종조작에 의해 보조익을 컨트롤하는 시스템이다.

보수(保守)시스템은 센서에서 보내온 엔진 등의 항공기의 각부의 동작 정보를 수집하고 관리하여 문제가 발생했을 경우 장해부분을 특정하여 지원한다. 또한 비행 중에 위성통신을 통해 필요한 데이터를 지상에 있는 운항이나 정비센터로 보낸다.

칵핏시스템은 조종사의 조종조작을 입력하고 디지털화하여 비행관리 시스템이나 비행제어 시스템에 전달한다. 출력은 컬러 액정(LCD)이나 브라운관(CRT)의 디스플레이에 조종에 필요한 데이터나 기체 각부의 상태를 표시한다.

통신시스템은 항공기 내의 각종 컴퓨터시스템은 각각 다른 컴퓨터로 동작하는 분산처리시스템(distributed processing system)으로 구성되어 있다. 이들 통신시스템이 기내에 분산되어 있는 컴퓨터시스템들을 상호연결해주고 대량의 데이터를 제공할 수 있도록 해주고 있다. 항공기 내의 통신뿐만 아니라 항공기와 지상 간의 통신도 종래의 음성통신을 대신하여 데이터 통신이 해주고 있다.

비행제어컴퓨터시스템은 비행 중에 고장 나서 정지되면 항공기가 안전하게 운항을 할 수 없기 때문에 시스템의 고도의 안선성과 신뢰성이 요구된다. 만일 어느 컴퓨터가 고장이 나더라도 시스템 전체가 움직이는데 영향이 미치지 않도록 설계되어 있다. 이것을 폴트 토레란트 시스템(FTS : fault tollerant system)이라고 한다. 기내에 장비되어 있는 모든 컴퓨터가 이중삼중으로 장비하여 동시병행처리되고 있어 일부 컴퓨터가 고장이 나더라도 항공기의 운항에 지장이 없도록 되어 있다.

4. 항공기상 정비시스템

비행제어뿐만 아니라 기내의 각종 시스템이 전자제어 되도록 되면서 비행 중에도 이들 방대한 기기의 상태를 기내의 네트워크시스템을 통하여 수집하여 컴퓨터로 감시하고 고장진단을 할 수 있게 되었다. 이것을 기상(機上)정비시스템(OMS : onboard maintenance system)이라고 한다.

기상정비시스템이 탑재되기 이전에는 비행 중의 기기고장이나 이상이 있으면 조종사가 항공일지에 기재해두면 착륙 후에 정비사가 고장의 원인을 조사하여 수리했다. 그러나 기내에서 컴퓨터를 사용하여 각 기기의 정보를 수집하여 진단하는 기상정비시스템이 개발되었으며 공지(空地) 디지털링크시스템(ACARS : aircraft communication, addressing and reporting system)에 의해 비행 중에 지상의 운항부문이나 정비부문에 리어타임으로 송신되고 있다.

기상정비시스템은 장애정보를 수집해서 표시해주는 기능과 장해조사의 기능을 가진 중앙정비컴퓨터시스템(CMCS :central maintenance computer system)과 데이터 감시기능, 리포트 기능, 데이터 기록기능을 가진 항공기상태 모니터링시스템(ACMS : aircraft conditioning monitoring system)으로 구성되어 있다.

5. 항공관제와 컴퓨터시스템

항공기가 안전운항을 목적으로 하는 항공교통관제는 지상의 교통정리보다 더 복잡하고 고도의 교통정리가 요구되기 때문에 컴퓨터와 통신네트워크가 지원해주고 있다. 컴퓨터에 의한 항공관제시스템은 항공관제업무를 지원하는 시스템과 관제정보업무를 지원하는 항공교통정보시스템으로 분류된다.

항공관제를 지원하는 시스템은 비행계획에 따라 이륙해서 착륙할 때까지 각 항공기를 추적할 수 있도록 비행계획을 관리하는 비행자료처리시스템(FDP : flight data processing system)과 전국 각지의 레이더로부터의 정보에 기초하여 항공기의 위치를 표시하는 항공로레이더 정보처리시스템(RDP : radar data processing system)이 네트워크로 연결되어 각 항공기를 추적하고 있다. 더욱이 공항에 따라서 다르지만 일부 공항에는 화상으로 항공기를 표시해주는 자동레이더터미널시스템(ARTS : automated radar terminal system)을 도입하여 사용하고 있다.

항공정보업무를 지원하는 항공교통정보시스템(CADIN : common aeronautical data interchange network)은 비행에 필요한 여러 가지 정보를 항공기나 공항 등에 제공하기 위해 전국의 공항에 설치되어 있는 단말이나 통신네트워크로 이루어져 있다. 항공교통정보시스템은 항공관제를 지원하는 시스템과도 연결되어 있지만, 기상청이나 각 항공회사와도 연결되어 있다. 공항에서 이착륙하기 위해서 기상정보 등을 방송하는 비행장정보방송서비스(AFTS : automatic terminal information service)나 항공로의 항공기에 기상정보 등을 알려주는 항공로정보서비스(AEIS : aeronautical en-route information service)도 포함된다.

제3절 | 항공여객수송과 컴퓨터시스템

1. 사업계획과 컴퓨터시스템

항공수송에 있어서 대상고객, 노선구조, 사용기재, 운항빈도, 운항스케줄, 항공기의 운항계획, 정비계획, 항공기의 가동률 등을 결정하는 사업계획이 중요하다. 예컨대 노선구조를 헙 앤드 스포크의 네트워크 구조로 할 것인지 아니면 포인트 투 포인트(point to point)의 노선구조로 할 것인지, 대상고객을 비즈니스 시장에 맞출 것인지 레이저 시장에 맞출 것인지, 기재는 중형기를 운항하고 운항빈도를 많게 할 것인 아니면 대형기를 투입하여 운항빈도를 작게 할 것인지, 타사와 제휴를 할 것인지 한다면 코드셰어, FFP 제휴, 어라이언스 가맹 등 어떤 제휴를 할 것인지, 항공시장에 새로운 변화는 없는지, 경쟁항공사의 동향은 어떤지, 공항발착시간에 제한이 없는지 등 사업계획수립에 있어서 고려해야할 작업량이 방대하다. 사업계획을 효율적으로 수립하기 위해서는 컴퓨터 시스템의 지원을 받지 않을 수 없다.

항공회사에 따라 다소의 차이는 있겠으나 일반적으로 사업계획을 지원하는 컴퓨터시스템은 (1) 운항기본계획 시스템, (2) 수지예측시스템, (3) 최적화시스템의 3가지로 분류된다. 운항기본계획시스템은 희망하는 노선의 운항 스케줄을 편성하기 위해 필요한 기재, 노선의 특성, 판매경로 등 여러 조건을 검토하고 산출하는데 필요하다. 수지예측시스템은 계획 노선의 예상 수요, 예상 수입, 예상 경비, 기대 이익 등을 산출하고, 최적화시스템은 수요예측, 최적기재편성, 기재특성, 기재정비, 공항사용제한, 제휴항공회사의 운항 스케줄 등 최적조건을 검토하고 산출하는데 필요하다.

여객업무시스템은 항공회사에 있어서 예약으로부터 비행완료, 그리고 그 후의 고객관리에 이르기까지 여러 업무를 지원하는 컴퓨터시스템이다. 예약으로부터 비행완료까지 직접적으로 관계되는 시스템에는 ① 예약 · 발권을 관장하는 컴퓨터예약 시스템(CRS : computer reservation system), ② 운항 스케줄이나 승무원의 배치관리시스템, ③ 운항통제실의 감시시스템 등이 연대되어 있다. 그 밖에도 정비의 지원이나 부품의 관리, 지상에서의 항공기 운용의 지원시스템 등이 있다.

더욱이 항공기의 이용자들은 최근의 인터넷기술의 발전으로 자택에서 항공편의 예약을 비롯하여 발권, 좌석지정까지 할 수 있고 항공권 없이 공항에서 탑승수속을 할 수 있다.

2. 컴퓨터 예약시스템

컴퓨터 예약시스템(CRS : computer reservation system)은 항공편의 좌석 예약과 항공권 및 탑승권의 발권을 컴퓨터로 처리하는 시스템이다. 이 시스템은 항공기가 출발하면 상품가치가 없어지는 특성을 가진 항공회사의 좌석을 효율적으로 재고관리하고 예약 · 판매하는 역할을 한다. 이 시스템의 주요한 기능은 판매할 좌석의 재고정보관리(inventory), 공석의 표시(availability), 예약이나 취소에 따른 재고정보의 갱신(reservation), 예약한 개인에 관한 정보의 기록(PNR : passenger name record), 항공권이나 탑승권의 발권업무(ticketing) 등이다. 종래는 예약전화를 받고 수작업으로 관리했으나 대량수송시대의 개막과 함께 항공회사의 예약도 컴퓨터와 통신네트워크를 이용하여 관리하고 있다. 항공회사의 좌석 예약 기능은 자사뿐만 아니라 전 세계 정기 항공회사의 운항 스케줄을 조회하여 좌석예약을 할 수 있다.

컴퓨터 예약시스템은 무엇을(상품=항공권), 얼마로(가격=항공운임), 어디에서(유통=여행대리점 · 인터넷 직판), 어떻게(판촉=광고 · 선전)이라는 항공회사의 기본적인 마케팅의 구성요소 중 어디에(유통)에 해당하는 중요한 유통체널이다.

컴퓨터 예약시스템은 좌석의 예약 및 재고관리 외에 과거 실적자료의 분석 및 거래의 예약 추세를 예측하여 각 항공편 및 특정 구간별로 예약을 통제함으로써 초과예약(over booking)을 효과적으로 활용하며 할인

요금 승객과 정상요금 승객을 최적으로 조합하여 수입극대화를 도모할 수 있다. 또한 여행사의 고객관리, 손익계산, 청구서의 발행 등 여행대리점의 각종 업무처리를 예약관리용 단말기로 처리할 수 있도록 지원해주고 있다. 뿐만 아니라 호텔, 렌터카, 철도 등의 예약, 각종 여행관련 정보를 제공해주어 이것이 항공회사의 마케팅에 도움을 주고 있다.

이처럼 컴퓨터예약시스템은 항공회사의 단순한 좌석 예약관리만이 아니고 항공권의 발권유통 그리고 마케팅 기능에 이르기까지 점차 그 범위가 확대되어 항공회사의 수입극대화에 중요한 수단이 되고 있다. 컴퓨터예약시스템은 항공규제의 완화로 복잡해진 항공운임의 자동 산출이나 항공권의 발권도 할 수 있는 기능을 갖고 있다. 그리하여 항공기의 좌석이용률을 높이는데 역할을 할뿐만 아니라 여행사, 항공회사, 고객을 연결하는 정보 유통 수단으로서 그 중요성을 더 해 가고 있다.

컴퓨터 예약시스템은 정보를 입력하는 기능과 중앙처리장치로부터 검색하여 정보를 영상에 나타내게 하는 기능이 있다. 현재 대부분의 항공회사들이 채용하고 있는 컴퓨터 예약시스템은 예약기록을 여객단위로 기억 · 정리하고 보관하는 여행자성명기록부(PNR : passenger name record)방식이다. 이 방식은 항공회사는 예약을 신청한 여객의 이름, 이용편명의 구간, 등급, 연락처, 발권정보, 예약 장소 등 필요한 자료를 단말기로 입력함으로써 자사의 예약 여부를 즉시 알 수 있을 뿐만 아니라 다른 항공회사나 호텔의 예약까지 컴퓨터가 자동적으로 처리해준다. 또한 사내외로부터 수신되는 예약정보를 자동적으로 처리하며 회신도 자동적으로 여행자 성명기록부를 작성하여 예약을 접수한 사무소의 단말기에 송신하여 영상으로 나타나게 해준다.

현재 전 세계에 8개의 컴퓨터예약시스템(CRS)이 운영되고 있다. 그 중에 글로벌 예약시스템(GDS : Global distribution system)이라고 불리는 세계규모의 네트워크를 전개하고 있는 컴퓨터예약시스템으로는 유럽의 아마듀스(Amadeus)와 월드스판(Worldspan), 미국의 갈릴레오(Galileo)와 세이버(sabre)가 있다. 지역예약시스템(RDS : regional distribution system)라고 불리는 지역을 한정하여 전개하고 있는 컴퓨터예약시스템으로는 일본의 인피니(Infini)와 악세스(Axess), 아시아 지역의 애바카스(Abacus), 중국의 트래블 스카이(Travel sky) 그리고 대한항공이 개발 · 보유하고 있는 한국의 토파스(Topas)가 있다.[1)]

3. 자동 발권 · 체크인시스템

세계 각지에 IATA의 청구 · 정산플랜(BSP : billing and settlement plan)에 의한 각 지구 내의 IATA 대리점의 항공권의 배포, 발권, 정산처리까지 항공권판매에 관한 업무를 항공컴퓨터시스템(CRS)으로 전산처리하고 있다. 또한 항공권과 탑승권을 발행해주는 자동발권기(ATB : automated ticket and boarding pass)를 개발하여 널리 사용하고 있다.

최근에는 전자항공권의 인터넷 발권과 체크인이 보급되고 있으며 전자항공권(ET : electronic ticket)의 확인증을 자택에 퍼서널 컴퓨터로 받을 수 있고 좌석지정도 할 수 있다. 공항에는 자동체크인 기계가 설치되어 있어 승객이 스스로 체크인 할 수 있다.

1) 우리나라에는 1975년 대한항공이 CRS를 처음 도입했으며 1984년에 여행사에 보급되기 시작했음. 아시아나는 아시아 지역의 애바카스(Abacus)를 사용하고 있음.

국제선 항공권도 종이로 된 항공권 대신에 컴퓨터에 입력되어 있는 전자항공권을 사용하고 있어 예약된 항공편의 기록을 제시하면 공항 카운터에서 탑승권을 발행해 준다. 항공회사의 영업소나 여행사에 전화하는 대신에 휴대전화로 직접항공회사의 웹사이트에 접속하여 예약을 하고 공항에서는 휴대전화로 체크인을 할 수 있다. 대금은 크레디트 회사의 승인을 받아 크레디트 카드로 지불한다.

4. 객실 내 엔터테인먼트 시스템

객실 내 엔터테인먼트시스템은 객실 내의 방송, 엔터테인먼트, 전화 등 승객에게 서비스를 제공하는 시스템이다. 최근의 여객기는 객석마다 소형의 액정디스플레이가 장비되어 있으며 고기능의 컴퓨터와 대용량의 기억장치에 의해 영화를 비롯하여 음악, 게임 등의 다양한 엔터테인먼트를 각자가 선정하여 원하는 시간에 즐길 수 있도록 되어있다. 이러한 시스템을 비디오 온 디맨드(VOD : video on demand)라고 부른다. 최신 여객기는 객실내부도 모두 컴퓨터로 관리되고 있다.

최근에는 객실에서 위성통신을 이용하여 지상의 오피스나 거실처럼 커뮤니케이션이나 컴퓨터를 이용할 수 있고 전자메일의 송수신이나 인터넷을 이용할 수 있도록 되어있다. 장래에는 객실 내에서 TV를 리얼타임으로 볼 수 있게 될 것이다. 객실승무원도 운항승무원처럼 기내의 컴퓨터시스템에 대한 이해 없이는 승무할 수 없게 되고 있다.

이상에서 항공기나 항공수송에 있어서 IT기술의 대표적인 사례를 살펴보았지만, 그 외에도 여러 분야에 IT기술이 도입되어 있고 컴퓨터의 지원을 받고 있으며 향후 컴퓨터의 이용이 더욱 확대되고 고도화될 것이다. 항공회사의 업무는 일반기업의 업무에 비해 특수한 부분이 많다.

이코노미 클래스의 액정 디스플레이 그림 13-3

여객업무시스템은 항공회사의 주요 업무시스템인 동시에 기업전략을 직접 반영하는 전략정보시스템의 역할을 담당하고 있다. 더욱이 인터넷에 의해 종래에 없었던 새로운 고객서비스가 급속히 발달하고 있다.

고객 개개인의 정보를 축적하여 개인의 니즈에 부응하여 원 투 원(one to one) 서비스가 가능하게 되었다. 전자거래 등의 인터넷을 이용한 새로운 비즈니스 모델의 개발이 더욱 활발해질 것이 예상된다. 항공수송에 있어서 정보기술의 이용이 항공회사의 경쟁력의 원천이 될 것이다.

부록

항공용어

항공용어

부록

항공용어

가

가속정지거리(accelerate stop distance) 이륙개시지점부터 활주 중 엔진고장으로 이륙을 포기한 항공기가 완전히 정지하는 지점까지의 거리.

간접운항비(IOC : indirect operating cost) 수송원가 중 화객비, 일반관리비 등 기체의 운항과 관련이 없는 비용.

감시레이더(surveillance radar) 항공기 비행상황의 감시 및 항공교통관제를 하는데 필요한 각종 감시 레이더의 총칭.

개인정보기록(PNR : passenger name record) 여객의 성명, 여행일정, 연락처 등 여행정보가 입력된 예약기록.

갤리(galley) 기내 서비스를 위한 객실 내 조리실.

거리측정장치(DME : distance measuring equipment) 비행 중의 항공기에 전파를 이용하여 특정지점까지의 거리를 측정 · 통보해 주는 항법 장치.

경보장치(warning system) 화재발생, 이상비행, 이상접근, 계기류의 이상지시 등이 일어날 경우 조종사에게 알리는 경보 혹은 경고 장치.

경항공기(LTA : lighter-than-air aircraft) 기구, 비행선 등 공기보다 가벼운 항공기.

계기기상상태(IMC : instrument meteorological condition) 유시계기상상태보다 시계가 불량한 기상상태.

계기비행방식(IFR : instrument flight rules) 계기기상상태에서 항공기의 운항에 필요한 자세, 고도, 위치, 비행방향의 측정을 기내에 탑재한 계기에 의존하고 관제관의 지시에 따라 비행하는 방식.

계기착륙장치(ILS : instrument landing system) 항공기가 안전하게 착륙할 수 있도록 진입방향과 강하경로를 지상으로부터의 전파유도로 알려주는 장치.

고고도관제공역(higher altitude control area) 고도 22,000피트 이상의 관제구.

고양력장치(high-lift device) 주날개에 장착되어 있는 양력을 증대 시키는 장치.(플랩 참조)

고항력장치(spoiler) 주날개에 장착되어 있는 양력을 감소시키고 항력을 증대 시키는 장치.

공력소음(aerodynamic noise) 항공기가 비행할 때 기류의 혼란으로 생기는 저항 때문에 발생하는 소음.

공중대기(holding) 공항 및 그 주변 공역의 항공교통의 혼잡으로 착륙하지 못하고 진입허가를 받을 때까지 특정 공역을 비행하며 대기하는 것.

공지 간 데이터통신(CPDLC : controller pilot data link communication) 위성통신을 이용하여 관제관 · 조종사 간의 정보교환을 음성이 아니고 데이터로 하는 통신.

공항(airport) 공공용시설을 갖춘 비행장.

공항감시 레이더(ASR : airport surveillance radar) 항공기의 이륙 · 진입을 유도하는 터미널관제용 레이더.

공항등화(aerodrome light) 항공기의 안전한 이착륙을 위해 활주로 및 주변에 설치된 등화 및 조명시설의 총칭.

과주대(overrun area) 긴급용 보조 활주로로 활주로의 양 끝의 바깥쪽으로 설치된 구역.

관성기준장치(inertial reference system) 관성항법장치 보다 더 고도화된 항법장치. 레이저자이로와 고속컴퓨터를 이용하여 항공기의 운항에 필요한 위치정보를 제공.

관성항법장치(INS : inertial navigation system) 지상 항행원조시설의 도움 없이 기내에 장비된 자이로를 이용하여 현재의 위치, 목적지까지의 거리, 비행시간 등 항공기의 운항에 필요한 정보를 얻어 비행하는 항법장치.

관제간격(separation) 항공교통의 안전 및 질서를 유지하기 위해 관제상 확보해야 할 최소의 항공기 간의 간격.

관제공역(controlled airspace) 항공교통관제의 대상이 되는 공역의 총칭

관제승인(ATC : Clearence) 관제공역을 계기비행방식으로 비행하는 항공기에 비행경로, 고도 등 관제와 관계있는 사항에 대한 관제기관의 승인.

관제탑(airport control tower) 비행장 관제를 위해 공항에 설치되어 있는 탑.

광동형 항공기(wide-body jet airplane) 동체가 굵고 객실의 통로가 2열인 중대형 항공기.

광역항법(RNAV : area navigation) 지상항행원조시설, 관성항법시스템의 능력 범위 내에서 항공기가 임의로 항공로를 선택하여 운항하는 항법.

구간거리((block distance) 이륙공항과 착륙공항까지의 비행경로의 실제 비행거리.

구간속도(block speed) 항공기가 출발공항을 출발하여 목적공항에 도착할 때까지의 평균 속도.

구간시간(block time) 항공기가 출발공항에서 출발해서 목적공항에 착륙하여 완전히 정지할 때까지의 시간.

구명복(life vest) 긴급착수 시에 대비한 의복

국내항공수송(domestic air transportation) 항공기의 출발지와 도착지가 자국 내에 있는 항공수송.

국제민간항공기구(ICAO : international civil aviation or ganinzation) 민간항공수송이나 관제에 관한 규칙 및 표준을 정하는 UN의 전문기관.

국제민간항공조약(convention on international civil aviation) 국제민간항공에 관한 다국간 조약. 1944년 체결

국제항공수송(international air transportstion) 출발지와 도착지가 2개국 이상에 있는 항공수송.

국제항공업무통과협정(international air transport agreement) 국제항공에 관한 다국간 조약. 1944년 체결

국제항공운송협정(international air service transit agreement) 국제민간항공에 관한 다국간 조약. 1944년체결

국제항공운송협회(IATA : international air transport association) 국제항공운송에 관한 규칙, 표준을 정하기 위해 설립된 국제정기항공회사의 단체. 1945년 설립.

극초음속 항공기(hypersonic transport) 마하 5~6 이상으로 비행하는 항공기.

글라스 칵핏(glass cockpit) 하이테크 기술이 도입된 최신 항공기 B-747-400, B-777, A-320 등의 조종실.

글라이드 패스(glide path) 초단파 전파로 진입 중의 항공기에 진입각도를 알려주는 활공각표지장치.

글로벌 어라이언스(global alliance) 세계 항공회사들의 전략적 제휴로 형성된 항공 동맹체.

기내식(in-flight meal) 기내에서 제공하는 식사.

기내 엔터테인먼트(in-flight entertainment) 기내에서 제공하는 비디오, 음악 등 오락 프로그램 서비스.

기내판매(in-flight sales) 기내에서의 면세품의 판매.

기록장치(recorder) 비행기록장치, 조종실음성기록장치, 비행데이터처리장치 등 비행상태의 기록이나 조종실 내 음성기록을 하는 장치의 총칭

기본운항중량(basic operating weight) 자중에 표준운항장비(구명복, 구명보트, 탈출용 미끄럼틀, 승무원 용구 등)을 합한 중량.

기본자중(empty weight) 기체 자체의 중량. 기체구조, 엔진, 고정장비, 내부장비 중량의 합.

기상 정비시스템(OMS : onboard maintenance system) 비행 중에 항공기 내에서 각종 기기의 동작정보를 수집하여 컴퓨터로 감시하고 고장을 진단하는 시스템.

기술착륙권(technical landing right) 다른 국가에 항공연료의 탑재 등 수송 이외의 목적으로 착륙하는 권리.

기체(airframe) 항공기의 동체, 날개, 조종장치, 착륙장치의 총칭,

기체정보관리시스템(AIMS : aircraft information mana- gement system) 항공기의 각종 관리시스템을 통합한 시스템.

나

내공성(airworthiness) 항공기의 구조, 강도, 성능 등 비행에 적합한 안전성과 신뢰성이 있는지 없는지를 말함.

내공증명서(airworthiness certificate) 내공검사의 합격을 증명하는 주부관청 발행의 증서.

노레코드(NRC : no-record) 승객이 예약된 항공권을 제시했으나 항공회사 측에서는 예약을 받은 기록이나 확인해준 사실이 없는 상태.

다

다기능 디스플레이(EICAS : engine indication and crew alerting system) 엔진이나 주요한 기기의 상태를 표시 하고 승무원에게 경고하는 조종실의 계기

대권거리(GCD : great circle distance) 지구상의 두 지점 간의 최단거리

대기속도(air speed) 항공기의 대기에 대한 상대속도.

대지속도(ground speed) 항공기의 지표면에 대한 상대속도, 지상을 이동하는 항공기의 실제 속도.

대체비행장(alternate aerodrome) 기상악화나 활주로의 폐쇄로 목적비행장에 착륙 못하고 대신 착륙하는 비행장.

동체(fuselage) 항공기의 몸통으로 여객과 화물을 싣는 공간. 조종실, 객실, 화물실이 있음.

동력장치(power plant) 항공기를 추진하기 위해 필요한 기관의 총칭.

라

로테이션 속도(rotation speed) 이륙 활주 중의 항공기가 기수를 올리기 시작한 시점에서의 속도.

로컬라이저(localizer) 계기착륙장치의 일부. 초난파 전파를 발사하여 진입중인 항공기에게 진입방향(활주로의 중심선)을 알려주는 방위각표지장치

마

마이크로파 착륙장치(MLS : microwave landing system) 정밀계기진입시스템의 하나. 마이크로파의 전파를 이용하여 착륙 중인 항공기에 진입코스와 진입고도의 정보를 제공해주는 항행원조장치.

마력(horsepower) 피스톤 엔진의 출력의 크기

마커(marker) 계기착륙장치의 일부. 전파를 수직으로 발사하여 진입 중인 항공기에 활주로까지의 거리를 알려주는 무선위치표지장치.

마하(mach) 음속에 대한 비율로 나타내는 속도의 단위. 마하 1.0은 음속과 같은 속도.

무선항법(radio navigation) NDB, ADF, VOR, TACAN 등 지상의 항행원조시설로부터 발사되는 전파를 이용하여 항공기의 위치나 방향이나 거리를 아는 항법의 총칭.

무연료중량(zero fuel weight) 운항중량에 연료는 탑재하지 않고 유상탑재량만 합한 중량.

무지향성무선표지장치(NDB : non-directional radio beacon) 중장파대의 무지향성 전파를 발사하여 항공기에 장비된 자동방향탐지(ADF)를 사용하여 지상시설(NDB)의 방향을 탐지할 수 있는 장치.

미래항공항법시스템(FANS : Future Air Navigation System) ICAO가 구상하고 있는 민간 항법 위성을 이용한 장래의 항법시스템.

바

바르샤바 조약(Warsaw Convention) 항공운송인의 항공사고배상책임에 관한 다국간 조약(1929년 체결)

바이패스 비(bypass ratio) 제트엔진의 바이패스관을 흐르는 공기와 연소실을 흐르는 공기와의 비율

받음각(angel of attack) 날개에 닿는 기류와 익현선이 이루는 각.

버뮤다 협정(Bermuda Agreement) 버뮤다에서 미국과 영국 간에 체결된 최초의 2국 간 항공협정.(1946년 채결)

벌크수송(bulk loading) 화물을 항공기의 화물실의 바닥에 그대로 적재하는 원시적인 탑재방법.

방향타(rudder) 항공기의 기수를 좌우로 조종해주기 위해 수직꼬리날개에 장착되어 있는 장치.

보조동력장치(APU : auxiliary power unit) 항공기에 기압 · 유압 · 전력의 공급위해 추진엔진과 별도로 장비된 동력장치.

볼타크(VORTAC) VHF 전방향식무선표지(VOR)와 전술항행방식(TACAN)을 합쳐서 설치한 항행원조시설.

부정기항공수송(non-schedule air transportation) 부정기적으로 이루어지는 항공수송.

브라운관(CRT : cathode ray tube) 텔레비의 브라운관 모양의 표시장치.

비거리(specific range) 항공기의 항속성능을 나타내는 방법의 하나.

비상용 장비(emergency equipment) 사고 발생 시 승객의 무사 탈출 · 구출을 돕기 위한 장비.

비파괴검사(NDI : non destructive inspection) 항공기부품을 분해하지 않고 내부 상태를 검사하는 정비방법.

비행거리(aircraft kilometer performed) 각 비행구간의 운항회수에 구간거리를 곱한 값의 합계

비행계기(PFD : primary flight display) 제4세대 제트 항공기의 조종실에 항공기의 자세, 고도, 속도, 방위 등 기본비행정보를 표시하기 위해 장비된 장비.

비행계획(flight plan) 항공교통관제기관에 제출하여 승인을 받는 항공회사의 항공기의 운항에 관련된 계획

비행계획 정보처리시스템(FDP : flight data processing system) 비행계획, 출발정보 등 항공기의 운항에 관한 정보를 컴퓨터로 일괄 처리하여 제공하는 시스템

비행관리시스템(FMS : flight management system) 비행계획상의 최적 연료소비량?소요시간으로 비행하기 위해 속도, 경로, 추력 등을 자동으로 제어하는 장치.

비행시간(flight time) 항공기가 이륙해서부터 착륙할 때까지의 소요시간.

비행장(aerodrome) 항공기의 이착륙을 위해 설정된 특정 구역

비행장예보(terminal forecast) 항공기의 이착륙에 필요한 출발, 목적 및 대체공항의 현재의 기상상황의 예보.

비행장정보방송서비스(ATIS : automatic terminal in- fomation service) 항공기의 이착륙에 필요한 기상정보, 비행장 상태, 항행원조시설의 운용상황 최신 정보를 자동으로 계속 제공하는 방송서비스

비행정보구(FIR : flight information region) ICAO가 정한 각국의 항공교통관제업무의 담당구역.

사

상승속도(climbing speed) 상승비행 중의 항공기의 상승경로에서의 대기속도

상용고객우대제도(FFP : frequent flyer program) 탑승한 마일리지를 축적하여 무임항공권의 제공이나 좌석 업그레이드의 혜택을 제공하는 고객서비스.

선택적 호출시스템(SELCAL : selective calling system) 지상무선국이 특정 항공기와 교신할 때의 호출 장치.

세미모노코크 구조(semi-monocoque construction) 항공기의 구조에서 사용하는 응력 외피 구조의 형태. 반모노코크 구조.

소음기준적합성증명 소음발생원에 대한 규제로서 ICAO의 제16 부속서 및 각국의 항공법이 채택.

손익분기 좌석이용률(break-even passenger load factor) 수입과 비용이 같을 때의 좌석 이용율.

손익분기 중량이용률(break-even weight load factor) 수입과 비용이 같을 때의 중량 이용율.

수직꼬리날개(vertical tail) 항공기의 기수의 좌우방향 즉 요잉을 조종하고 안정시키는 꼬리날개.

수평꼬리날개(horizontal tail) 항공기의 기수의 상하방향 즉 핏칭을 조종하고 안정시키는 꼬리날개

순항속도(cruising speed) 정상비행(순항비행) 때의 항공기의 속도.

순항성능(cruising performance) 순항비행 때의 항공기의 고도, 속도, 연료소비에 대한 성능의 총칭.

스텝 업 순항(step-up cruising) 연료소비를 작게 하기 위해 비행고도를 단계적으로 올리면서 순항하는 방식.

스팟(spot) 주기장 내에 있는 항공기가 주기하는 지점.

승강타(elevator) 항공기의 기수를 상하로 조종해주기 위해 수평안정날개에 장착되어 있는 장치.

승객조종기(PCU : passenger comtrol unit) 객실 좌석의 독서 등, 오디오 체널, 볼륨 등의 조절 장치

시링(ceiling) 구름의 높낮이(운고).

시정(visibility) 특정 방향의 목표물을 볼 수 있는 최대 거리.

시차(time difference) 그리니치 표준시와 각지역의 표준시와의 차이.

신뢰성관리정비(reliability monitoring maintenance) 항공기재의 품질을 항상 감시하여 일정한 수준 이하로 저하될 경우 실시하는 정비

실속(stall) 받음각이 너무 커서 항공기 낙하하기 시작하는 상태.

실수단가(yield) 단위수입. 각종 운임이 적용된 이용자의 운임수입을 합계하여 여객 수로 나눈 1인당 평균 수입.

시카고 조약(Chicago Convention) 국제민간항공조약의 별명.

씨 · 아이 · 큐(C.I.Q.) 출입국때 실시하는 세관(customs), 출입국심사(immigration), 검역(quarantine) 검사.

아

아음속 항공기(subsonic transport) 음속보다 낮은 속도로 비행하는 항공기

아이캬스(EICAS : Engine Indication and Crew Alerting System) 엔진 및 주요 기기의 상태를 표시해주는 계기

악천후정보(SIGMET : signification meteorological information) 강한 난기류, 강한 착 빙 등 항공기의 안전에 중대한 영향을 미치는 기상현상.

안티 스키드장치(anti-skid) 항공기의 착륙 시에 사용하는 미끄럼 방지 브레이크 장치

압축기(compressor) 공기가 통과할 때 공기의 압력을 증가 시키는 카스터빈 엔진의 구성품.

양력(lift) 항공기를 공중에 뜨게 하는 공기역학적 힘

에임스(AIMS : aircraft information management system) 항공기의 각종 관리시스템을 통합한 시스템

이용항공운송업자 타인의 수요에 응하여 항공회사의 항공기를 이용하여 화물을 운송하는 사업자. 혼재업자라고도 함.

엠씨오(MCO : Miscellaneous Charge Order) 항공회사가 발행하는 운임이나 초과 수화물 운임의 지불을 위해 사용하는 인환증.

역추력장치(thrust reverser) 항공기가 착륙할 때 착륙활주거리를 단축하기 위해 배기가스를 역방향으로 분사하여 제동을 거는 장치.

에스케이프 슬라이드(escape slide) 긴급착륙 후 항공기 밖으로 탈출할 때 사용하는 미끄럼대

엔진소음(jet noise) 제트엔진 자체에서 생기는 소음.

예약(reservation) 여객이 탑승할 항공편의 좌석의 예약.

예약재확인(reconfirmation) 승객이 항공여행 중 특정지점에서 72시간 이상 체류할 경우 항공기 출발 72시간 전까지 예약을 재확인 해야하는 규칙

예방정비(preventive maintenance) 고장을 예방하기 위해 정기적으로 실시하는 정비.

예비부품(spare parts) 엔진 등 항공기의 정비에 사용하는 교체적 성질의 부품

오버홀(overhaul) 일정한 비행시간간격으로 기체, 엔진, 등을 항공기에서 떼어내어 검사하고 수리하는 정비.

온 · 컨디션 방식(on condition) 기체에 장착한 상태에서 외부로부터 보아스코프 등을 사용하여 엔진의 내부를 검사하는 정비방식.

완충장치(shock strut) 항공기가 착륙할 때 받는 충격하중이나 지상 활주 때 진동하중을 흡수하여 기체에 영향을 미치지 않게 하는 장치

요잉(yawing) 기수가 좌우로 흔들리는 운동.

용적제한 허용탑재량(space limited ACL) 객실이 만석되거나 화물실이 만재되었을 때의 최대탑재량.

운송약관(conditions of carriage) 항공권의 발권과 공시에 항공회사와 승객 간에 체결되는 계약.

운수권(traffic right) 국제항공수송에서 자국에서 타국에 항공기를 운항하여 여객이나 화물을 싣거나 내릴 수 있는 권리.

운용자중(operating weight) 기본운항중량에 항공기의 운항에 필요한 승무원, 식료품, 객실 장비품, 엔진오일 등 의 중량을 더한 중량.

운항관리사(dispatcher) 안전운항을 위해 지상조건이나 비행경로상의 운항조건을 수집하여 비행계획을 작성하고 비행 중인 항공기에 정보를 보내주고 조종사를 전문가.

운항승무원 자원관리(CRM : crew resource management) 운항승무원 상호 간과 운항관계자 간의 의사소통, 협조를 원활하게 하여 안전 및 효율적인 운항을 하기 위한 관리방법.

웨이트 앤드 바란스(weight and balance) 기체의 중량 및 중심위치

윈드쉬어(wind shear) 수평 또는 수직방향의 풍향이나 풍속이 짧은 거리에서 일어나는 바람의 돌변 상태.

윙릿(winglet) 유도항력을 감속시키기 위해 주날개 끝에 장착한 작은 수직날개

유닛수송(ULD : unit load device) 컨테이너, 팔레트 등 항공화물의 단위탑재용구.

유도로(taxiway)

유상중량(payload) 항공기에 실제로 탑재된 유상 여객, 화물, 우편물의 총중량.

유효좌석(available seat) 항공기의 판매 가능한 좌석

유효탑재량(ACL : available cabin load) 항공기 내 탑재가능 중량. 최대 이륙중량으로부터 운용자중과 탑재연료중량을 뺀 중량.

유효톤 · 킬미터(ATK : available tonn kilometer) : 항공기의 수송력을 나타내는 단위로 탑재가능중량에 수송된 구간거리를 곱한 값, 1톤의 적재력을 가진 항공기가 1km 비행하면 1톤 킬로미터.

유효좌석 · 킬로미터(ASK : available seat kilometer) : 항공기의 수송력을 나타내는 단위. 항공기의 이용 가능한 좌석 수에 구간거리를 곱한 값.

유시계비행방식(VFR : visual flight rules) 유시계비행상태(VCM)에서 항공교통관제의 지시를 받지 않고 조종사의 독자적 판단으로 비행하는 것

유시계기상상태(visual meteorological condition) 유시계비행방식이 가능한 기상상태.

유상여객 · 킬로미터(RPK : revenue passenger kilometer) 항공기의 여객 수송량을 나타내는 단위.

유상톤 · 킬로미터(RTK : revenue tonne kilometer) : 항공기의 수송량을 나타내는 단위로 탑재한 유상화물중량에 수송거리를 곱한 값.

유시계비행방식(VFR : visual flight rules) 조종사가 눈으로 보고 비행하기에 충분한 기상상태

이륙중량(take-off weight) 이륙할 때의 항공기의 총중량. 운항자중에 유상탑재량과 탑재연료중량을 합한 중량.

2차 감시레이더(SSR : secondary surveillance radar) 비행 중인 항공기의 거리, 방위 비행고도 등 관제관이 필요한 정보를 지시기에 표시해 주는 레이더

이륙거리(take-off distance) 항공기의 안전한 이륙에 필요한 거리

이륙성능(take off performance) 항공기가 정지상태로부터 이륙활주를 개시하여 정해진 속도에 도달할 때까지의 성능의 총칭

이륙속도(take-off speed) 항공기가 안전하게 이륙할 수 있는 속도.

이륙중량(take-off weight) 이륙하는 항공기의 총 중량. 운항자중 + 유상탑재량 + 탑재연료.

이륙활주거리(take-off run) 항공기가 안전하게 이륙하기 위해 필요한 활주 거리

이원권(beyond right) 항공협정으로 인정된 국제항공수송의 권리로 체약상대국부터 제3국에 이르는 운수권

이톱스(ETOPS : extended-range twin-engine operations) 쌍발기의 운항거리 제한에 관한 규정.

인터라인(interline) 연결항공사.

자

자동방향탐지기(ADF : automatic direction finder) 기내에서 저중파의 방송국등의 전파를 수신하여 전파가 도래하는 방향을 자동적으로 표시하는 장치.

자동비행장정보업무(ATIS : automatic terminal information service) 항공기의 이착륙에 필요한 정보를 계속 보내는 시스템

자동브레이크장치(autobrake system) 착륙하는 항공기가 접지 후 브레이크 페달을 밟지 않아도 자동적으로 브레이크가 작동하는 장치.

자동시험장치(ATA : automatic test equipment) 디지털 컴퓨터를 사용하여 전자장비품의 기능을 자동으로 시험하는 장치

자동종속감시(ADS : automatic dependent surveillance) 항공기에 장비된 컴퓨터에 의해 항공기의 위치, 고도, 속도, 기온, 풍향풍속 등의 계측치를 데이터 통신으로 관제시스템에 보내어 항공관제에 이용하는 것.

자동조종장치(autopilot system) 항법장치의 정보를 기초로 조종사를 대신하여 항공기의 조종을

자동으로 해주는 장치.

자장항법(self contained navigation) 지상의 항행원조시설에 의존하지 않고 기상에 장비된 항법 장치를 이용하여 독자로 비행하는 항법.

자중(empty weight) 기체구조, 동력장치, 기본장비 및 내부장비 중량을 합한 중량.

자체고장진단(BITE : built-in test) 항공기 내의 각종 컴퓨터나 장치가 자기의 동작을 체크하는 자기진단기능.

장비품(component) 동익, 착륙, 유압, 기압, 항법, 통신 등 여러 계통에 사용되고 있는 특정한 기능을 가진 부품.

저고도 관제공역(lower altitude control area) 고도 22,000피트 이하의 관제구

전술항법장치(tactical air navigation system) 초단파를이용하여 지상국까지의 거리와 방위를 알려주는 항법장치

정시항공기상정보(METAR : aviation routine weather report) 풍향, 풍속, 시정, 천기, 운량, 운형, 운고, 기온 등을 예정된 시각에 관측하여 통보하는 기상정보.

제로연료중량(zero fuel weight) 연료를 탑재하지 않는상태에서의 기체의 최대중량.

제1세대 제트 항공기 B-707, DC-8 등으로 대표되는 장거리 대형 제트항공기(1950년대 후반 개발)

제2세대 제트 항공기 B-727, 737, DC-9으로 대표되는 중거리 제트 항공기(1970년대 전반 개발)

제3세대 제트 항공기 B-747-100, DC-10으로 대표되는 상거리 대형 광동 제트 항공기(1970년대 후반 개발)

제4세대 제트 항공기 B-747-400. 767, 777. A-320으로 대표되는 하이테크기(1980년대 후반 이후 개발)

제트 스트림(jet stream) 고도 1만m의 대류권계면에서 서쪽으로 부는 폭이 좁고 150노트 전후의 빠른 기류대.

전세계위성항법시스템(GNSS : global navigation satelite system) 항법위성을 이용하는 항법 시스템의 일반적인 총칭, 현재 미국의 GPS와 러시아의 GLONASS가 이용 가능.

전자계획비행시스템(PFD : primary flight display) 조종석과 부조종적에 각각 장비되어 있는 항

공기의 자세를 제어하기 위한 정보를 표시

전자항공권(E-Ticket : electronic ticket) : 종이 항공권을 발행하지 않고 컴퓨터상의 데이터만으로 있는 전자 항공권.

전지구측위시스템(GPS : global positioning system) : 항법위성으로부터의 전파에 의해 항공기의 위치를 알 수 있는 시스템. 미국 국방성이 관리 · 운영하는 위성을 민간항공도 이용.

정기항공수송(schedule air transportation) 사전 공시된 운항시간표에 따라 계획대로 정기적 운항하는 항공수송서비스.

정비(maintenance) 항공기의 성능 · 품질의 유지 · 향상을 위해 실시하는 항공기재의 점검, 검사, 보수, 수리 작업.

정비요목(MR : maintenance requirement) 항공기의 품질을 유지하기 위해 필요한 정비작업의 항목, 실시시시, 조건, 방법 등을 정한 것.

조향장치(steering system) 지상 활주 중에 기체의 방향을 바꾸는 장치. 전륜착륙장치에 장치되어 있음.

좌석이용률(passenger load factor) 총를 유효좌석킬로미터에 대한 유상여객킬로미터의 평균 점유율.

주기장(apron) 항공기가 주기하는 공간. ramp라고도 함.

중량이용률(weight load factor) 항공기의 실제 판매에 제공된 이용부부의 백분율.유상톤킬로미터에 대한 유효톤킬로미터의 백분율.

중량제한 허용탑재량(weight limited ACL) 출발공항의 활주로 길이, 기온, 바람, 비행경로와 목적지 공항의 상황 등 여러 운항조건을 고려하여 비행마다 산출되는 중량.

중항공기(HTA : heavier-than-air aircraft) 동력과 주날개를 이용하여 비행하는 비행장치. 비행기 같은 고정익 항공기와 헬리콥터 같은 회전익 항공기로 재분류됨.

지상보조장치(ground power unit) 모터 발전기와 압축기가 내장된 항공기의 지상지원장비. 엔진을 작동하는 전원과 압축공기를 공급.

지정특별항공기상정보(SPEIC : aviation selected special weather report) 항공기상의 통보방식 중의 하나로 특별관측결과를 알려주는 기상정보.

지정항공기업(designated airline) 항공협정에서 정한 노선에서 국제정기항공수송업무를 운영하는 자국항공기업.

직접운항비(direct operating cost) 수송원가 중 항행비, 연료비, 정비비 등 항공기의 운항에 직접 관련 있는 비용.

차

착륙거리(landing distance) 항공기가 활주로 끝위 50피트(15m)의 지점을 통과한 lw점부터 완전 정지한 지점까지의 거리.

착륙복행(go-around) 활주로상의 장ㅇ해 혹은 진입의 실패 등 때문에 도중에서 착륙을 단념하고 다시 상승하는 것.

착륙성능(landing performance) 착륙 · 진입을 시작한 항공기가 활주로 끝 50피트(15m)의 고도를 통과하여 활주로에 착륙하여 완전히 정지할 때까지의 성능의 총칭.

착륙속도(landing speed) 착륙 · 진입을 시작해서부터 활주로에 접지할 때까지의 속도의 총칭.

착륙장치(landing gear) 항공기의 이착륙에 사용되는 장비.

착륙중량(landing weight) 이륙중량으로부터 비행 중에 소비된 연료중량을 뺀 중량.

천음속 항공기(transonic transport) 아음속에서 초음속으로 전환되는 단계의 속도로 비행하는 항공기.

칭구정산계획(BSP : billingand settlement plan) IATA의 위탁으로 항공권의 제작, 관리 및 수입금의 관리를 집중적으로 은행이 맡아 하는 제도.

청산소(clearing house) IATA 항공회사간에 연대운송을 한 경우 그 청구업무를 일괄해서 담당해주는 곳.

청천난기류(CAT : clear air turbulence) 맑은 날 만날 수 있는 난기류. 고고도에서 자주 발생.

체크리스트(checj kist) 조종실 내의 조종장치, 계기판 등 조종사의 점검항목을 열거한 정검표.

초과수하물(excess baggage) 무료수하물 허용량을 초과한 수하물로 공시된 요율을 지불하고 수송.

초음속기(supersonic transport) 음속 이상의 속도로 비행하는 항공기.

총대리점(general sales agent) 특정지역의 판매를 총괄하도록 지정하는 판매 대리점.

총예비연료(total reserve fuel) 목적지의 공항에 예정대로 도착했을 때 비행계획 상 남아있어야 할 연료의 중량.

초단파전방향무선표지시설(VOR : VHF Omni directional Range) 초단파를 사용한 전방위의 항행원조시설.

최대무연료중량(maximum zero fuel weight) 연료를 탑재하지 안한 경우 허용되는 최대중량

최대이륙중량(maximum take-off weight) 항공기가 이륙할 수 있는 최대 중량항공기의 기종별로 정해져 있는 항공기의 이륙 시에 허용되는 중량의 최대치.

최대착륙중량(maximum landing weight) 항공기가 착륙할 때 허용되어 있는 착륙중량의 최대치.

최저기상조건(aerodrome weather minimum) 각공항마다 설정돼 있는 항공기상관측의 기준이 되는 기상조건.

최저안전고도(minimum safe aititude) 항공기가 이착륙할 때를 제외한 각 비행단계에서 비행이 허용되어 있는 가장 낮은 고도.

추력(thrust) 항공기의 추진을 위해 제트엔진에서 발생하는 미는 힘.

충격파(sonic boom) 항공기가 음속을 돌파할 때 지상에서 들을 수 있는 굉음.

카

캐보타쥐(cabotage) 외국항공회사가 타국가 내의 국내구간에 항공수송금지 규제.

카테고리(category) 공항의 계기착륙시스템(ILS)의 운용성능을 나타내는 구분.

칵핏(cockpit) 조종실.

컨테이너(container) 여러 가지 항공화물을 넣어서 수송할 수 있는 일정한 알루미늄 상자

컴퓨터예약시스템(CRS : computer reservation system) 컴퓨터로 좌석을 예약하거나 항공권을 발권하는 시스템

타

탑승권(boarding pass) 공항에서 탑승수속 시 항공권과 교환하여 주는 탑승표.

탑승수속(check-in) 공항의 탑승 항공사의 카운터에서 항공기의 탑승을 위해 밟는 절차과정.

특별회유운임(PEX : Special Excursion Fare) 항공회사나 여행사가 이용자에게 직접판매하는 할인운임, 유효기간, 필요여행일수, 도중하기 등에 제한이 있는 운임.

터보제트엔진(turbo jet engine) 터빈 엔진의 일종. 압축한 공기를 태워 발생한 고압고속 가스로 터빈을 회전시켜 분출되는 배기가스를 이용하여 추력을 얻는 엔진.

터보팬엔진(turbofan engine) 터보제트엔진과 같지만, 압축기에서 압축한 공기의 일부만 연료실로 보내어 태우고 나머지는 그대로 분출하는 엔진. 소음이 낮고 연료소비가 작은 것이 특징.

터보프롭엔진(turboprop engine) 터빈제트엔진의 터빈의 회전운동을 이용하여 프로펠러를 회전하는 엔진.

통신항법감시(CNS/ATM : communication, navigation, surveillance, air traffic management) ICAO가 추진하는 장래항공시스템의 총칭. 통신(C), 항법(N), 감시(S), 항공교통관리(ATM)의 각 분야에서 위성시스템을 이용하여 안전성, 편리성, 경제성의 향상, 공역공항의 운용의 효율의 향상 도모.

파

파괴억제구조(fail-safe construction) 기체 구조의 일부 가 부분적으로 파괴되었을 때 타부분에 그 영향이 미치지 않게 돼있는 구조.

타

특별식(special meal) 건강상 혹은 조요상 이유로 이랍 기내식을 할 수 없는 여객에게 제공되는 특별식사.

파

팔레트(pallet) 크기나 모양이 다른 여러 항공화물을 적재하는 나무 및 플라스틱으로 된 대.

팬즈(FANS : future air navigation system) ICAO가 구상하고 있는 차세대 항법시스템. 위성통신과 GPS 등 선진기술을 이용한 미래 항공교통관리 시스템.

편명공유(code-sharing) 특정 항공편에 자사와 타 항공사가 공동으로 쌍방의 편명을 사용하여 운송하는 것.

풀협정(pooling agreement) 운임수입 풀협정. 동일노선에 운항하는 2개 이상의 항공회사가 그 노선의 운임수입을 합쳐서 각사의 수송력(좌석수))에 의해 배분하는 협정

프로펠러 항공기(propeller aircraft) 실린더 내에서 혼합가스를 연속적으로 폭발시켜 얻은 힘으로 피스톤을 움 직이는 피스톤엔진과 프로펠러를 이용하여 비행하는 항공기.

플라이 바이 와이어(fly by wire) 컴퓨터를 이원한 전기 · 신호식 비행 조종장치.

프레이트 포워더(air freight forwarder) 혼재업자 참조.

플랩(flap) 항공기의 날개에 장착된 보조 조종장치. 고양력장치(high-lift device)라고도 불림.

피스톤엔진(piston engine) 피스톤의 왕복운동을 회전운동으로 바꾸어 프로펠러를 회전하영 추력을 얻는 내연기관, 레시프로(왕복식) 엔진이라고도 불림.

피칭(pitching) 항공기의 기수가 상하로 흔들이는 운동.

하

하늘의 자유(freedoms of the air) 국제항공수송에 필요한 영공통과권, 기술착륙권, 운수권의 총칭.

하드 타임(HD : hard time) 정비시기의 시간한계를 정해놓고 그 시기가 되면 정기적으로 기체로부터 띄어내어 분해정비를 하는 정비방법

항공교통관리기능(ATM : air traffic management) 공역관리(ASM), 항공교통업무(ATS), 항공교통유통관리(ATFM)가 제공하는 기능의 총칭.

항공교통관제(ATC : air traffic control) 항공로관제, 진입관제 , 비행관제, 터미널레이더 관제, 착륙유도관제로 항공기의 안전 운항에 필요한 정보를 제공하는 서비스.

항공교통관제소(ACC : area control center) 관제공역 내를 계기비행장식으로 비행하는 항공기에 대해 항공로관제업무, 진입관제업무 등을 실시하는 기관.

항공교통업무(ATS : air traffic service) 항공교통관제업무, 비행정보업무의 총칭

항공교통정보시스템(CADIN : common aeronautical data interchange network) 운항에 필요한 정보 제공을 위해 항공기나 터미널관제소, 관제탑, 공항사무소 등에 설치되어 있는 통신네트워크 및 정보처리시스템의 총칭.

항공기(aircraft) 사람이 타고 하늘을 날 수 있는 비행장치의 총칭.

항공기가동률(aircraft utilization) 사용된 각 항공기의 구간시간의 평균에 의해 나타냄 가동시간은 매이 및 연각 베이스로 산출함.

항공기상예보 정기적 또는 이상기상현상이 예상될 때 수시로 발표하는 기상예보. 비행장예보, 항공로예보, 비행장기상정보, 공역기상정보, 비행장경보, 비행예보 등.

항공기상정보(aviation weather report) 항공기의 운항에 필요한 기상상황의 보고

항공기 소음(aircraft noise) 항공기의 이착륙 때 내는 소음과 지상에서의 엔진 시운전 때 나는 소음의 총칭

항공데이터컴퓨터(ADC : air data computer) 대기(大氣)자료 컴퓨터. 주위의 대기의 상태를 측정하는 센서에 정속되어 여러 가지 데이터를 측정하는 시스템

항공등화(aeronautical light)시설 항공기의 안전한 이착륙이나 항행을 도와주기 위해 활주로와 그 주변에 설치해둔 등화나 주명시설의 총칭, 항공등대, 공항등화, 항공장해등 포함.

항공로(airway) : 항공기의 비행경로로 공중에 설정되어 있는 일정한 폭을 가진 통로.

항공로감시 레이더(ARSR : air route surveillance radar) 항공로를 운항하고 있는 항공기의 비행상황을 감시하고 관제를 히기 위한 레이더.

항공로관제(en-route control) 이륙후 출발공항과 목적공항 사이의 항공로를 비행하는 항공기에 대한 관제.

항공로레이더정보처리시스템(RDP : radar data processing system) 항공교통센터(ACC)에 설치되어 있는 항공로 감시레이더(ARSR/SSR)나 양상항공로 감시레니저(ORSR)로부터의 항공기의 현재위치와 비행계획정보처리시스템(FDP)의 비행계획을 검색하는 시스템.

항공로지(AIP : aeronautical information publication) 각국이 발행하는 안전 운항을 위해 필요한 정보를 기재한 출판물. 비행장, 기상, 항공규칙, 관제업무, 항공보안시설, 항공도 등 항공기 운항에 필요한 항구적인 정보 수록.

항공보안시설(aeronautical navigation aid) 전파, 불빛, 색채 및 형상을 이용하여 항공기의 안전.한 이착륙이나 운항을 지원해주는 시설

항공로정보서비스(AEIS : aeronautical enroute information service) 항공교통관제센터부터 지행중의 항공기에 비행의 안전 등 필요한 정보를 제공하는 서비스.

항공운송장(air waybill) 항공화물을 수송할 때 항공회사가 발행하는 운송권. 송하인과 항공사간에 항공화물을 수송하기 위해 체결하는 계약을 증명하는 증서.

항공정보(NOTAM : notice to airman) 항공보안시설의 변경, 위험의 존재 등 안전운항에 관한 긴급 혹은 일시적인 정보에 대해 각국 항공당국이 항공관계자에게 제공하는 정보.

항공정보회람(AIC : aeronautical information circular) 정보의 성질이나 시기적으로 항공로지에 게재하기가 적합하지 않은 비행안전, 비행방법 기타 기술적, 행정적 사항에 관한 정보.

항공화물혼재업자(air cargo consolidator) 이용항공운송사업자 참조.

항법(navigation) 특정지점에서 다른 지점으로 항공기를 안전하고 효율적으로 항행하게 하는 방법. 그러기 위해서 비행 중의 항공기가 현재의 위치를 측정하여 목적지까지의 거리와 방향을 알고 비행하게 하는 방법.

항법계기(ND : Navigation Display) 최신 항공기의 조종실에 장비되어 있으며 비행루트, 공항, 항행원조시설 등을 표시.

항법계산장치(FMS : flight management system) 이륙부터 착륙까지 전비행영역에서 비행관리(항법, 조종, 추력조정, 유도 등)를 자동적으로 하는 시스템.

항법 데이터베이스(NDB : navigation data base) 전세계의 공항, 지상의 무선항법원조시설 및 루트 등에 관한 정보가 입력되어 있는 데이터 베이스.

항법장치(navigation system) 항공기를 안전, 확실, 신속하게 출발지부터 목적지에 도달시키는 기술.

항속거리(range) 항공기에 탑재한 연료로 비행할 수 있는 거리.

항행원조시설(navigation aid system) 전파나 시각을 이용하여 비행중의 항공기에 고도, 속도, 자세 등 비행정보를 주어 항행을 도와주는 시설의 총칭.

허용탑재량((ACL ; allowable cabin load) 객실 및 화물실에 탑재할 수 있는 최대 중량. 최대이륙중량에서 항공기의 운항중량과 탑재연료중량을 뺀 중량. 중량제한 ACL과 용적제한 ACL이 있음.

허용착륙중량(allowable gross landing weight) 착륙공항에 허용되는 최대착륙중량. 활주로 강도, 길이에 의해 결정됨.

헙 앤드 스포크 시스템(hub & spoke system) 항공기의 효율적인 운영을 위해 거점공항(허브) 간은 대형기로 운항하고 거점공항으로부터 지방공항 간은 중소형 항공기로 연결 운항하는 자전거의 바퀴살 모양의 노선구조

협동형 항공기(narrow-body jet airplane) 동체가 좁고 객실의 통로가 1열인 소중형 항공기

혼재업자(consolidator) 이용항공운송업자 참조

화객 혼용항공기(combination aircraft) 객실의 일부를 화물탑재용으로 사용하는 항공기. 콤비라고도 부름

환불(refund) 항공권의 미사용분에 대한 금액의 전부 혹은 일부를 구매자에게 돌려주는 것

활주로(runway) 항공기의 이착륙을 위해 설정된 특정구역.

참·고·문·헌

김태현.「주요 외국정부의 항공정책에 관한 연구」. 서울. 연세대 산업경영연구소, 1989.

대한항공.「항공기술용어집」. 서울. 대한항공, 1981.

이태원 .「현대 항공수송론」. 서울. 서울프래스, 1990.

대한항공.「1990년대를 향한 세계항공계의 새로운 변화」. 서울. , 1988.

대한항공.「대한항공 10년사」. 서울. 1979,

대한항공.「대한항공 20년사」. 서울. 1989,

김보희.「항공 기상학」. 서울. 한국항공대학 출판부, 1985.

송효경 · 김두방.「공항개론」. 서울. 동명사, 1984.

옥선종. 국제항공운송론. 서울. 법문사. 1986.

이영혁. 2000년대를 향한 우리나라 항공산업의 중장기 발전방향. 서울. 해운산업연구원. 1990.

최완식.「국제항공법 신강」. 서울. 한국항공대학 출판부, 1988.,

홍순실.「주요국가의 국제항공관계」. 서울. 한국항공대학 출판부, 1989

이강희.「항공용어사전」. 서울. 비행연구원 , 1998..

이윤희 외.「항공수송사업개론」. 서울. 도서출판 기문사, 1988.

三田 讓.「現代の航空輸送事業」. 東京. 同友館, 2007.

青木謙知.「航空略語辭典」. 東京.イカロス出版, 1997.

日本航空.「航空實用事典」. 東京. 朝日ソノラマ, 1997.

藤.原 洋.「航空用語辭典」. 東京. 鳳文書林出版, 1968.

全日空.「航空用語集」. 東京. 全日空., 1984.

加藤書久.「國際航空とICAOと國際航空の現狀」. 東京. 教育社, 1978..

岡野行秀.「交通の經濟學」. 東京. 有斐閣, 1977..

大塚秀夫「物流事業」. 東京. 成山堂, 1970.

藤多勝利.「航空賠償責任論」. 東京. 有斐閣, 1985.

木村秀政. 「飛行機革命」. 東京. 實業之日本社, 1970.

木村榮一. 「Lioyds of London」. 東京. 日本經濟新聞社, 1978..

未見田實. 「國際航空貨物要覽」. 東京. 白挑書房, 1986.

坂本昭雄. 「新國際航空法」. 東京. 有信堂, 1999.

日本航空協會. 「航空輸送概論」. 東京. 日本航空協會. 2007.

松尾靜磨. 「航空輸送經濟論」. 東京. ダイモ社, 1958..

上松淸. 「航空氣象學」. 東京. 地人書館, 1967.

伊藤博. 「飛行と天氣」. 東京. 東京堂出版, 1972.

伊藤良平. 「航空讀本」. 東京. 產業經濟新聞社, 1956.

日本長期信用銀行. 「航空規制緩和の 潮流」. 東京. 日本長期信用銀行, 1987.

日本航空協會. 「航空統計要覽」. 東京. 日本航空協會, 2009.

井戶剛. 「空港の 科學」. 東京. 日本放送出版協會, 1977.

井戶剛. 「SSTの 科學」. 東京. 日本放送出版協會, 1977.

中田信哉. 「運輸業 MARKETING」. 東京. 日通綜合研究所, 1984.

舟津良行. 「21世紀の 空にけて」. 東京. 航空新聞社, 1983.

中村和彥. 「航空保安と管制」. 東京. 鳳文書林出版, 1970.

川口滿. 「Airline 入門」. 東京. 日本航空協會, 1983.

坂本昭雄. 「現代空運論」. 東京. 有信堂, 1988.

太田正樹. 「航空輸送の經濟學」. 東京. 早稻田大學出版部, 1981.

中條潮. 「現代の航空輸送」. 東京. 勁草書房, 1995.

村上英樹. 「航空の經濟學」. 東京. ミネルバ書房, 2006.

川口滿, 「21世紀の 航空政策論」. 東京. 成山堂, 1998.

青山幹雄, 「航空とIT技術」. 東京. 共立出版, 2001.

Pat Hanlon. Global Airlines. Oxford. Butterworth Heinemann Ltd., 1996.

Louis Gialloreto. Strategic airline management. London. Pitman Publishing, 1988.

Doganis, R. Flying off course. Allen and Unwin, 1985

Hodgsen, G. Lloyds of London. Penguin Books, 1986

O' Conner, William E. An Intrduction to Ailine Economics. Praeger Publishers, 1985.

Taenja, N.K. The International Aairline Industry, 1988.

Swith, Peter S. Air Freight-Operations, Economics, and Marketing. London, Faber Ltd., 1974.

Wassenbergh, H. A. International Air Transport in the Eighties. London, Kluwer and Taxation Publishers, 1981.

Abeyratne, Ruwantissa I. R. A Aviation Trends in the New Millennium. Burrlington. Ashgate Publishing Lt. 2001.

찾·아·보·기

[ㄱ]

[ㅂ]

[ㅅ]

[ㅇ]

[ㅈ]

[ㅊ]

[ㅎ]

저 · 자 · 소 · 개

■ 이 태 원(李泰元)

[학력]

- 서울대학교 법과대학 졸업
- 서강대학교 공공정책대학원 졸업

[경력]

- 대한항공 동경지점장, 파리지점장, 미주본부장 역임 (1971~1982년)
- 대한항공 기획담당 전무 · 부사장 및 한진그룹 경영조종실장 겸직(1985~1999년)
- 한진 사장 겸직(1996년~2000년)

[저서]

- 현대항공수송론
- 이집트의 유혹
- 항공발달사

[주요논문]

- 남북한 항공교통망 구성방안(1991년)
- 제4차 교통혁명-21세기 교통전망(1993년)
- 세계 항공계의 새로운 변화(1992년)
- 비행기의 세계(1996년)
- 미래항공수송 이야기(2000년)

현대 항공수송 입문

●**발행일**
2010년 7월 25일 초 판 인쇄
2010년 7월 30일 초 판 발행

●**저 자**
이 태 원

●**발행인**
한 인 환

●**발행처**
도서출판 기 문 사
서울시 동대문구 용두2동 730-4번지 홍신빌딩 3층
대표전화 : 02) 2265-7214/922-8662~8663
팩시밀리 : 02) 922-8772
homepage : www.kimoonsa.co.kr
e-mail : book@kimoonsa.co.kr
등 록 : 1978. 8. 9. NO. 6-0637
ISBN : 978-89-7723-457-4 93550

〈정가 : 16,000원〉